Michail Ryklin

**Verschwiegene Grenze
Briefe aus Moskau 1995-2003**

Aus dem Russischen
und mit einem Nachwort
von Dirk Uffelmann

diaphanes

Die hier versammelten Briefe erschienen in teilweise gekürzter Form erstmals in der Zeitschrift LETTRE International.

Redaktion dieser Ausgabe: Mirjam Goller

1. Auflage
ISBN 3-935300-30-1
© für diese Ausgabe
diaphanes, Zürich-Berlin 2003
www.diaphanes.net
Alle Rechte vorbehalten

Layout: 2edit, Zürich, www.2edit.ch
Druckvorstufe, Herstellung: print's professional,
Jan Scheffler, Berlin
Druck: Kästner-Druck, Berlin

Inhalt

Ort des Denkens: Moskau 1995-2003	5
Zeit der Diagnose	23
Logik des Zerfalls	31
Rußland vor der Wahl	39
Gewand ohne König	47
Zen in Moskau	57
Verschwiegene Grenze	65
Gefahrenzone	73
Das Schutzobjekt	81
Ein unwillkommenes Archiv	89
Die Erleuchtung des Präparats	99
Ruin des Pyramidenstaates	107
Die im Trüben fischen	115
Warten aufs Christkind	123
Die Logik des Krieges	131
Kremlinlove – Kremlingate	139
Tschetschenien-Syndrom	147
Am Nabel der Welt	155
Nach der Krönung	163
Sowjetismus-Phantom	171
Der Mustertod	181
Die Illusion zu überleben	189
Das Leben ist härter	197
Brüderliche Untaten	205
Schwerkraftparabel	213
Die Entdeckung Amerikas	221
Rotes Blut auf weißen Kleidern	229
Polittechnologen	237
Das »Stockholm-Syndrom«	245
Achtung, Religion!	261
Die elektronische Knute	269
Dirk Uffelmann: *Philosophie als Publizistik* *Michail Ryklins Briefe aus Moskau*	277
Textnachweise	285

Ort des Denkens: Moskau 1995-2003

Anfang der 50er Jahre schrieb Roland Barthes Essays für die Zeitschrift *Lettres Nouvelles*, in denen er sich dessen annahm, was er die »Mythologie der französischen Bourgeoisie« nannte. Es ging um die Frage, wie aus winzigen Einzelbruchstücken ein Allgemeines erzeugt wird, das zu besitzen der Bourgeois »naiv« für sich reklamiert, mithilfe dessen er die ganze übrige Welt marginalisiert und zu einer Beigabe zu sich selbst degradiert. Er behandelt kulinarische Themen, Starphotos, das geheimnisvolle Lächeln der Greta Garbo, die Romane und Kinder von Schriftstellerinnen u.a.m. Frankreich war damals noch nicht vom Algerien-Krieg erschüttert, und die Details so mit Händen zu fassen, daß man darüber längstens nachsinnen konnte. Dieser Mythologie stellte Barthes gegenüber, was er Revolution oder direkte politische Aufgeladenheit der Welt nannte (als Gegengewicht zum Anspruch der Bourgeoisie auf Universalität und Überzeitlichkeit ihrer Vorstellungen).

Man kann wohl sagen, daß die postsowjetische Situation die gerade Umkehrung derjenigen darstellt, an der sich der Begründer der politischen Semiologie abarbeitete. Im russischen Fall sucht sich die Gesellschaft von den Spätfolgen einer Revolution freizumachen – mit Methoden, die rhetorisch als liberal deklariert werden, bei näherem Hinsehen aber die schlimmsten Exzesse zeitigen. In den letzten Jahren verwoben sich dabei verschiedene Formen von Transgression mit einer nicht abebben wollenden Flut von Gangster-Serien im Fernsehen. Die Gangster werden darin nicht als zu Geld gekommene marginale Gestalten dargestellt, über denen das Verdikt mangelnder sozialer Anerkennung schwebt (wie in »Tony, das Narbengesicht«, dem »Paten« u.a.), sondern als »mustergültige« Menschen, die besser als alle anderen den Geist der Zeit repräsentieren. Die Kehrseite dieser Resozialisierung von Verbrechern ist die Desozialisierung der Mehrheit unbescholtener Bürger. Hierbei tritt der in den letzten Jahren von der postsowjetischen Gesellschaft gegenüber dem Ausland erhobene Anspruch auf Normalität in Widerstreit zur Funktionsweise dieser Kultur in sich.

Roland Barthes konzipierte seine Analyse jeweils so, daß daraus Distanz zum Offensichtlichen resultierte und dessen Künstlichkeit bloßgelegt wurde. Barthes' Hauptverfahren war, zu historisieren, was sich für universal erklärte. Die Spezifik der russischen Situation in den letzten Jahren besteht im Gegensatz dazu darin, daß sich das Destruktivste als Norm geriert (daß diese Norm zumindest beharrlich verkündet wurde). D.h. Norm soll das sein, was soziale Bande zerstört, anstatt sie zu schaffen. Wie aber umgehen mit einer solchen Norm? Welchen Sinn macht es, jemanden einen Verbrecher zu nennen in einer Welt, wo das Verbrechen sich als Norm geriert? Wo ein Präsident und sein Leibwächter »Blutsbrüder« werden? Wohin, in was für eine Welt soll ein Drogensüchtiger aus seiner Wahnwelt zurückkehren, die ihn zu verschlingen droht? Erscheint ihm nicht diese andere Welt noch wahnhafter? Und wie ist in einer solchen Wahnwelt ein Akt des Denkens möglich?

Dies eine unvollständige Liste der Fragen, die in diesem Buch gestellt werden; und wenn eine Antwort auch noch nicht greifbar ist, so sollte doch das Fragen-Stellen an sich produktiv sein; wenigstens half es mir in schwierigen Momenten gegen die Verzweiflung. Eine Zeit, in der Aggression dominiert und Gewalt sich durchzusetzen sucht, erscheint – ungeachtet der außerordentlichen Ereignisfülle der letzten Jahre – als dürftige Zeit. Die nachfolgenden Texte halfen mir, sie durchzustehen, indem ich mich in den breiteren europäischen Kulturraum versetzte. Dieser Kulturraum wird von der Mehrheit meiner Mitbürger bislang nicht als ihr eigener wahrgenommen; viele Aspekte der neuen Offenheit sind für sie noch traumatisch, doch bin ich bei weitem nicht der einzige, der in diesem weiteren Raum lebt. Die in diesem Band versammelten Texte wurden nicht bloß deswegen für westeuropäische Leser geschrieben, weil sie von einer europäischen Zeitschrift in Auftrag gegeben wurden, sondern auch deshalb, weil in Europa im Zuge des Zerfalls der Sowjetunion die Grenzen erheblich durchlässiger geworden sind. Wobei man nicht vergessen darf, daß es gerade diese Transparenz ist, die Russen heute von Europa abschreckt; und mag sie auch schwer zu ertragen sein – niemand kann darauf verzichten. Die neue Offenheit ist die Voraussetzung auch des russischen Denkens, und sei es des undurchsichtigsten (diese These wird anhand einer Interpretation des Buchs »Herr Hexogen« von Alexander Prochanow illustriert). Die Spezifik offener Grenzen besteht darin, daß man diese schwer ziehen, operationalisieren und lokalisieren kann; eine solche Grenze liegt weniger irgendwo außen als in uns selbst, und es ist weniger eine materielle Grenze als der pure Wunsch nach Grenze.

Für eine Übergangsphase sind acht Jahre eine lange Zeit. Sie läßt sich vorläufig in zwei Perioden unterteilen. Paradoxerweise stellt sich die turbulente Jelzin-Ära im Rückblick ruhiger dar als die der letzten Jahre, in denen gezielt der Eindruck von Ruhe erzeugt werden soll. Hinter diesem Schein aber verbergen sich vermutlich tiefgreifende Verschiebungen, deren Sinn sich erst viel später enthüllen wird.

Ich habe nicht die Absicht, eine Diagnose zu stellen über etwas, das ich selbst Zeit der Diagnose nenne. Ich weiß über meine Zeit nicht mehr als die Journalisten, aus deren Artikeln ich viele Fakten und Details geschöpft habe. Was ich versuche, ist, diese Zeit anders zu sehen. Die Hauptaufgabe der nachstehenden Briefe war nicht, Informationen zu liefern, sondern Fragen zu stellen und dabei zu demonstrieren, daß dieses Unverstehen nicht von ungefähr kommt, sondern selbst bedeutungshaltig ist.

Die kurzen Texte verbindet etwas anderes: Das Bestreben, das Unaktuelle im Aktuellen zu sehen, das Aktuelle als Form von Wiederholung darzustellen, das ihm stets anhaftende Pathos des Einzigartigen und Unwiederholbaren zu tilgen. In den konkreten Erscheinungsformen gibt es immer etwas, das nicht in Erscheinung getreten ist, ja nicht in Erscheinung treten kann – und eben das ist es, was mich daran interessiert. Das verleiht einigen Briefen Ähnlichkeit mit Träumen, die ja gleichfalls über eine beträchtliche Autonomie verfügen gegenüber dem, was sich in ihnen »zeigt«. Gerne hätte ich über unscheinbare Details des Alltags geschrieben, sie bizarr zueinander in Beziehung gesetzt, über Bücher, Filme, Photographien – über all jenes, wovon Barthes schrieb. Mir aber war beschieden, an einem Ort zu leben, an dem viele politische Ereignisse stattfanden, auf die nicht zu reagieren schlicht unmöglich war, so provozierend und unbestreitbar war ihre Aktualität. Ich hoffe trotzdem, daß sich daran einige wesentliche Dimensionen des Unaktuellen aufgeschlüsselt finden; in den folgenden Essays erscheint die russische Staatsmacht logischer (und sei es auch auf pervertierte Art logischer), als sie sich dem herkömmlichen journalistischen Blick darbietet. Auf die weißen Flecken und sorgsam gehüteten Geheimnisse der Macht kann man wohl am ehesten anhand der Folgen schließen, die an der Peripherie der laufenden Ereignisse, vor allem im Bereich des Unbewußten liegen. So enthält dieses Buch Briefe über das Unbewußte und nicht über die Selbstpositionierung der Staatsmacht, die auf Rationalisierungsmechanismen gründet. Sie setzen ein gewisses Maß an Entfremdung voraus, das vor dem Hintergrund der stürmischen Emotionen, die im Moskau der Nach-Perestrojka-Zeit hochkochten, besonders deutlich zu spüren ist. Der Realitätseffekt verdankt seine Entstehung intensivem kollektivem Halluzinieren und bewahrt seinen Status solange, wie eine große Zahl von Menschen eine konkrete Form von Halluzination miteinander teilen. Dieses Halluzinieren kennt keine Urheber, aber es gibt auch niemanden, der daran keinen Anteil hätte. Sowie ein Realitätseffekt bröckelt, entsteht sofort der nächste und präsentiert sich seinerseits als natürlich.

An der Jahrtausendschwelle hat das Milieu, zu dem ich gehöre, einen schmerzhaften Übergang von einem Realitätseffekt zu einem anderen durchlebt. In der Jelzin-Ära lebten wir (was sich in den Texten aus den Jahren 1995 bis 1999 niederschlägt) so, als ob die Exzesse der Privatisierung hinter einer dünnen, jedoch

ausreichend festen Trennwand abliefen, direkt nebenan und doch an einem anderen Ort. Seit Ende 1999 ist diese Trennwand immer dünner geworden und schließlich in sich zusammengefallen. Was sich noch kurz zuvor als Exzeß dargestellt hatte, der nur die schmale Schicht der neuen Reichen und der sie begünstigenden Staatsbeamten betraf, breitete sich jetzt als Norm auf die Gesamtgesellschaft aus. In der intellektuellen Sphäre verkehrt sich die scheinbare Liberalität des neuen Regimes in ihr Gegenteil – in einen extremen Radikalismus. Waren die Exzesse zu Jelzins Zeiten noch äußerlich und theatralisiert, so verlaufen sie jetzt im Inneren und sind unmerklicher, zerstören aber umso unabwendbarer das ohnehin schon brüchige soziale Gewebe. Die Kanalisierung der Energie der Enttäuschung wird zu einer regelrechten politischen Überlebensfrage, die sich noch dazu bestens in die neue weltweite Strömung einfügt. Einen bewaffneten Gegner als Terroristen zu brandmarken, ist nicht neu; neu ist hingegen, daß nach dem 11. September 2001 die größte Militärmacht der Erde dem Terrorismus auch auf dem Feld der Information den Krieg erklärt hat. Das Konterfei des neuen Feindes ist so vage und unbestimmt, daß die meisten autoritären Regime es sich ohne Mühe zu eigen machen konnten. All diese Regime schulten zu Kämpfern gegen den Terrorismus um, während Kritik an ihren eigenen (analogen) Methoden als Beleidigung und Messen mit zweierlei Maß wahrgenommen wird. In Ländern, wo – wie in Rußland – demokratische Prozeduren erst vor kurzer Zeit eingeführt wurden, ist davon häufig nur eine leere Hülle übrig: Wahlen erscheinen als nicht mehr denn als Schlußpunkt in einer Folge anderer Gewaltakte.
Schon lange wurde das Wort »Apokalypse« in Intellektuellen-Kreisen nicht mehr so häufig gebraucht wie nach dem Terroranschlag auf Amerika. Mit herkömmlichen Terroranschlägen war kaum jemand in Erstaunen zu versetzen; auf der Welt gibt es praktisch keine Metropole, wo nicht gebombt oder geschossen und Geiseln genommen würden. Den Ereignissen vom 11. September aber wurde von den Intellektuellen ein höherer, »apo-

kalyptischer« Status zugesprochen. Der springende Punkt war natürlich nicht die Zahl der Opfer, sondern der Ort der Zerstörung. An jenem Tag enthüllte sich die Kehrseite des Globalisierungsdiskurses: Bis da war es gang und gäbe, optimistisch von Globalisierung zu sprechen, während deren Negativseiten von gewandten Rednern ohne Mühe zu Sekundärfolgen eines im großen und ganzen begrüßenswerten, fortschreitenden Prozesses, des Weges in eine lichte Zukunft herabgemindert wurden. All das änderte sich mit einem Schlag, als plötzlich im Zentrum der wichtigsten Stadt der einzig verbliebenen Supermacht, am Symbolort ihres Florierens Ruinen klafften, die jedermann durch ihr Schweigen frappierten. In jenem Schweigen eben bestand im Grunde ihre Botschaft. Und in diesem traumatischen Zusammenhang erstand wieder die Figur der Apokalypse, des Jüngsten Gerichts, des Weltuntergangs: Die Apokalypse ist die Art von Terror, für die es keine Sprache gibt, deren Sprache erst noch geschaffen werden muß. Rational ist der Unterschied zwischen Terror und Apokalypse nicht zu erklären. Vorderhand erklingt einsam die Stimme des Traumas.

Mir will scheinen, daß es produktiver wäre, die Apokalypse zu entsakralisieren, sie als eine unter vielen Arten von Terror zu begreifen, und nicht als Terror im emphatischen Sinne, gegen den mit allen Mitteln zu kämpfen erlaubt ist. Wenn wir den Terror hypostasieren, übertragen wir einen wesentlichen Teil unserer selbst auf den Feind. Doch solange dieser Umstand nicht erkannt ist, werden wir pathetisch und chaotisch handeln und außerstande sein, Kriterien für einen Sieg anzugeben. Wenn sich der Prozeß der Verdrängung und Veräußerlichung hinzieht, wird die Zahl an Verboten und anderen Erscheinungsformen elektronischer Unfreiheit so lang weiter anwachsen, bis daraus eine echte Apokalypse erwächst. Der Versuch, die Apokalypse abzuwenden, bringt uns ihr näher.

Das narzißtische Streben, das eigene Trauma als einzigartiges darzustellen (obgleich eigentlich nicht das Trauma von New York selbst einzigartig ist, sondern die Möglichkeiten seiner

Transmission, seine massenmediale Reproduzierbarkeit), übersieht, daß andernorts Traumata nach ganz demselben apokalyptischen Szenario funktionieren. Die New Yorker Apokalypse ging vielen Moskauer Bürgern nur deshalb so nahe, weil diese sie in Analogie zu ihrem eigenen Trauma interpretierten – den Bombenanschlägen auf Moskauer Wohnhäuser drei Jahre zuvor (s. dazu den Text »Die Entdeckung Amerikas«). Und auch dies ist klarerweise mitnichten einzigartig; jeder Großen Apokalypse liegt eine solche Analogie zugrunde.

Die russische Gesellschaft funktioniert in den letzten Jahren wie eine Maschine, welche wachsende Aggressivität in Apathie und Zynismus umsetzt. Diese Maschine wird unablässig von einem Feindbild auf ein anderes umjustiert: Die noch kurz vor dem 11. September schäumende anti-amerikanische Hysterie (deren Höhepunkt auf die Bombardierung Jugoslawiens fällt) verkehrte sich in Identifikation mit dem transatlantischen postterroristischen Syndrom. Das Hauptproblem sind dabei im übrigen diejenigen, die ein Feindbild als Ventil für ihre eigene Aggressivität brauchen. Da aber dieses Feindbild nur den wesenhaften Kern in uns selbst dupliziert und nach außen verlegt, macht diese unsichtbare und sorgsam (vor allem vor uns selbst) verborgene Identität eine Welt ohne Ich und anderen unmöglich. Der Andere verschwindet natürlich nicht, sondern bleibt latent vorhanden; in Aggressionsausbrüchen kämpfen wir im Anderen, sind von seiner gänzlichen Ungerührtheit gefangen. Gerade die Aggressivität läßt unsere Emotionen und unsere Feinde so »real« erscheinen; die Ungerührtheit bildet den pulsierenden Punkt jeder Alterität. In einer Welt ohne Ich und anderen wird Aggression zum Problem dessen, der aggressiv ist, und mitnichten unser aller Problem; schließlich verliert unser Leben leichter selbst jede Bedeutung, als daß es zum Anstoß zur Vernichtung anderen Lebens wird.

Das bedeutet, wir befinden uns in einer von vielen gemeinsam erfundenen Wahnwelt, und erst danach – innerhalb dieser »Wirklichkeit« – entsteht alles Übrige – Freund und Feind. Indem wir dem Schein nach in der äußeren, materiellen Welt andere töten, töten wir in der Welt der Ungerührtheit vor allem uns selbst. »Wie aber soll denn dann unsere Heimat existieren können?«, werden viele aufheulen. »Und wer wenn nicht wir soll sie dann verteidigen?« »Eurer Heimat droht nichts«, möchte man sie beruhigen, »die hat gar keine Feinde; ihr selbst habt sie erfunden.« Das spontan Entstehende läßt sich folglich nicht auf die jeweils aktuellen Erscheinungsformen reduzieren; die Einzigartigkeit eines Ereignisses ist die Form, welche das sich Wiederholende, schon oft Dagewesene annimmt. Zu dieser Art von Ereignissen gehören Naturkatastrophen, Terroranschläge und Revolutionen, die uns in einen quasi primitiven Urzustand zurückzuversetzen drohen. Die Zeit aber hat keinen Anfang, an dem ein Ursprüngliches entstanden wäre; Zeit beginnt mit Wiederholung.

Was gemeinhin für ein Ereignis gehalten wird, durchkreuzt die Seinsmöglichkeit von Diskursivierung. Wenn ein physischer Tod (etwa der Tod der U-Boot-Besatzung der »Kursk«) für mustergültig erklärt wird, geraten infolgedessen viele andere Tode in diskursive Vergessenheit, und um ihr Existenzrecht muß erneut gerungen werden.

Die Kleinereignisse der nachstehenden Texte richten sich auf das, was nicht als Ereignis stattgefunden hat und woraus sich – wie aus kleinsten Bausteinen – eine Pyramide großer, medial endlos gesendeter Ereignisse auftürmt. Klassischem Informationsjournalismus könnte ein solcher Zugang abträglich sein; ist doch der entstandene Betrachtungsabstand indifferent gegenüber den übermittelten Nachrichten und vermittelt höchstens die Stimmung des Schreibenden. Und wenn in den späteren Briefen die existentielle Note deutlicher herauszuhören ist, dann ist dies nicht auf äußere Lebensumstände zurückzuführen, sondern auf die Intention dieses Projekts. Die zielstrebige faschistische Unterwanderung eines Verlags, der von mir mit einer Gruppe von Freunden Anfang der 90er Jahre gegründet wurde, der teilweise Zerfall meines sozialen Umfeldes, das sich zu Sowjetzeiten herausgebildet hatte, – all das sind nicht mehr als Begleitfaktoren eines

Schreibens, das auf die Kultivierung von Einsamkeit hin ausgerichtet ist. Ein Milieu ohne Distanz hat Menschen verschlungen, die noch vor kurzem meine Freunde waren; einmal hineingeraten, waren sie von der Fülle neuer Möglichkeiten, vom Drogen-Trip, der das Grundprinzip der postsowjetischen Wirklichkeit bildet, förmlich berauscht. Als ich im jetzt so fernen Jahr 1995 begann, diese Texte zu schreiben, konnte ich mir nicht vorstellen, daß die Geschichte eine solche Wendung nehmen würde. Unter Jelzin hatte es, ich wiederhole mich, so geschienen, daß uns vom Monströsen eine dünne, aber feste Trennwand schied, die im August 1998 einen Riß bekam und ein Jahr später gänzlich einstürzte, wobei sie unter anderem auch die spätsowjetische Strategie der Gruppensolidarität aus politischer Verfolgung unter sich begrub. Zum Rettungsanker für mich wurde, daß das, was ich zu sagen hatte, in einem breiteren europäischen Kontext Gehör fand, der außerhalb der Reichweite Moskau-interner ideologischer Manipulation lag.

Im Mittelpunkt meines Interesses steht die Neudefinition des Begriffs der Psychose in Anwendung auf postsowjetische Realia. In der Sphäre, in welcher der gesunde Menschenverstand dominiert, stellt sich die Psychose als etwas extrem Gefährliches und schwer Heilbares dar, jedenfalls im Vergleich mit der Neurose: »Während bei der Neurose das Ich, das den Forderungen der Realität (und des Über-Ichs) gehorcht, die Triebforderungen verdrängt, kommt es bei der Psychose zuerst zu einer Ruptur zwischen dem Ich und der Realität, die das Ich der Herrschaft des Es überläßt; in einem zweiten Abschnitt, dem des Wahns, baut das Ich eine neue Realität auf, die mit den Wünschen des Es übereinstimmt.«[1] Im Fall der Psychose ist der Bezug zur Realität mithin ganz fundamental gestört; an die Stelle des Realitätsbezugs treten besondere (wahnhafte) Wortgebilde, die den Träger des Sym-

---

1. J. Laplanche; J.-B. Pontalis: »Psychose«. *Vocabulaire de la Psychanalyse*. Deutsch zitiert nach: *Das Vokabular der Psychoanalyse*, aus dem Französischen von Emma Moersch, Frankfurt a.M.: Suhrkamp 1972, 413-417, hier: 416.

ptoms unentrinnbar in Autismus stürzen. Im postsowjetischen Rußland aber ist psychotische Rede merkwürdigerweise kommunikativ und gewährleistet gar einen hohen Grad an sozialer Anpassung. Darüber hinaus ist die postsowjetische Psychose derart weit verbreitet, daß sie den gesunden Menschenverstand wirksam daran hindert, eine Gegenrealität aufzubauen. Die psychotische Rede wird bislang nur an einem einzigen Punkt durchbrochen, Lenins »schwächstem Glied in der Kette« vergleichbar. Dieser Punkt ist das Geld. Ungeachtet aller kollektivistischen Phantasmen (s. etwa »Verbrechen aus Brüderlichkeit« oder »Polittechnologen« und andere der hier versammelten Texte) vergißt der Psychotiker nie, Geld zu verlangen; davon hängt sichtlich der Grad seiner Selbstachtung und sozialen Anerkennung ab.

Der Akt des Bezahlens ist zwar noch stumm, von psychotischer Rede überzeichnet, vollzieht sich aber mit der Unausweichlichkeit eines Naturgesetzes. Das heißt, diese Rede garantiert nicht an sich Kompensation, wie das in der vergleichsweise jüngeren Sowjetvergangenheit der Fall war, sondern nur in Verbindung mit Geld, jenem Wesenssignifikanten, der, ohne genannt zu werden, alles andere in Abhängigkeit von sich hält. Zu Sowjetzeiten besaß die Ideologie kein pekuniäres Äquivalent – und konnte auch keines haben. Die Verknüpfung zwanghafter kollektiver Rede mit der Idee des Wertes, die Verwandlung dieser Rede in den am stärksten nachgefragten Wert ist jüngeren Datums.

Vielleicht gibt es deshalb – unabhängig von der riesigen Zahl destruktiver Sprechakte und diese nachahmender Handlungsweisen – in Rußland heute keine revolutionären Bestrebungen. Funktioniert Destruktion nicht nur bis zu dem Punkt, an dem soziale Anpassung garantiert ist? Ist Revolution nicht eine zu »elitäre« und durchdachte Sache, als daß die Massen sich ihrer bemächtigen könnten?

Es fällt mir schwer, die Spannungskurven zu rekonstruieren, die während der Abfassung dieses oder jenes Briefes wirkten. Davon zeugen allein die Texte. Die Themen einiger Briefe (vor allem im zweiten Teil des Buches) sind politisch; ungewöhnlich macht sie wohl die Tatsache, daß die ihnen zugrundeliegende Sicht des Politischen für das gegenwärtige Rußland utopisch ist. Vielleicht werden sie den jeweiligen Zeitpunkten, zu denen sie geschrieben wurden, einmal adäquater scheinen, wenn mit der Zeit mehr Menschen so zu denken beginnen.

Zwei durch verschiedene Rhythmen bestimmte Zeitabschnitte teilen die Briefe mit Vorbehalt in zwei Hälften; wo genau die Grenze verläuft, ist jedoch schwer festzustellen. Die ersten Texte wurden noch vor Jelzins Wiederwahl für eine zweite Amtszeit im Jahr 1996 geschrieben, und die Übergangsphase könnte man auf die Jahre 1998 und 1999 datieren. Für das Moskauer Milieu, dem ich damals angehörte, war dieser für einen äußeren Betrachter unmerkliche Übergang schmerzhaft. Die Einzelheiten finden sich in den Briefen: Der Zugang zu Informationen wird beschränkt; eine Reihe von Intellektuellen bekleidet mit einem Mal Positionen als Berater des neuen Regimes; sie weiten ihre Strategien auf den gesamten sich erst herausbildenden und nur über kümmerliche finanzielle Mittel verfügenden intellektuellen Markt aus; die Trennlinien zwischen den verschiedenen Segmenten dieses Marktes werden verwischt, und Menschen, die gestern noch Mitglied eines gemeinsamen Kreises waren, finden sich heute auf verschiedenen Seiten neuer Trennlinien wieder; intellektuelle Projekte, intendiert als Teil einer gesamteuropäischen Kultur (der Fall des Verlags Ad Marginem), beginnen zu mutieren (und publizieren Bücher wie Schirjanows »Tiefflug« oder Prochanows »Herr Hexogen«). Die Wasserscheide, die früher die einzelnen Milieus voneinander trennte, verläuft dadurch jetzt mitten durch die Milieus.

Für die agilsten Schichten der russischen Gesellschaft, für diejenigen, welche die Überreste der UdSSR nach ihrem Zerfall unter sich aufteilten, bedeutete dies wohl eher das Abklingen jener inneren Spannung, deren Kulminationspunkt für sie auf die Zeit der »wilden Privatisierung« fällt. Für alle übrigen Schichten, nicht zuletzt das Milieu der Intellektuellen, die die Freiheit gekostet haben, wächst die Spannung nachhaltig. Jetzt erfahren sie am eigenen Leib, was an den Spitzen der Gesellschaft nahezu die gesamte Jelzin-Ära hindurch brodelte. Das Erkennungsmerkmal der neuen Zeit stellt für mich die Flut an Gangster-Serien dar, in denen die Grenze zwischen Geschäftsleuten, Verbrechern und Ordnungshütern verschwimmt und das Verbrechen praktisch als Lebensnorm verkauft wird. Diskurse, die gestern noch kritisch schienen, kommen als Symbole der neuen Kultur unter den Hammer; eben noch marginale literarische Konstruktionen werden mit politischen Mitteln zu Bestseller-Niveau empor gehievt. Und analoge Vorgänge laufen im gesamten Bereich der Gegenwartskunst ab.

Die Steuerung des massenweise reproduzierten Traumas verschlingt immer mehr innerrussische intellektuelle Ressourcen und macht die kulturelle Situation undurchsichtig, ja verleiht ihr stellenweise konspirative Züge. Daneben funktioniert aber auch der kommerzielle Tausch ungeachtet allen Gerassels mit sowjetischen Symbolen intensiv. Warum aber so wenig Reflexion über die eigene Abhängigkeit von Geld, vom allumfassenden Tauschprinzip? Nicht vielleicht deshalb, weil diese Abhängigkeit noch zu groß ist und darüber hinaus unvereinbar mit der Sprache des Traumas, welche die neuen Ideologen zu sprechen versuchen?

Auf dem Feld des Präzedenzlosen wird man kaum etwas Neues entdecken – ist doch das Präzedenzloseste das Allerarchaischste. Aber auf derartige Ansprüche nicht zu reagieren ist ausgeschlossen. In den ersten Briefen gab es noch mehr frei gewählte Themen; den Anstoß dazu gaben kleine, alltägliche Begebenheiten. Im selben Maße, in dem Ereignisse die Gesellschaft erschütterten, die beanspruchten, präzedenzlos zu sein und eine unmittelbare Reaktion verlangten, konnte ich mir den Luxus, über den Alltag zu schreiben, weniger leisten. Dabei hat sich an der Art und Weise dieser Reaktionen weniger geändert: Wurde früher die politische Dimension des Alltags ausgeleuchtet, so bildete den Gegenstand des Interesses jetzt jene Grenze, hinter der Politik apolitisch wird und ihre deklaratorische Aggressivität verliert, wo der Feind schlechterdings als hastige Projektion der eigenen Schuld erscheint. Die Einsicht in diese Schuld würde die Figur des Feindes entbehrlich machen. Das, wovon die Rede ist, erscheint stellenweise monströs, doch die *Perspektive des Monströsen* ist in keinem der nachstehenden Briefe dominant und definitiv; da alles in einem komplexen Zusammenhang steht (und noch dazu einem unabgeschlossenen, fortwährend im Werden begriffenen), bleiben jedes Urteil und umso mehr jede Verurteilung relativ.

Dieses Buch handelt nicht von konkreten Personen, sondern von Hintergrundphänomenen, aus denen diese hervorgehen. Was bei mir Ablehnung hervorruft und wobei ich nie und nimmer mitmachen würde, gibt oftmals – besonders, ich wiederhole es, in den letzten Jahren – den entscheidenden Anstoß für einen Brief. D.h. auch meine Beziehung dazu ist ambivalent: Die Anerkennung der Wichtigkeit einer Erscheinung kann gut und gerne damit einhergehen, daß sie mir zutiefst fremd ist. Zudem geschieht etwas Vergleichbares wie in Rußland unter der unpassenden Bezeichnung »konservative Revolution« – wenngleich nicht in dem Maßstab – auch in anderen Ländern und bildet eine weltweite Tendenz zur Einschränkung des Einflusses (nicht nur linker) kritischer Diskurse. Ungeachtet dieser Tendenz sind die Kriterien der Zugehörigkeit zu einer Diskursgemeinschaft auf dem internationalen intellektuellen Markt ungleich rigider ausgeprägt, als es gegenwärtig in Rußland der Fall ist, wo der sich erst herausbildende Markt der Ideen in den letzten Jahren von Polittechnologen niedergewalzt wurde; infolgedessen gingen die Kriterien verloren, um einen geistigen Entwurf von dessen politischer und/oder kommerzieller Verschleuderung abzuheben. Der russische Markt tendiert in Richtung totaler Inklusivität. Es dominiert die Überproduktion von Affirmation, die psychotische Form von Affirmation; alles grenzt an alles, und auf dieser Grundlage geht alles mit allem zusammen. Im Gegensatz dazu bleibe ich der Auffassung treu, daß intellektuelle Entwürfe erstens untereinander konkurrieren und zweitens selbst (und vor allem) dann zurechnungsfähig sein sollen, wenn es um Unzurechnungsfähigkeit geht. Ich bin fest überzeugt von der Wiedergeburt des russischen intellektuellen Marktes – und sei es in dem bescheidenen Maße, wie er von 1988 bis 1998 existierte.

Der Sinn von hysterischem Gekreisch und Zungenreden, wie farbenreich und lebensecht sie auch erscheinen mögen, muß sich an einem Ort behaupten, der als Ort des Denkens verfaßt ist, im Einklang mit den Regeln der Zurechnungsfähigkeit. In der Polemik gegen die heutige Situation in Rußland sei darauf hingewiesen, daß auch der Wahnsinn seine Grenzen hat, daß Wahnsinn eine alte Erscheinung ist, die sich durch ein *höchstes Maß an Wiederholung* auszeichnet. Ich hoffe, den Tag zu erleben, an dem die Kultur in Rußland (und vor allem natürlich die russische Literatur) sich soweit intellektualisiert haben wird, daß ein westeuropäischer Leser sie unmittelbar rezipieren kann, ohne Vermittlung eines Clans von Interpreten, die ihm diese exotische Speise servieren.

Wenn ich die Briefe wiederlese, kann ich mich eines Gefühls wachsender Einsamkeit nicht erwehren. Genau besehen besitzt einsame Rede eine Reihe von Vorteilen vor der Rede der Sieger: Sie ist nicht an eine konkrete Situation gebunden (in dem Sinne, daß sie diese affirmieren müßte); sie ist atopisch, und dahinter stehen keine einflußreichen Institutionen.

Wenn man sich Gangsterserien ansieht, ertappt man sich bei dem Gedanken, daß man nur in einer Gesellschaft, deren kulturelle Institutionen unter staatlicher Kontrolle stehen, ein so partikulares Interesse als allgemeines ausgeben kann. In der neuen Lage hat man schließlich aufgehört zu verbergen, was vor und im direkten Anschluß an den Zerfall der UdSSR passiert ist; man hat angefangen, zu uns in der Sprache des Geschehenen zu sprechen. Entsetzlich ist gerade die Tatsache, daß die neue Sprache unser eigenes Erzeugnis ist. Den Hintergrund, vor dem die Texte der letzten Jahre geschrieben wurden, bildet der Zweite Tschetschenien-Krieg. Dieser zweite Krieg unterscheidet sich vom ersten dadurch, daß die heutige politische Klasse Rußlands keine von diesem Krieg unabhängige Genealogie hat, daß sie sich erst im

Zuge dieses Krieges etablierte. Dieser Krieg ist gleichsam ins Unbewußte der Menschen hinabgesunken und setzt nun dort sein zerstörerisches Werk fort. Um diesen Krieg nicht zu bemerken, wird eine Vielzahl an kompensatorischen kulturellen Konstrukten erzeugt, die nicht auf dem neurotischen Mechanismus der Verdrängung fußen, sondern auf dem psychotischen der Verwerfung. Dieser Mechanismus setzt sich selbst als Norm. Würde der Krieg als bestimmender Faktor erkannt, würde er zum Gegenstand der Diskussion, so könnte man sich nichts derartiges vorstellen.

Die beschriebenen Veränderungen geschehen parallel zu weltweiten Vorgängen: zur Globalisierung, auf welche die »konservative Revolution« überall reagiert, und zur Virtualisierung, die ihre Fortsetzung findet in einem ganzen Spektrum von halluzinatorischen Praktiken. Das Zentrum der konservativen Revolution wie der Globalisierung ist nicht der islamische Fundamentalismus, sondern der Westen höchstselbst. Der Sinn dieser konservativen Revolution besteht im Bestreben, weiterhin die Globalisierung zu exportieren und gleichzeitig zerstörerische Folgen für die Exporteure abzuwenden. In Rußland laufen all diese Prozesse gleichzeitig und verschärft ab, wobei die Prioritäten oft wechseln. So existieren Dinge, die sich ausschließen, oft nebeneinander. Rußland übertrifft die anderen europäischen Länder wie seit jeher in Sachen Überproduktion von Affirmation und gehört so zu den Anführern der weltweiten »konservativen Revolution«.

In der Sowjetunion geboren, konnte ich nicht gleichberechtigt an jenem linken Gesellschaftsentwurf partizipieren, der in Westeuropa in den 60er bis 80er Jahren den Ton angab; ich konnte dies nicht in politischer Hinsicht, intellektuell aber bin ich dem in vielem verpflichtet und habe nicht vor, diese Schuld je zu vergessen. Dieses Buch läßt sich auch verstehen als unvollkommener, aber aufrichtiger Versuch, sie abzutragen.

Michail Ryklin
Moskau, Juli 2003

Verschwiegene Grenze
Briefe aus Moskau 1995-2003

Zeit der Diagnose

Schlendert man heute durch Moskau, kann man nicht umhin, sich über die Fülle heterogener, auf keinen gemeinsamen Nenner zu bringender Zeichen zu wundern, welche die sich rasend schnell wandelnde urbane Landschaft aussendet. Das gilt vor allem für die Architektur, von der man nicht anders als im Plural sprechen kann. Unmerklich breiten sich über die Stadt Bürogebäude aus, die sich nach außen mit undurchdringlichen Spiegelscheiben abschotten, durch die die Nutzer dieser Gebäude, die Mitarbeiter von Banken, Niederlassungen ausländischer Firmen und reich gewordener Exportunternehmen (in deren Namen fast durchweg »Öl«, »Diamant«, »Gas« oder »Gold« vorkommen) auf die Stadt blicken. Häuser aus der Zeit der sowjetischen »Nomenklatura«-Epoche werden zuende gebaut und mit einschüchternden Schießscharten versehen, so als ob ihre Bewohner sich vor Angriffen des Pöbels schützen wollten. Vergnügungslokale und Privathäuser errichtet man in der Art kleiner Burgen, mit runden Türmen und schmalen Fenstern, hinter denen sich ein Kasino oder ein Schlafzimmer verbirgt. Aus der Stalinzeit stammende Gebäudekomplexe werden gezielt zu kommerziellen Zwecken umgebaut. Das betrifft vor allem die berühmte »Ausstellung der Errungenschaften der Volkswirtschaft« (VDNCh), das »russische Disneyland«, das praktisch vollständig zu einem gigantischen Supermarkt umfunktionalisiert wurde. In den Pavillons der VDNCh soll der einst auf das Nahen des Kommunismus zielende Jubel des Volkes in Konsumekstase übergehen; die symbolische Architektur der 30er bis 50er Jahre mit ihren Emblemen der Überfülle, mit Wappen und Fahnen soll nun den Rahmen für profane Akte von Kauf und Verkauf abgeben.
Es möchte scheinen, daß vom Moskau der Revolutions- und Stalinzeit, jenem Moskau, das sich als Hauptstadt der Welt sah, nichts übrig geblieben ist außer üppig mit staatstragender Sym-

bolik verzierten Gebäuden (vor allem U-Bahn-Stationen und Hochhäusern) und einer Großmachtrhetorik, die nun nationale Formen angenommen hat. Bei näherem Hinsehen ist das aber nicht ganz der Fall: Einerseits stellt die neue Utopie der Ware, die als ideales Objekt präsentiert wird, mit dem man sich völlig identifizieren kann, einen Nachklang der alten revolutionären Utopie dar; andererseits wird die Vergangenheit, insbesondere die vorrevolutionäre, mit dem naiven Ernst von Menschen betrachtet, die in der Folge dreier Generationen ihrer Geschichte beraubt wurden und jetzt versuchen, zu dieser Geschichte zurückzukehren oder besser buchstäblich in sie einzutreten, und zwar durch Totalrekonstruktion alter sakraler Orte: Der wichtigste derartige Ort ist die unweit des Kremls gelegene Christus-Erlöser-Kathedrale, die in unerreichbarer Originaltreue mit Baumethoden und -materialien wiedererrichtet wird, wie man sie im 19. Jahrhundert nicht kannte, als der Architekt Konstantin A. Ton die Kathedrale zum ersten Mal baute.

Interessant ist, daß all diese städtebaulichen Projekte nicht miteinander zusammenhängen, ja mehr als das, daß es zwischen ihnen praktisch keine Vermittlungsglieder und keine Hierarchie gibt. Sie koexistieren bloß metonymisch, nach dem Prinzip der Kontiguität, und sie aufeinander abzustimmen wird Sache einer unbestimmten Zukunft sein.

Die Architektur bildet da keinen Sonderfall – Vergleichbares geschieht auch auf anderen Gebieten. In der unmittelbaren Nachbarschaft von Lebensmittelgeschäften und Supermärkten stehen lange Reihen ärmlich gekleideter Menschen, die zu verkaufen versuchen, was in eben jenen Läden in Fülle vorhanden ist, noch dazu zu denselben Preisen. Direkt im Zentrum Moskaus wird eine ganze unterirdische Stadt errichtet, mit Geschäften, Restaurants, Firmenniederlassungen und Bankfilialen, während daneben, nicht mehr als hundert Schritte entfernt, ein frisch aufgestelltes Reiterstandbild von Marschall Schukow aufragt. Archaisches koexistiert auf merkwürdige Weise mit nostalgischen und postmodernen Anklängen in einem einzigen, von dieser Heterogenität fragmentierten Raum.

Den Abschnitt, den wir jetzt durchleben, könnte man eine Zeit des Entgleitens von Sinn nennen, eines Entgleitens, das sich insbesondere in unendlicher Proliferation ausdrückt. Dieses Entgleiten durch Proliferation legt sich über die tief eingewurzelte imperiale Tradition von Einheit und äußerlich monolithischen Anschein angesichts offener und geheimer Widersprüche. Die Proliferation von Sinn hat auch vor den Feindbildern nicht haltgemacht – deren Zahl ist ebenfalls dramatisch angestiegen: Das sind die »Personen kaukasischer Nationalität« und die »neuen Russen«, der weltweite Kapitalismus und selbst die im Unbewußten der am wenigsten gebildeten Moskauer verankerte, nicht faßbare »jüdisch-freimaurerische Verschwörung«. Gerade die Irrationalität dieser Klischees macht sie wirksam, was keineswegs neu ist: In schwierigen Übergangszeiten sind es stets die Fiktionen, welche die Menschen am engsten zusammenschweißen. Das bedeutet mitnichten, daß man gegen diese Fiktionen nicht ankämpfen und sie nicht analysieren müßte.

Wir wissen, daß im Kaukasus viele verschiedene Nationalitäten leben; sie alle zu einer Pseudonationalität zusammenfassen kann man bloß mit der Intention, »das Kaukasische« als Mythos zu reanimieren (ähnlich wie Roland Barthes in den »Mythen des Alltags« *[Mythologies]* »das Baskische« oder »das Chinesische« einstufte), womit man die sich dahinter verbergende Realität bzw. das, was weit weniger eindeutig und um ein Vielfaches komplexer ist als der Mythos, entpolitisiert. Das eigentliche Signifikat des Ausdrucks »Personen kaukasischer Nationalität« ist ›Verbrecher‹, wobei die Frage, ob dies ein Tschetschene, Georgier, Aserbaidschaner oder Armenier ist, angeblich von zweitrangiger Bedeutung ist – genauso wie die Tatsache, daß unter den Kriminellen viele Russen, Ukrainer und Vertreter anderer Völker sind. In Annoncen zur Vermietung von Wohnungen, Garagen und Datschen hieß es schon vor dem Tschetschenienkrieg häufig: »Nicht an Personen kaukasischer Nationalität«. Im Grunde hat der Krieg auf Diskursebene begonnen, und die heutige Passivität der russischen Gesellschaft in der Frage des Tschetschenienkrieges erklärt sich zu Teilen dadurch, daß sich die Gesellschaft diese Sprache schon in den Jahren 1991 und 1992 hat aufzwingen lassen und sie damit zu ihrer eigenen gemacht hat. Aktiver Widerstand gegen diesen Krieg und wirksamer Protest setzen indes unter anderem voraus, sich von sprachlichen Mythologemen zu trennen, die längst Teil des Unbewußten geworden sind – wofür die Mehrheit der Russen aber noch nicht reif ist. Ja, mehr als das – sie formuliert dies noch nicht einmal als Problem. Es ist gerade die vermeintliche »Unschuld« der Bevölkerungsmehrheit in dieser scheinbar rein linguistischen Frage, die zeigt, daß es – wie es in Kafkas Parabel *Vor dem Gesetz* heißt – noch keinen »Einlaß« ins Gesetz gibt. Die Bevölkerungsmehrheit protestiert, doch bloß passiv, aus dem Inneren jenes unverdauten nationalistischen Diskurses heraus, der Kriegsverbrechen unbewußt Züge von Strafe zuschreibt – Strafe nicht für von »Personen kaukasischer Nationalität« wirklich begangene Verbrechen (das fällt bekanntlich in den Aufgabenbereich der Justiz), sondern für deren angeblich a priori bestehende kriminelle Neigungen, die auf der Ebene des Diskurses verankert ist. Mir scheint, daß derart unerkannte Mythologeme tiefer liegen als die Rationalisierungen, mithilfe derer versucht wird, diesen extrem unpopulären Krieg zu rechtfertigen (etwa mit der Notwendigkeit, die territoriale Integrität Rußlands zu bewahren, oder dem ökonomischen Interesse an den Ölvorkommen Tschetscheniens).

Wie der Terroranschlag von Budjonnowsk zeigt, führen sich die Tschetschenen – wie ein freigelassener Flaschengeist – genau so auf, wie sie durch das Prisma des tief verwurzelten Mythologems gesehen werden, wie sich die anderen unbewußt wünschen, daß sie sich verhalten sollen. Durch diese Anschläge werden sie zu »echten Tschetschenen« – d.h. zu den größten Verbrechern unter allen »Personen kaukasischer Nationalität«. Nachdem sie konkret Gestalt angenommen haben, werden sie paradoxerweise zu Gesprächspartnern, mit denen man in Verhandlungen eintreten kann und muß. Das Singuläre am Anschlag von Budjonowsk besteht darin, daß er den Anstoß zu einem Verhandlungsprozeß gab. Keine andere ähnlich gelagerte Aktion hatte je solche Folgen – diese waren stets eher das Gegenteil.

Ein anderes Feindbild bilden für viele die »neuen Russen« oder »neuen Reichen«. Von der Nomenklatura der vorangegangenen Epoche haben sie die Angewohnheit übernommen, die Orte, an denen sie leben und sich entspannen, zu bewachten Festungen auszubauen. In Moskau und im Moskauer Umland kann man eine Vielzahl verkleinerter Kopien von derartigen Burgen und Festungen finden. Sich darin aufzuhalten, bedeutet weniger Erholung als das Gefühl, vor äußeren Gefahren geschützt zu sein – nachvollziehbar bei Leuten, die mit dem Gesetz auf Kriegsfuß stehen. Im Bewußtsein der breiten Masse der Bevölkerung werden die »neuen Russen« mit zwei Dingen assoziiert – mit Kriminalität (oft nennt man sie »die Mafia«) und zur Schau gestelltem Konsum. Letzterer führt in vielen Restaurants, Geschäften, Kasinos und Nachtklubs der Stadt zu exorbitanten Preisen. Was landläufig »Restaurant« genannt wird, stellt sich auf Schritt und Tritt als eine Art geschlossener Club für diejenigen dar, die ihn finanzieren. Andere Besucher mit ihren bescheidenen Ersparnissen sind hier nicht erwünscht. Solche Örtlichkeiten zielen nicht in erster Linie auf Profit, sondern dienen dem Schutz einer kleinen Zahl ausgewählten Kunden und ihrer Freunde. Darüber hinaus umfaßt die Bezeichnung »neue Russen« ein recht zufälliges Konglomerat von Personen, die miteinander nur die Illegalität teilen, die Leidenschaft für ritualisiertes Konsumverhalten und die Vorliebe für militärische Staffage.

Andererseits gibt die Gesellschaft den Intellektuellen und insbesondere den Geisteswissenschaftlern klar zu verstehen, daß sie ihre Dienste geringschätzt. Ein einigermaßen gutes Auskommen haben höchstens erfolgreiche Journalisten. Die wenigen, die sich den Luxus leisten können, langfristige, arbeitsintensive Projekte zu verfolgen, gelingt dies in der Regel nur durch finanzielle Förderung seitens hauptsächlich westlicher Stiftungen.

Zeit der Diagnose

Im Alltag hebt sich ein Geisteswissenschaftler kaum von der Durchschnittsbevölkerung ab. Immer mehr fühlt er sich als Freiwild, auf das zu Geld gekommene Privatleute und der Staat zugleich Jagd machen. An die zwei Millionen Moskauer Bürger verloren im vergangen Jahr ihre Ersparnisse infolge einer Bankrottserie von Banken und Aktiengesellschaften. Für sie ist das Leben in Moskau, mittlerweile eine der teuersten Städte der Welt, zu einer Dauerübung in der Kunst des Überlebens geworden. Das Gesetz kann in einer solchen Situation kaum vermittelnd eingreifen – alle wollen alles und weichen nur der Übermacht der Gegenseite. Immer häufiger werden Versprechen gebrochen, übernommene Verpflichtungen nicht erfüllt (einer meiner Bekannten, ein Künstler, nannte diesen Gesellschaftszustand »demokratisches Gesetz des Dschungels«). In diesem Zustand, noch vor einem Gesellschaftsvertrag, können die Menschen nicht einmal durch ein Feindbild zusammengeschweißt werden – obwohl die Menge solcher Feindbilder dramatisch anwächst.
Wir leben in einer Zeit, die man Zeit der Diagnose nennen kann. Es geht um eine Diagnose, die noch nicht gestellt ist, die uns von uns selbst gestellt wird, die, genauer gesagt, durch uns gestellt wird und vorderhand weder von russischen noch ausländischen Fachleuten auf den Punkt gebracht werden kann. Die Symptome werden üblicherweise per Analogie gedeutet: Dort war das so und so, dann wurde das und das gemacht, und der Patient kam auf den Weg der Besserung. So ist auch jetzt zu verfahren. Solche Analogien hinken nicht bloß; indem sie uns auf der Ebene des Imaginären aus dem Schlimmsten herausführen, beruhigen sie uns für einen kurzen Augenblick, um uns anschließend in umso tiefere Verzweiflung zu stürzen, je stärker die vorangegangene Hoffnung auf baldige Genesung gewesen war. Allein schon der Versuch, 70 Jahre unserer Geschichte als etwas ausschließlich Negatives zu denken – eben dieser Versuch liegt aber der Mehrheit der gestellten Diagnosen zugrunde –, ist selbst niemandes Schuld, sondern ein untrügliches Krankheitssymptom; die Vergangenheit und das damit verbundene Trauma ist unserer Ge-

genwart noch allzu nah. Um die Traumata der Vergangenheit zu begreifen, braucht es zunächst Abstand. Während wir andauernd das Unmögliche wünschen, tun wir auch das Wenige nicht, das zu tun in unserer Macht stünde. Produktiver als voreilige Diagnosen scheint mir, eine möglichst große Zahl von Symptomen zu sammeln und zu beschreiben, ohne sie zu einer weiteren vermeintlich »richtigen« Diagnose gerinnen zu lassen. In dieser Hinsicht ist Walter Benjamins »Moskauer Tagebuch« aufschlußreich, das er am Ende der NÖP-Ära schrieb, der letzten unserer vorausgehenden Zeit der Diagnose. Benjamin lehnt es dort ab, dem Moskau seiner Zeit eine Diagnose zu stellen, und zwar aus Gründen, die er selbst mit den Besonderheiten des damaligen »Jetzt«-Moments in Zusammenhang bringt. Worin besteht dessen Spezifik? Darin, daß eine Reihe von auseinanderlaufenden Symptomen den Sinn daran hindert, einen Sättigungspunkt zu erreichen, sich selbst zu ordnen, mit sich selbst auf Augenhöhe zu gelangen.
Am 25. Dezember 1926 schreibt Benjamin aus Moskau seiner Bekannten, der Bildhauerin Jula Radt-Cohn: »Bewerten kann ich das alles nicht. […] Und es ist völlig unabsehbar, was dabei in Rußland zunächst herauskommen wird. Vielleicht eine wirkliche sozialistische Gemeinschaft, vielleicht etwas ganz anderes. Der Kampf, der darüber entscheidet, ist ununterbrochen im Gange.« So ist auch heute, fast siebzig Jahre, nachdem diese Worte niedergeschrieben wurden, der »Jetzt«-Moment in Moskau zu überreich an Möglichkeiten, als daß man mit dem Brustton der Überzeugung vorhersagen könnte, welche davon Realität werden wird. Noch realisieren sich alle Möglichkeiten merkwürdigerweise parallel, so daß keiner davon Vorrang einzuräumen ist. Ich würde auch keine Prognose wagen, wann die Zeit der Diagnose enden wird. Das zu tun würde bedeuten, eine definitiv richtige Diagnose zu stellen. Das aber ist bislang unmöglich: »Auf dieses Messers Schneide leben wir« (Kafka).

Moskau, August 1995

Logik des Zerfalls

In den Jahren des Niedergangs der Sowjetmacht konnten die Besucher des Pavillons »Geflügelzucht« auf der Ausstellung der Errungenschaften der Volkswirtschaft (VDNCh) einige merkwürdige Objekte erblicken: Es waren dies große Eier, anderthalb Meter im Durchmesser und etwa drei Meter lang und auf einer Seite mit kleinen gläsernen Fenstern ausgestattet. Durch diese Fenster sah man vor dem Hintergrund eines gleichsam von Giotto entlehnten idyllischen Landschaftsgemäldes in Zentralperspektive ein paar kleine Gebäude, die sich bei genauem Hinsehen als Farmen zur Tierzucht, Geflügelfarmen und Kuhställe entpuppten. Die Produktion von Fleisch und Milch wurde innerhalb dieser merkwürdigen Objekte, die ich für mich »Welteier« taufte, zu etwas nahezu Paradiesischem. Es war kein Zufall, daß es vor dem Hintergrund der sorgsam zusammengeklebten Häuschen fast keine Menschen gab. Die Unterschrift unter einem Ei lautete: Geflügelfarm der Kirow-Sowchose im Stupinsker Rayon des Moskauer Verwaltungsbezirks. Was sich da als Nachbildung einer Geflügelfarm ausgab, war eigentlich das Urbild, das Eidos einer Geflügelfarm, ihre ideale Form, die man an einen beliebigen Ort hinsetzen konnte, eben auch in den Stupinsker Rayon. Die Produktion war von der Wirklichkeit des Ortes losgelöst und wurde ganz und gar ästhetisiert. Neben den Eiern in den gläsernen Containern ragten ganze Pyramiden von Konservendosen mit exotischen Namen auf: Hahn in Wein, Enten-Haschee und so weiter. Niemand hatte je solche Konserven in Geschäften gesehen. Als wären sie eigens für die Ausstellung produziert worden.
Durch ihre Existenz widerlegten diese Konserven eine Produktion um des Konsums willen: Sie waren nicht zum Konsumieren, sondern zum Betrachten hergestellt worden. In den Arbeiten Andy Warhols mit der Suppendose Campbell's werden

die Serienmäßigkeit eines real produzierten und konsumierten Produktes und die Zudringlichkeit eines Firmenzeichens inszeniert. In unserem Fall aber waren die Konserven selbst von Anfang an als ästhetisches Objekt, das nicht zum Konsum bestimmt ist, hergestellt worden.

Diese Bilder kamen mir unwillkürlich in den Sinn, als ich vor einigen Tagen einen in der Nähe neu eröffneten Supermarkt besuchte. Das nagelneue Geschäft war eine getreue Kopie der Pariser Supermärkte Felix Potin oder Ed, von oben bis unten mit französischen Produkten vollgestellt. Es gab dort aber nicht einen einzigen Kunden. Mich bemerkend, kamen die Verkäufer der Reihe nach auf mich zu, empfahlen mir einzelne Waren und interessierten sich für meine Wünsche. Ich als Kunde war hier sichtlich ein seltener Vogel.

Der Supermarkt erinnerte mich an Installationen des belgischen Künstlers Guillaume Bijl, der in Galerien Krankenhauszimmer, Herrenkonfektionsabteilungen und so weiter ausstellt. Indes, ich befand mich nicht in einer Galerie, sondern in einem Geschäft, das ästhetisiert wurde durch den Überschuß an Verkaufenden und den Mangel an Kaufenden – genauer: durch deren völliges Fehlen. Sieh an, dachte ich, von welch unerwarteter Seite der gegenwärtigen Moskauer Kunst Konkurrenz erwächst: Handel, Politik und Wirtschaft – all das erweist sich als potentiell künstlerischer Akt. Wurde früher die heimische Produktion zum Gegenstand der Ästhetisierung (eben jene »Welteier«), so wird heute das Hauptgewicht auf die Ästhetisierung der Sphäre von Kauf und Konsum vorzugsweise ausländischer Produkte gelegt. Als ich aus Höflichkeit etwas in jenem Geschäft gekauft hatte, hatte ich gleichsam den Eintritt in ein Museum bezahlt. Bei einer derartigen Konkurrenz darf man die Kunst nicht allein im System der Galerien lokalisieren und sie in eine besondere, spezialisierte Ware verwandeln.

Die Kunst hat sich überallhin ergossen und hat oft solch unvorsätzlichen Charakter, daß der Name des »Schöpfers« sie bloß kompromittiert. Sie strebt zur Anonymität. Weil sie spüren, daß ihre Kunst auf starke Konkurrenz in Gestalt von Kaufleuten, Politikern und Vertretern der Welt des Verbrechens stößt, versuchen die Künstler immer öfter, diese nachzuahmen. So hat unlängst ein Künstler einem Ausstellungskurator, der seine Arbeit nicht angenommen hatte, einen Strauß Rosen ins Gesicht geschlagen. Ein zweiter schlug einen Kritiker, dessen Artikel ihm nicht gefallen hatte, mit der Faust. Die Moskauer Presse schreibt unter der Rubrik »Kunst« hauptsächlich über riskante Happenings im Stil des Wiener Aktionismus. Doch diese Imitationen sind notwendigerweise unvollkommen, da der Künstler als Unterschrift seinen Namen hinterläßt. Und der Name macht noch die allerbrutalste Geste zu einem Gegenstand des Tauschs und verringert damit ihre Intensität, diesen bedauerlicherweise einzigen Wert, den sie besitzt.

In der fieberhaften Atmosphäre der letzten Jahre haben wir, besorgt um die Probleme des Überlebens, aufgehört, die Anzeichen von Niedergang und Zerfall in unserer unmittelbaren Umgebung zu bemerken. Unweit des Ortes, wo ich wohne, im nördlichen Zentrum Moskaus, im Marienwäldchen, gibt es eine hölzerne chassidische Synagoge, die im Jahr 1926 erbaut wurde. Ich hatte gehört, daß sie vor zwei Jahren bei einem Brand Schaden genommen hätte. Der Bildhauer Jurij Kalendarjew, Bürger des Staates Israel, bat mich, sie ihm zu zeigen, und so war ich zum ersten Male seit dem Brand mit ihm dort.

Uns bot sich ein ziemlich trauriger Anblick. Traurig nicht nur deswegen, weil die Synagoge ausgebrannt war – schließlich und endlich kann so etwas mit jedem beliebigen Gebäude passieren, zumal wenn es aus Holz ist –, sondern auch aufgrund der Folgen dieses Ereignisses: Ein Teil der religiösen Bücher lag aufgehäuft in einem völlig ausgebrannten Zimmer, das die Bauarbeiter einer benachbarten Baustelle, der Poliklinik des Innenministeriums, zur Toilette umfunktioniert hatten. Die Kombination von Kothaufen und von Zersetzung befallenen Büchern machte einen widerwärtigen Eindruck. Warum, fragten wir uns, war es nicht möglich, die Bücher in einen geschlossenen Raum zu bringen und denjenigen Teil, der infolge des Brandes verdorben war, jüdischem Ritus gemäß zu beerdigen? Dann erschien der Wächter der Synagoge, der auf unsere erstaunten Fragen zur Antwort gab, daß der Gemeindevorstand alles in seiner Macht Stehende tue, um einigen alten Mitgliedern der Jüdischen Gemeinde zu helfen, so daß er zu den Büchern einfach nicht käme. Er zeigte uns den inneren Teil des Hauses mit dem halbausgebrannten Gebetssaal und dem Zimmer für die Gläubigen, in dem ein voluminöser Tresor unsere Aufmerksamkeit erregte. Der Wärter erklärte, daß in ihm die unversehrt gebliebenen Thorarollen aufbewahrt würden, da sie ansonsten gestohlen oder besudelt werden könnten.

Es gab im Gebäude keine Kanalisation, so daß die Alten ihre Notdurft in einem speziellen Eimer verrichteten, der im Nebenzimmer hinter einem Vorhang stand. Der Zerfallszustand war nicht aus einem irgendwie gearteten bösen Vorsatz oder Verschulden heraus entstanden, noch resultierte er aus Krieg oder Pogrom. Die Gemeinde konnte mit den Folgen des Brandes schlicht nicht fertig werden und verfiel.

Am Schluß der Besichtigung gab uns der Wächter eine Broschüre, in der eine Zeichnung der Synagoge der Zukunft prangte: ein riesiges, großartiges Gebäude aus Ziegeln und Glas mit Kuppeldach und Seitenturm. »Auf der Gemeindeversammlung«, so hieß es in der Broschüre, »wurde einstimmig die Entscheidung zum Bau einer neuen Synagoge an der Stelle der abgebrannten gefaßt«. Die in der Gegenwart unnötig gewordene Synagoge (insofern unnötig, als es an Mitteln fehlt, die entweihten Bücher zu beerdigen) und die dazugehörige Gemeinde kompensieren in der Zukunft dieses Trauma durch den Bau eines idealen Kultgebäudes. Die Gegenwart muß um jeden Preis annulliert werden, da mit ihr das Trauma der Anwesenheit verbunden ist. Vielleicht ist die Gegenwart infolge der Unerträglichkeit auch gezwungen, die Form der Flucht vor der Gegenwart anzunehmen? Um den sichtbaren Zerfall zu kompensieren, muß das Zukünftige als einzige Realität angeschaut werden.

Im heutigen Moskau sticht insbesondere die außerordentliche Schwäche der bürgerlichen Gesellschaft ins Auge, und das vor dem Hintergrund der Bereicherung von Einzelpersonen, darunter vieler Staatsbediensteter. Die mit Hilfe des Staates Reichgewordenen sind damit beschäftigt, ihren Alltag und ihr Business einzurichten. Sie sind allenfalls bereit, anderen zu Reklamezwecken oder unter Druck von Seiten eben desselben Staates zu helfen, der nun bestrebt ist, ihnen die Sorge um die Mitbürger aufzubürden. Da die vorhergehende, sowjetische Gemeinschaft einen noch nicht untersuchten spontan-elementaren Charakter hatte und sich vor allem unter Zwang im Sattel hielt, droht diese Zerstörung weit zu gehen. Dabei wirkt die Zerstörung der symbolischen Bande deprimierender auf die Menschen als das Niveau des materiellen Wohlstandes, das bei weitem noch nicht das niedrigste in der Geschichte Rußlands ist (einzig, daß man früher nicht zu Vergleichen mit dem westlichen Lebensstandard gegriffen hat).

Die Souveränität des Staates und der Einzelpersonen geht leider auf Kosten der Mehrheit. Der soziale Erfolg hängt mehr und mehr von der Mißachtung der Interessen anderer Menschen ab. In diesem Klima kann sich die ökonomische Situation nicht verbessern: Diese wird erst ein neues Gefühl von Solidarität mit anderen Menschen verändern, das, so hoffe ich, das raubtierhafte Verhältnis zu Natur und Mitbürgern ablösen wird. Bedauerlicherweise ist es schwierig, wie es viele gerne hätten, diesen Prozeß nach Belieben zu beschleunigen. Bisweilen scheint es so, daß das Licht am Ende des Tunnels schon in Sicht sei, doch dann erweist sich dies als eine weitere Halluzination …

Die Politiker, die an der Macht sind, bemühen sich uns einzureden, alles ginge zum Besseren, und irgendwo ist das auch unbestreitbar so. Doch dicht neben diesem »Irgendwo«, gleich Müllgruben im Brachland, vervielfältigen sich die Herde des Zerfalls, die man in der Zukunft in Oasen zu verwandeln plant. Die Zerfallsherde erfassen schließlich auch das Gebiet der Kunst. Man darf diese Zersetzung nicht als etwas ausschließlich Negatives be-

trachten. Viele der zerfallenden Kulturerscheinungen gehen infolge der eigenen Konkurrenzunfähigkeit zugrunde. In einer Atmosphäre von Gewalt entstanden, können sie nicht bruchlos in die Marktwirtschaft hineinwachsen. Vergeblich versuchen die Vertreter der alten Kulturinstitutionen, ihrer Gewohnheit gemäß, die Situation zu ideologisieren, sie in Begriffen von Gerechtigkeit zu umschreiben (und vergessen dabei, daß nur jene ungeheure historische Ungerechtigkeit, die als Großer Terror bekannt ist, die Existenz der von ihnen vertretenen Einrichtungen überhaupt erst möglich gemacht hat).
Besonders empört sie der Umstand, daß der Terror im allgemeinen von ihren eigenen, zynischeren Genossen betrieben wird, die sich zur rechten Zeit ins Lager der Sieger hinübergerettet haben. Das Phänomen Sowjetismus darf man noch nicht als abgeschlossen betrachten: Der Kampf gegen ihn wird in vielem mit den gewöhnlichen sowjetischen Unterdrückungsmethoden geführt, die das reproduzieren, wogegen sie kämpfen.
Vor kurzem habe ich von einer Moskauer Zeitschrift einen Fragebogen erhalten mit der Bitte, auf folgende Fragen zu antworten: Wird auch weiterhin eine »Hochkultur« bestehen, oder bricht die Herrschaft der »niederen Massenkultur« an? Wird der Markt die Kultur besiegen oder die Kultur den Markt? und so weiter. Diejenigen, die solche Fragebögen zusammenstellen, verspüren offensichtlich eine Nostalgie nach vergangenen Zeiten, als es, wie ihnen scheint, noch eine hohe Kultur und eine wahrhafte Intelligenzija, ihren unbestechlichen Wächter, gab. Indes bin ich davon überzeugt, daß man Fragen überhaupt nicht auf diese Weise stellen darf, daß nicht der hohen Kultur eine niedrige gegenübersteht und daß der Markt nicht der Todfeind der Kultur ist. Und das ist noch nicht einmal die Hauptsache. Das Wichtigste ist, daß Nostalgie die Geschichte fälscht, wenn sie Reaktion auf das Trauma der Gegenwart ist. Insgesamt schätze ich die gegenwärtige Situation bei allen ihren Kosten und Betrügereien als vorteilhafter ein als die vorangegangene – und das in kultureller Hinsicht.

Logik des Zerfalls

Ja, es gibt eine übergroße Aggressivität, aber es ist unsere eigene Aggressivität und keine, die uns von den Vorgesetzten vorgeschrieben wird. Besser noch diese als jene Unterwürfigkeit, die das Ergebnis von Repression ist und keine Niederträchtigkeit ausschließt. Die heutige russische Gesellschaft ist zur Außenwelt hin offener. Obwohl diese Offenheit die Quelle für eine gesteigerte Traumatisierungsgefahr bildet, kann man die Rückkehr zur vorhergegangenen Abgeschlossenheit, die die Kultur zu einem schlichten Instrument der Konfrontation mit dem »Kapitalismus« gemacht hatte, kaum als Alternative ansehen. Eines der Anzeichen dafür, daß die heutige Krise überwunden ist, wird das Bekenntnis sein, daß der Markt nicht der Feind der Kultur ist. Dazu ist es nötig, daß einerseits die Marktwirtschaft weniger anarchisch wird und daß andererseits die Kultur desakralisiert wird und zugleich nationale Grenzen überschreitet. Dies wird nicht morgen passieren, doch gibt es Anlaß zu vorsichtigem Optimismus.

Moskau, Januar 1996

Rußland vor der Wahl

An der Schwelle zu den russischen Präsidentenwahlen spürt man jetzt besonders deutlich, wie weitgehend sich das politische Klima von derjenigen Stimmung unterscheidet, die in Moskau am Höhepunkt der Perestroika in den Jahren 1987 bis 1991 herrschte. Die Hoffnung auf die Verbindung von Demokratisierung und einer schnell greifenden Modernisierung, die vor wenigen Jahren noch stark im Schwange war, hat sich jetzt praktisch in Luft aufgelöst und in der Gesellschaft einen bitteren Nachgeschmack des Scheiterns hinterlassen. An die Stelle des Optimismus der Perestroika-Zeit ist Apathie getreten, ausgelöst von wachsender Vereinzelung der sozialen Subjekte, denen bewußt wird, das ihre Interessen unvereinbar verschieden sind und auf keinen gemeinsamen Nenner gebracht werden können. Solche Gruppen, die noch vor kurzem im Namen und im Interesse der gesamten Gesellschaft auftraten – Bergarbeiter, Grüne, Führer unabhängiger Gewerkschaften –, kämpfen heute um ihr eigenes Überleben. Es verfestigt sich das Bewußtsein, daß man seine eigenen materiellen Interessen nur auf Kosten anderer durchsetzen kann. Die Intelligenz, in der russischen Gesellschaft traditionell das »Sprachrohr des allgemeinen Willens«, ist unter den Umständen von sozialer Anarchie und Atomisierung desorientiert, sieht sich in den Hintergrund gedrängt und mit der alltäglichen Sorge um das eigene Überleben konfrontiert. Zur gleichen Zeit wuchert hinter den Kulissen der vom Gesetz nicht regulierte Teil des Lebens; ganze Segmente der Gesellschaft richten sich nach ungeschriebenen Abmachungen über die Aufteilung von Einflußsphären.
Anderthalb Monate vor dem wichtigsten Ereignis des Jahres, der Präsidentenwahl, spürt man, wie sehr das wirtschaftliche Leben in Rußland noch zentralisiert ist, wie wenig vom Einfluß des Präsidenten unabhängige Personen und Institute es hier gibt, die in

der Lage wären, ohne Rücksicht auf den Ausgang der Präsidentenwahlen zu agieren. Die Banken gewähren ein Minimum an Krediten, der Abschluß von Verträgen und die Auszahlung der Löhne wird hinausgezögert. Das politische Geschehen nimmt eine leicht apokalyptische Färbung an: Entweder das »ewige Leben« (Sieg des bisherigen Präsidenten), wie uns die Massenmedien immer nachdrücklicher einzureden versuchen, oder aber die »Feuerhölle« (Sieg der Kommunisten).

Wenn die Verantwortung, welche der Dienst am Wohl der Gesellschaft den westlichen Politikern auferlegt, seinen Niederschlag in einem maximal reglementierten Sprachkodex findet, dann verhält es sich damit in Rußland ganz anders. Die frustrierte Bevölkerung diktiert ihren gewählten Vertretern eine psychotische Verhaltensweise, die immer mehr den Bereich professioneller Politik bestimmt. Die Heilung von den Traumata, die die sich stetig wandelnde Wirklichkeit den Menschen zufügt, wird in ihrer Inszenierung gesucht: Dabei treten die rationalen Komponenten, die mit strenger Argumentation, Überzeugungskunst und einem durchdachten Programm zusammenhängen, in den Hintergrund. Der Politiker nimmt eine *unmenschliche* Verantwortung für das Schicksal des ihm anvertrauten Volkes auf sich. Doch derartige Verantwortung hat noch eine andere Seite, eine, wie Bachtin sagen würde, Kehrseite im Lachen: Diese unmenschliche Verantwortung ist logisch unausweichlich ein Synonym für völlige Verantwortungslosigkeit. Die Vollmachten des russischen Präsidenten sind gewaltig; wenn er aber einen Fehler macht, geben Politologen und Journalisten nicht ihm die Schuld, sondern rechnen den Fehler der Inkompetenz seiner Mitarbeiter und Berater an. Der Präsident erhält hier quasimonarchische Sanktionierung. Hier stellt sich die in der Moskauer Presse ständig debattierte Frage nach dem Preis der Demokratie. Inwieweit ist eine Demokratie, die sich mit diktatorischen Methoden verteidigt, effektiv? Und was an Neuem könnten die Kommunisten dem Arsenal solcher Methoden hinzufügen? Die Gefahr, daß sie an die Macht kommen könnten, kann durch die vorauseilende Realisierung ihrer Hauptprogrammpunkte bereits innerhalb der gegenwärtigen Strukturen auf ein Minimum, wenn nicht auf Null reduziert werden. Je mehr dies geschieht, je höher der »Preis der Demokratie« steigt, in umso grelleren Farben werden paradoxerweise die Kommunisten als politische Monster dargestellt. Und ihre potentielle Machtübernahme wird im vorhinein, was vollends undemokratisch ist, als einer nationalen Katastrophe gleichkommend deklariert. Dadurch werden sie von vornherein als politische Gegner, mit denen man in Dialog treten und um die Wählerstimmen konkurrieren könnte, rhetorisch liquidiert. Stattdessen werden sie zu Feinden erklärt, die gleichzeitig die düstere sowjetische Vergangenheit und die finstere nationalsozialistische Zukunft symbolisieren. Die Wahlen werden damit im Diskurs der Macht annulliert, die ihre eigene mögliche Niederlage bald mit der Wiedergeburt des GULag, bald mit einem Bürgerkrieg um die Umverteilung des Privateigentums, und schließlich mit einem Weltkrieg gleichgesetzt. Eine derartige manichäische Weltsicht läßt allen gewöhnlichen Bürger keine Wahl, auch denen nicht, die nicht mit den Kommunisten sympathisieren. Indem übrigens die politische Gegenüberstellung in eine religiöse verkehrt wird (obwohl die Kräfte des Guten in diesem Bild schüchtern als Kräfte des »geringsten Übels« auftreten, was weniger religiös ist), wird jede wirkliche Wahl allein schon logisch unmöglich gemacht. Bei der Wahl ist einzig der Wähler sakral – nennen wir ihn Volk, Wählerschaft oder wie auch immer –, allein bei ihm liegt die Souveränität, die die Grundlage der Entscheidung bildet. Die Kräfte hingegen, die zur Wahl stehen, besitzen keine endgültige Souveränität, was ihnen die Möglichkeit gibt, untereinander mit politisch üblichen Mitteln zu konkurrieren. Uns als Wählern indessen wird eine mit Demokratie unvereinbare Situation doppelter, dreifacher usw. Souveränität aufgebürdet. Dem Souverän wird absurderweise zugemutet, einen zweiten Souverän zu wählen – entweder von quasimonarchischem (Jelzin), egalitaristischem (Sjuganow) oder rechtsnationalistischem Typus

(Schirinowski). Diejenigen Kräfte jedoch, die auf der Effektivität der politischen Dimension bestehen (Jawlinski, Gaidar), sind zur Niederlage verdammt, so daß auch dieser Weg dem Wähler versperrt ist.

In einem Land, wo selbst die banale Auszahlung der Löhne zu einem »effektiven Schachzug im Wahlkampf« gerät, ist für die Mehrheit der Menschen das elementare Überleben ein Problem. Anstatt einen Ausweg aus dieser Situation zu suchen, greifen die Politiker immer öfter zur Imitation traumatisierter Zustände, zu deren psychotischer Reproduktion. Da sie ihre eigene Desakralisierung verweigern und von ihren Mißerfolgen in der erhabenen Sprache der Frustration und nicht der konstruktiveren Sprache der Programmatik sprechen, bereiten sie den pro-kommunistisch eingestellten Kräften sowie extremen Nationalisten den Weg zur Macht. Mit dem autokratisch-paternalistischen Verhaltensrepertoire der gegenwärtigen Machthaber ist der Gipfel der Aggressivität noch keineswegs erreicht. An die Stelle dieses Verhaltensrepertoires kann eine weit durchdachtere Provokationsstrategie treten. Der Wahlspruch »Sie werden alles schlucken« wird von Wladimir Schirinowski aktiv vertreten, der droht, die Art und Weise, wie mit dem Westen umgesprungen wird, zu einem Standardgericht für den traumatisierten russischen Spießer zu machen.

Obschon Vorsitzender des auf sein Beharren hin in der Duma eingerichteten Ausschusses für Geopolitik (dies geschah nach dem Sieg seiner Partei bei den Wahlen im Dezember 1993), hat Schirinowski die nationalistische Theorie kaum bereichert. War doch die Geopolitik Pflichtfach an allen Hochschulen des nationalsozialistischen Deutschland. Eben die Geopolitik war es, die in den Jahren 1934 bis 1945 politische Ökonomie, Geographie, Geschichte, Rechtswissenschaften usw. aus den Lehrplänen verdrängte; im Jahre 1935 wird sie zu »einer der wichtigsten Quellen der nationalsozialistischen Erziehung« erhoben.

Wenn aber die geopolitischen Theorien Schirinowskis – *mutatis mutandis* – aus dem Arsenal des Nationalsozialismus entlehnt sind, dann zeichnet sich sein Verhalten als Politiker durch wesentliche Neuerungen aus und scheint bisweilen schlicht präzedenzlos. Zu Anfang dieses Jahres wurde ich rein zufällig Zeuge, wie dieser Politiker auch im Privatleben fähig ist, seine Verachtung weit über den Punkt hinaus zu treiben, der das für einen Politiker angemessene Auftreten bezeichnet. Es war im Zentrum Moskaus bei der Eröffnung eines neuen Nachtclubs. Der Abend war der Erinnerung an das Jahr 1969 gewidmet, das eine umgedrehte Abbildung des Jahres 1996 darstellt, und fiel auf die orthodoxen Weihnachten. Doch jene nostalgische Stimmung, die die Veranstalter zu erzeugen beabsichtigten, indem sie nämlich Ausschnitte aus dem Film *Der Brillantarm* aus dem Jahr 1969 zeigten und belegte Brote und Getränke zu Preisen jener Zeit, d.h. praktisch umsonst anboten, wollte sich nicht einstellen. Die Hauptaufmerksamkeit zog Wladimir Schirinowski auf sich, der im Club mit einem Gefolge von Abgeordneten seiner Liberaldemokratischen Partei und Bodyguards auftauchte. Zuerst reagierte er bloß auf die Aussprüche des Conferenciers, und erinnerte die Versammelten daran, wie gut und billig das Leben in der UdSSR im Jahre 1969 war (»Mit dem Taxi an jedes beliebige Stadtende Moskaus für nicht mehr als fünf Rubel! Und die schönsten Frauen für zehn Rubel!«, usw.). Darauf ging er zu entschiedeneren Schritten über. Als auf einem Tablett eine halbnackte, mit Früchten, Gemüse, Kaviar und anderem Eßbarem dekorierte Frau unter der Bezeichnung »Heißes Wild auf Japanisch« in den Saal hineingetragen wurde (an diesem Anblick war zugleich etwas Protziges und Surrealistisches), belegte der Führer der Liberaldemokraten ein Brot mit Kaviar, näherte sich dem Tablett und begann die Frau zu füttern. Dann, als die Dame vom Tablett herabgestiegen war, tanzte Wladimir Wolfowitsch mit ihr unter den anfeuernden Zurufen seiner Parteikollegen. (Mit Schirinowski konkurrierte an diesem Abend quasi als Wachhund der bekannte Moskauer Maler Oleg Kulik, der sich von Zeit zu Zeit auf die Gäste des Clubs stürzte und die besagte Frau durch einen Maulkorb ableckte.)

Man muß zugeben, daß Schirinowskis Umgang mit seinem Image durchdacht und provozierend negativ war. Er wußte genau, daß im Saal das Fernsehen und einige Photoreporter zugegen waren, und machte, als er sich mit der halbnackten Partnerin im Arm auf das Kameraobjektiv zu bewegte, extra ein »schreckliches Gesicht«, ließ einige Witze vom Stapel und lachte lauthals. Dabei zog er soviel Aufmerksamkeit auf sich und nahm, wie es schien, soviel Platz für sich in Anspruch, daß sich die Anwesenden, unter ihnen Bankiers, Politiker, Schauspieler und Journalisten, beklemmt fühlten und nicht entspannen konnten. Gegen ein Uhr nachts atmete ich plötzlich tief und befreit auf und erriet, obwohl ich nicht sehen konnte, daß Schirinowski sich mit seinem Gefolge entfernt hatte, sein Verschwinden an einer gewissen Leichtigkeit, die mich und meine Freunde erfaßte.

Das von Schirinowski erzeugte negative Bild wird von Millionen in Verarmung begriffener Russen bekanntlich positiv, unter anderem als Form von Protest gegen Korruption und Heuchelei der Beamten und sogenannten »Neuen Russen« aufgenommen. Schirinowski erobert die Sympathien der Wählerschaft dadurch, daß er einen offensichtlich zynischen, unvorhersagbaren Diskurs an den Tag legt, der dem kriminellen nahe kommt, deftig mit nationalsozialistischer Rhetorik gewürzt ist und als Gegengewicht gegen den verschämt-kriminellen Diskurs eines bedeutenden Teils der offiziellen Politik wirkt.

Von allen von mir im Verlauf der letzten Monate geschauten Sendungen des Moskauer Fernsehens frappierten mich vor allem zwei Beiträge, welche die tiefe Kluft wiedergeben, die in diesem Land die Reichsten von den Ärmsten trennt. Zum einen war dies ein merkwürdiger Beitrag über den Moskauer Nachtclub »Up and Down«. Früher hatte ich von ihm nur im Zusammenhang damit gehört, daß die Cicciolina dort gegen ein sagenhaftes Entgelt einen Striptease hinlegte, wonach sie sich mit dem allgegenwärtigen Schirinowski ablichten ließ. Und schon lüftet das Fernsehen den Vorhang vor dem Leben der Stammgäste des Clubs. Zunächst wurden Autos mit schußsicherer Verglasung gezeigt, die langsam vor dem Club vorfuhren. Während Männer in der Uniform der Sondertruppen des Innenministeriums die Papiere kontrollierten, teilte die Kommentatorstimme ungerührt mit, daß sie mit Laserpistolen bewaffnet seien. Die Stimme fuhr fort: »Abends wird die Feuerkraft der Clubwache durch die Bodyguards der Kunden und Gäste verstärkt.« Darauf erschien auf dem Bildschirm der Maître d'Hotel und verkündete, daß in seinem Club ein normales Abendessen für zwei Personen ohne besondere Raffinessen nicht weniger als zweitausend Dollar kostet. Eine Kellnerin kam an die Reihe: »Neulich hat einer unserer ständigen Gäste bei uns seinen Geburtstag gefeiert, was ihn zwanzigtausend Dollar gekostet hat, und damit ist die Obergrenze bei weitem noch nicht erreicht.« Es folgte die Erzählung von einem Mädchen, dem das Glück zuteil wurde, einen Kunden an Land zu ziehen, der ihr für eine Nacht fünftausend Dollar zahlte – und weitere »Wunder« der gleichen Art.

Der zweite Beitrag, der mich erschütterte, handelte von an Dystrophie gestorbenen Matrosen der Pazifikflotte auf der Insel Russki und der Erzählung eines dieser »Todgeweihten« (*dochodjagi*, so nannte man im GULag von Hunger völlig ausgezehrte Häftlinge) über das Schicksal seines eben verstorbenen Kameraden: »Bei der Einberufung wog er siebzig Kilo, und kurz vor dem Tod betrug sein Gewicht nur noch zweiundvierzig Kilo.« (Der Aufstand auf dem Panzerkreuzer Potemkin wurde dadurch ausgelöst, daß man den Matrosen Fleisch mit Würmern vorsetzen wollte. Doch es fragt sich, ob die Einberufenen – die Diebstahl und grausame Initiationsriten ins Grab bringen – heutzutage überhaupt noch Fleisch zu sehen bekommen.)

Wenn man diese zwei Beiträge gesehen hat, beginnt man zu verstehen, warum die Machtübernahme durch die Kommunisten oder durch andere Kräfte, die mit dem heutigen Regime nichts zu tun haben, den Staatsfunktionären und den mit ihrer Hilfe reich gewordenen Privatpersonen einen derartigen nicht zu verbergenden Horror einflößt, warum sie einstimmig drohen, gleich am nächsten Tag ihre Koffer zu packen und das Land zu verlassen. Viele würden es gerne so sehen, daß diese Leute, nachdem sie die Phase der »primären Akkumulation« durchlaufen haben, mäßigen und gewöhnlichen Bourgeois ähnlich werden würden. Doch das ist wenig wahrscheinlich.

Der aussichtsreichste Beruf in Rußland wird in der nächsten Zukunft, wenn sich die Situation stabilisieren sollte, nicht der des Juristen oder Finanzmaklers sein, die bei der heutigen Jugend so populär sind, sondern der Beruf des Psychiaters oder Psychoanalytikers. Rußland könnte in absehbarer Zeit ein ganzes Heer solcher Leute benötigen. Doch all das nur, wenn sich die Situation stabilisieren sollte, und bis dahin...

Moskau, 5. Mai 1996

Gewand ohne König

Die Staatskasse hat sich in den letzten paar Monaten merklich geleert. Die Gründe für Jelzins Sieg sind nicht in seinen im Wahlkampf gemachten Versprechungen zu suchen, denen ohnehin kaum jemand Glauben schenkte, sondern in der Atmosphäre medialen Terrors, die von den Massenmedien, vorzugsweise den elektronischen, mit großem finanziellem Aufwand erzeugt wurde. So haben die Menschen nicht für das Bessere gestimmt, sondern ihre Wahlentscheidung eher aus Angst vor dem Schlechteren getroffen, die lediglich dann gerechtfertigt ist, wenn man die aufgezwungene Alternative von »Neuem« (Jelzin) und »Altem« (Sjuganow) akzeptiert.
Der Erfolg der zahlenmäßig starken Pro-Jelzin-Mannschaft bestand eben in der Aufrechterhaltung dieser binären Opposition in Reinkultur, in der Nicht-Zulassung anderer, »zweitrangiger« Nuancen. Dabei war die Hauptsache nicht einmal die Wahl einer bestimmten Person, sondern die eingängige Demonstration der Tatsache, daß das Unbewußte des russischen Volkes – in der Vergangenheit bekannt für seine Zügellosigkeit und Unvorhersagbarkeit – jetzt mithilfe von Mediendarstellungen programmiert werden kann und in diesem Sinne unumkehrbar modern geworden ist.
Die Kultur, auch früher schon die Stieftochter der Macht, hat dabei nicht allein in finanzieller Hinsicht verloren; der Prozeß, in dem sich die Staatsmacht ihrer selbst als ästhetisches Hauptphänomen bewußt wird, hat sich fortgesetzt und enorme Ausmaße angenommen. Die Macht interiorisiert sich die Kunst als eine Art »Gesamtkunstwerk«. Diese interne Ästhetisierung läuft dabei vor dem Hintergrund einer immer offener proklamierten Verarmung des Staates ab, so daß das Schicksal der Kunst, hinge es

ausschließlich von staatlicher Obhut ab, mehr als traurig zu nennen wäre.

Zum Glück ist dem nicht ganz so. Es gibt eine gewisse Zahl ausländischer und auch russischer privater Stiftungen und Förderprogramme, die die Herausgabe von Büchern sowie Projekte, die mit zeitgenössischer Kunst, Geisteswissenschaften, Literatur usw. zusammenhängen, finanzieren. Ich meine die Soros-Stiftung, das Puschkin-Programm (das vom französischen Außenministerium getragen wird), das Goethe-Institut, Privatbanken und Firmen sowohl aus dem Westen als auch aus Rußland. In diesem Zusammenhang wird von westlichen Experten Befremden darüber geäußert, warum ein Land, das über genügend Geldmittel verfügt, um im großen Maßstab einen äußerst unpopulären Krieg in Tschetschenien zu führen, ein Land, aus dem Privatpersonen Jahr für Jahr auf geheimen Wegen viele Milliarden Dollar herausschaffen, – warum ein solches Land nicht wenigstens einen geringfügigen Teil dieser Mittel für die Wiederherstellung der eigenen Kultur aufwenden kann. Zur Entgegnung brummen die zuständigen Beamten einige Ungereimtheiten und machen zum wiederholten Mal uneinlösbare Versprechungen.

Und trotzdem erscheinen Bücher, werden Konferenzen veranstaltet, reisen Soziologen, Philosophen und Kunsttheoretiker zu Vorträgen nach Moskau. Das kulturelle Leben ist nicht nur nicht zum Erliegen gekommen, sondern hat sich in einigen seiner Aspekte gar intensiviert. Beispielsweise wird der seit mehr als einem halben Jahrhundert angesammelte Rückstand bei der Übersetzung von Schlüsseltexten der westlichen Kultur ins Russische verkürzt. Der Leser hat erstmals die Möglichkeit, Bücher von Georg Simmel, Ernst Cassirer, Walter Benjamin, Martin Heidegger, Edmund Husserl, Gilles Deleuze, Jacques Derrida, Jürgen Habermas und vielen, vielen anderen Autoren in den Händen zu halten.

Auf diese Weise internationalisiert sich die russische geisteswissenschaftliche Kultur ungeachtet der Klagen aufgebrachter Nationalisten, von denen viele in der sowjetischen Zeit ein Monopol in denjenigen kulturellen Bereichen innehatten, wo jetzt eine recht grausame Konkurrenz entsteht (selbstverständlich vor allem eine Konkurrenz von Texten und nicht von Menschen).

Die russische religiöse Philosophie, die noch vor fünfzehn Jahren unter strengem Verdikt stand, ist nunmehr – wie auch die Früchte der Arbeit von einigen Generationen russischer Emigranten – in Hunderten verschiedener Ausgaben erhältlich.

Aufgrund der veränderten Situation haben Studenten wie andere Leser erstmals seit Jahrzehnten die Möglichkeit, zu vergleichen und auszuwählen.

Und obgleich sich ihre materielle Lage eher verschlechtert hat, was die Chance des Auswählens in mancher Hinsicht zu einer virtuellen macht, – die Auswahl besteht nichtsdestotrotz. Die kulturellen Vorlieben der Machtinhaber werden selbst dann bloß als deren private Neigungen wahrgenommen, wenn sie sie in der Öffentlichkeit kundtun. Glücklicherweise verfügen sie über keine Mittel mehr, diese Vorstellungen anderen aufzuzwingen. In dieser Hinsicht ist die Auszehrung der Machtressourcen ein Faktor von Freiheit. Man braucht sich nur einmal die *aktuelle Staatsmacht* als reich und florierend vorzustellen, damit klar wird, wie unausweichlich ihr nächster Versuch wäre, ihre noch nicht voll entwickelten kulturellen Vorlieben auf alle auszudehnen, sie zu Allgemeingut zu machen, was ihr zur Zeit nur in wenigen Ausnahmefällen gelingt. Paradoxerweise müssen wir für die aktuelle Schwäche der Staatsmacht dankbar sein. Sie ist ein Unterpfand für größeren Pluralismus in der Zukunft, wenn Politiker einer neuen Generation an die Macht kommen werden.

Übrigens werden selbst jetzt Versuche unternommen, eine einheitliche nationale Ideologie zu schaffen. Kürzlich hat der Präsident – gegen die Verfassung, die Rußland zu einem pluralistischen Gemeinwesen erklärt – einen Ukas herausgegeben, nach dem im Verlauf eines Jahres eine allrussische Ideologie zu schaffen sei. Und Jelzins Amtsantritt für die neue Legislaturperiode wurde von der Einführung neuer Symbole (der Präsidentenmedaille, der Präsidentenstandarte und der präsidialen Verfassung) begleitet. Dadurch wachsen sowohl das Sakrale als auch das Anarchische an der Institution der Präsidentschaft; obwohl er ein Teil der Verfassung ist, eignet der Präsident sich Funktionen des Ganzen an, indem er sie zu seinem eigenen Attribut macht.

Vom Recht als Gabe

Die Versuche von Manipulation mit Identität, mit denen wir es in Rußland immer öfter zu tun haben, hat Jacques Derrida in seinen Arbeiten treffend analysiert: Etwas wird vorübergehend beschlagnahmt, um danach als *dasselbe* zurückgegeben zu werden, diesmal aber bereits in der Form eines Geschenks, einer Gabe. Somit erhält das Recht Züge von Willkür, die sich aneignen und manipulieren lassen. Das Recht, den Präsidenten zu wählen, ist in der Verfassung verankert und steht formal einem jeden Bürger Rußlands zu. Plötzlich tritt irgendein Beamter, zum Beispiel der Befehlshaber der Präsidentengarde, auf und fordert, dieses Recht einzuschränken, worauf der Präsident es uns kraft seines guten Willens zurückgibt. Scheinbar ist alles unverändert, doch in Wirklichkeit ist das, was ein rein formales Recht war, das allen per Definition zustand, ein Attribut des guten Willens des Präsidenten geworden (dadurch gibt man uns unzweideutig zu verstehen, daß, wenn der Wille des Präsidenten böse wäre, das Recht überhaupt nicht realisiert werden könne). Auf diese Weise werden formale Prinzipien unmerklich in Geschenke verwandelt, und die Bürger werden zu Subjekten, denen eine Wohltat erwiesen wurde. Wenn die heutigen Machthaber die Technik der Verwandlung von Recht in Gabe virtuos zu beherrschen gelernt haben, so war dies nur möglich aufgrund der noch unterentwickelten Rechtskultur im Volk, d.h. des unzulänglichen Rechtsbewußtseins jedes einzelnen Russen.

Vor dem Hintergrund wachsender kultureller Pluralisierung mutet die Allianz der Vertreter der Macht mit einigen schon zur Sowjetzeit bekannten Kulturfunktionären (dem Maler Glasunow, dem Bildhauer Zereteli, dem Sänger Kobson und anderen) wie eine Art Archaismus an. Diese Vorlieben tragen immer mehr privaten Charakter und zeugen davon, daß die Staatsmacht fortfährt, ein kulturelles Bild von sich selbst aufrechtzuerhalten, das überhaupt nicht mit den Prozessen des »wilden Kapitalismus« übereinstimmt, die sie in der Gesellschaft entfesselt hat. Wenn diese Prozesse über eine eigene Sprache verfügen, so muß man feststellen, daß diejenigen, dank deren Anstrengungen sie im ökonomischen Bereich entstanden sind und aufrechterhalten werden, von dieser Sprache nichts wissen wollen. Und dabei kommt ihnen ein süßlicher Kulturnationalismus zu Hilfe, der immer mehr zur Visitenkarte der politischen Elite im kulturellen Bereich wird.

Es wäre keinesfalls übertrieben zu sagen, daß die zeitgenössische Kunst im westlichen Sinn des Wortes sich praktisch keiner Unterstützung von Seiten des Staates, der sich für demokratisch erklärt, erfreut. Unlängst konnten sich davon die beiden Berliner Künstler Christiane Dellbrügge und Ralph de Moll überzeugen, die einige Monate als »*artists in residence*« in Moskau verbrachten und ihr Projekt »Substitut für Zeitgenössische Kunst Moskau« betitelten. Als Resultat einer eigenartigen Inspektion der Moskauer Institutionen, die mit zeitgenössischer Kunst befaßt sind, attestierten sie ihnen einen virtuellen, im Grunde nicht-institutionellen Charakter. Diese Institutionen bestünden, Dellbrügge und de Moll zufolge, »durch Benennung, Einzelpersonen und deren kommunikative Aktivitäten«.

Institute und Substitute

Daher verdienten sie nicht den Namen von Instituten, sondern dessen, was diese ersetzt: von Substituten. Im Unterschied zum unpersönlichen und formalen Charakter von Institutionen, die für die Öffentlichkeit geöffnet sind, sind die Substitute in formaler Hinsicht amorph und in höchstem Maße personifiziert (eine ihrer grundlegenden Funktionen ist es, ihre Gründer mit Mitteln auszustatten, damit diese existieren und Einfluß ausüben können). Privatisiert aber seien sie auf eine spezielle Weise: Die Mechanismen der Privatisierung blieben ein sorgsam gehütetes Geheimnis. Die beiden deutschen Künstler verblüffte die Tatsache, daß in Moskau die Institutionen für zeitgenössische Kunst fernab vom Licht der Öffentlichkeit existieren, in leerstehenden Gebäuden, nicht mehr genutzten Werkstätten und selbst Bunkern.

Vom russischen Standpunkt aus gesehen gibt es daran nichts Ungewöhnliches: Schließlich werden bislang die Erzeugnisse der zeitgenössischen Kunst, der Avantgarde-Literatur und Neuen Musik hauptsächlich von ihren Erzeugern und einem engen Kreis von Kennern konsumiert. Woraus folgt, daß diese sich nicht selbst ernähren können und der Staat sie in spärlichen Ausmaßen unterstützt. Bleiben noch die erwähnten Stiftungen sowie private Kontakte zu westlichen Institutionen, privaten Sponsoren und Sammlern.

Als Modell, als Paradigma der gegenwärtigen Situation der Kunst in Moskau benutzen Dellbrügge und de Moll eine verkleinerte Nachbildung des Ateliers des bekannten Künstlers Ilja Kabakow, in dem sich das »Institute of Contemporary Art Moscow« befindet. Indem sie bei diesem Modell die Fenster wegließen, machten sie es zu einer Metapher für die hermetische Abgeschlossenheit der zeitgenössischen Kunst, für ihr Auf-sich-selbst-Geworfen-Sein und ihr Angewiesensein auf einen lediglich dem Anschein nach öffentlichen, im Grunde aber konspirativen engen Kreis von Personen. Dies spiegelt augenscheinlich den Mechanismus der Privatisierung in Rußland insgesamt treffend wider.

Die Leiter der Moskauer »Substitute« streben danach, vor allem in den Augen des Westens institutionellen Status zu erlangen. Intern funktionieren diese Einrichtungen entweder als Klubs (Orte informellen Zusammenseins) oder sind Dreingaben zum politischem »image-making«. Dadurch wird verständlich, warum sich bei vielen Künstler – und nicht bloß bei Künstlern – Nostalgie nach den Zeiten regt, als Avantgarde-Kunst nicht mit banalen ökonomischen, sondern politischen Methoden unterdrückt wurde, wodurch ihren Vertretern praktisch unabhängig von der Qualität ihrer Arbeiten der Nimbus des Märtyrertums verliehen sowie Bekanntheit garantiert wurde. Heute ist die Avantgarde-Kunst hingegen nichts als eine Rubrik unter anderen auf der endlosen Liste von Waren, die auf dem heimischen Markt keinen Absatz finden.

Die Logik der vorliegenden Situation ist klar: Nicht die Gesellschaft zieht die zeitgenössische Kultur in ihrem Schoße groß, sondern diese Kultur wird von einem kleinen Kreis von Enthusiasten produziert, die darauf rechnen, daß die Gesellschaft sie künftig in ausreichenden Mengen konsumieren wird. Die Kultur ist nicht Produkt eines schon vorher bestehenden Bedürfnisses, sondern besteht in der Hoffnung darauf, daß ein solches Bedürfnis in nicht allzu ferner Zukunft entstehen werde (eine Annahme, die spekulativ ist und ein gewisses hypothetisches Szenario der Gesellschaftsentwicklung voraussetzt).

Es wäre jedoch eine Vereinfachung, die Sache so darzustellen, als ob der Westen das einzige Behältnis für Wirklichkeit wäre und Rußland bloß der Part reiner Scheinwelten zukäme. Eine solche Sicht würde uns auf einen im 19. Jahrhundert populären Standpunkt zurückkatapultieren, der vom Marquis de Custine klassisch so formuliert wurde: »Rußland ist das Land der Verzeichnisse; wenn man nur die Überschriften liest, klingt es prächtig, aber man hüte sich weiter zu gehen. Schlägt man das Buch auf, so findet man nichts von dem, was es ankündigt; alle Kapitelüberschriften sind da, es fehlen nur die Kapitel selbst.«[1] Effektheischender Banalitäten dieser Art sollte man sich enthalten. Man sollte sich stattdessen angewöhnen, in den Substituten keine Leere zu sehen, die erst noch zu füllen wäre, sondern die einzige *positive* Form, in der hier und jetzt in Rußland Institutionen existieren können. Ja, mehr als das, in einem weniger wörtlichen

---

1. Astolphe de Custine, *Russische Schatten. Prophetische Briefe aus dem Jahre 1839*, Nördlingen: Greno 1985, S. 139.

Gewand ohne König

Sinne ist die »Substitutivität« einem jeden institutionalisierten Gebilde zueigen, wie nah auch immer dieses sich mit der Öffentlichkeit berührt. Eine Institution ist die mehr oder weniger geglückte Interiorisierung eines Substituts. In Rußland hat diese Interiorisierung bis zum jetzigen Moment ganz einfach noch nicht stattgefunden. Wenn unmittelbar nach dem Fall des Eisernen Vorhangs, dessen Symbol die Berliner Mauer war, der Kapitalismus vielen als ein Ideal vorkam, das in vielem an das ihm vorangegangenen Ideal des Kommunismus gemahnte und als etwas schnell Erreichbares vorgestellt wurde, so hat sich die Situation nunmehr geändert.

Es ist klar geworden, daß Rußland für eine unverzügliche Kapitalisierung kulturell nicht vorbereitet ist. Und dieser Prozeß löst nicht nur Probleme, sondern schafft sie auch: So geht der Überflußgesellschaft (für die Mehrheit der Russen ist das noch keine Realität) massive Kriminalisierung und Anarchie voraus, deren Folgen eine überwältigende Mehrheit der russischen Bevölkerung bereits am eigenen Leibe spürt.

Am Höhepunkt des Präsidentschaftswahlkampfes und des Tschetschenien-Krieges war Jean Baudrillard in Moskau. Der Hauptgedanke, den er den Zuhörern seines in der Moskauer Staatsuniversität gehaltenen Vortrages »Stadt und Gewalt« vermitteln wollte, läßt sich so zusammenfassen, daß das liberale Modell des Kapitalismus mit der »unsichtbaren Hand« (Adam Smith), die über den konkurrierenden Marktsubjekten schwebt, im besten Falle ein Traum ist, dem auch im heutigen Westen nur Weniges entspricht. Dabei wird gerade dieser Traum als ein fertiges Produkt dargeboten, das die Erprobung unter westlichen Bedingungen erfolgreich überstanden habe, ein Produkt, das auf neuen Boden zu verpflanzen vollauf genüge. Wenn man Baudrillard glauben darf, so wird Osteuropa das »Gewand des nackten Königs« angeboten. Dabei ist es für die Bewohner dieser Region nicht so wichtig, die Nacktheit des Königs zu sehen (den König gibt es nicht, man kann ihn nicht sehen), als genauer auf das Gewand

selbst ohne König zu blicken. Das Fehlen des Königs unterstreicht nur die Feierlichkeit der Linien seines Gewandes.
Keiner ist imstande, ihn einzukleiden, nicht nur wir nicht, sondern auch diejenigen nicht, die ihn uns anbieten.

Moskau, im August 1996

Zen in Moskau

In seinem »Moskauer Tagebuch« bestimmte Walter Benjamin seinerzeit die Revolutionsmacht als eine, die nicht gegen Geld eingetauscht werden kann. Übrigens wurde der Sozialismus nicht allein von ihm mit der generellen Abwesenheit eines Geldäquivalents für die Macht in Verbindung gebracht; die offizielle, in der Sowjetunion herrschende ideologische Doktrin behauptete stets dasselbe.
Die Ereignisse des vergangenen Jahres – und insbesondere die Präsidentschaftswahlen – haben gezeigt, daß Geld zum entscheidenden Faktor in der politischen Auseinandersetzung in Rußland geworden ist: Für Geld kann man sich die Macht mit fast mathematischer Unausweichlichkeit kaufen. Möglich sogar, daß heutzutage in Rußland die Macht in stärkerem Maße Funktion des in sie investierten Geldes ist als in irgendeinem anderen europäischen Land. Es hat sich herausgestellt, daß es wirklich privates, vom Staat unabhängiges Geld in Rußland fast nicht gibt.
Ein Beispiel aus der jüngsten Vergangenheit für die direkte Verbindung von Politik und Wirtschaft: Unmittelbar nach den Präsidentschaftswahlen wurde die Universalbank von der zuständigen staatlichen Kommission für »unzuverlässig« und wirtschaftlich zu schwach erklärt und so in den Bankrott getrieben. Viele Kommentatoren sahen darin die Bestrafung eines Sündenbocks, denn während der Wahlkampagne hatte gerade diese Bank Jelzins Rivalen Sjuganow finanziell unterstützt. Es gab andere, »schwächere« Banken als die Universalbank, doch hatten sich diese politisch korrekt verhalten, und der Staat entschloß sich, sie zu retten. Der Zugang zum Geld wird vom Staat (vor allem von der Präsidentenvertikale) mit harter Hand kontrolliert. Und der Staat hat die Möglichkeit, die Finanzreserven seiner Klienten, halbprivates Kapital, zu mobilisieren.

Diese neue Form von Zentralisierung ist keineswegs ungefährlich. Rußland erinnert an ein Schiff, auf dem es möglich ist, daß auf Befehl des Kapitäns sämtlicher Ballast über Bord geworfen wird, und das somit an Stabilität verliert. In den westlichen Demokratien, wo die bürgerliche Gesellschaft ein Spektrum von politischen Parteien hervorbringt, das der Anpassung an sich verändernde Existenzbedingungen dient, kann dieser Ballast eigentlich nicht von Bord geworfen werden. Die postsowjetische Demokratie hingegen ist anarchisch, weil jener stumme innere Konsens darüber, welche Ressourcen man für grundsätzlich unveräußerlich hält, praktisch nicht existiert. Selbst das physische Überleben bedeutender Schichten der Gesellschaft, ihr Lebensrecht werden zum Kampfobjekt. So packt nicht bloß den traumatisierten Kriegsveteranen die Verzweiflung, sondern auch den gewöhnlichen Bürger, der sich fragen muß, wir der morgige Tag aussehen wird.

Vielen kritisch eingestellten Beobachtern, beispielsweise Vladimir Nabokov, erschien die Sowjetunion als ein Land breitschultriger Roboter, die in Reih und Glied zum von der Partei bezeichneten Ziel marschieren, ein politischer Monolith, den zu zerschlagen äußerst schwierig ist. Doch der Monolith hat nun Risse bekommen und ist in eine Vielzahl von Bruchstücken zerfallen. Die an seiner Stelle entstandenen geographischen und politischen Bruchstücke – und darunter auch das größte von ihnen: Rußland – sind ebenfalls nicht vor weiterem Zerfall gefeit. Es gibt viele, die dies erschreckt; die Russen hatten sich nämlich im Laufe von Jahrhunderten daran gewöhnt, in einem sehr weiträumigen Reich zu leben, dessen Grenzen sich meist nur erweitern. Der Tschetschenienkrieg wurde von vielen als verzweifelter Versuch verstanden, dem Zerfall zu widerstehen, als ein Versuch, der ein umgekehrtes Ergebnis zeitigte: das »Tschetschenien-Syndrom«.

Die Mehrheit der Russen begreift Land und Boden bislang nicht als eine profane ökonomische Ressource, die zumindest zeitweise für andere, zu diesem Zeitpunkt von der Gesellschaft dringender benötigte Güter eingetauscht werden kann. Das bedeutet allerdings nicht, daß die Privatisierung dieses nationalen Rohstoffs nicht in vollem Gange wäre. Doch erstens findet sie unter dem Argusauge des Staates statt, und zweitens wird sie zugunsten einiger weniger Banken, Aktionärsgesellschaften usw. abgewickelt. Das Interesse dieser Körperschaften und der hinter ihnen stehenden Personen wird solange konspirativ und zutiefst verkommen sein, wie nicht allen Bürgern ein entsprechendes Recht zugestanden wird. Daß nicht jeder von diesem – da bloß formalen – Recht Gebrauch machen kann, ist einsichtig, aber schon sein Bestehen wäre ein enormer Schritt nach vorne.

Die zur Zeit stattfindende »Halbprivatisierung« bedarf aufgrund des Fehlens nicht-personeller Gesetzesgarantien der bedingungslosen persönlichen Rückendeckung der höchsten Verantwortlichen. Im Gehabe praktisch jedes beliebigen Grundeigentümers scheint das Profil der Präsidenten durch, dessen Führungsstil – dabei nicht nur aufgrund seines eigenen Willens (»eine Tyrannei«, bemerkte Marquis de Custine hellsichtig, »ist das Produkt des ihr gehorchenden Volkes«) – immer »zarenhafter« wird. Seine Person nimmt den Platz des fehlenden Gesetzes ein und macht dieses unmöglich. Eine solche Staatsmacht ist gezwungen, um der oligarchischen Selbsterhaltung willen auf zum Teil künstliche Weise im Volk archaische Züge des »bodenverbundenen Volkes« zu kultivieren.

Doch das Problem besteht nicht bloß in den Manipulationen der Machthaber. Die jahrhundertealte nationale Tradition der Identifikation mit dem Territorium, mit dessen Zusammenhalt um jeden Preis trägt gleichfalls dazu bei, daß die Ressourcen an Boden und Rohstoffen *de facto* insgeheim von einem kleinen Kreis räuberisch eingestellter Individuen privatisiert wurden, die ein weiteres Mal ihr Vorgehen mit einer »volkstümelnden« Rhetorik ummäntelten. Der von ihnen aufgehäufte Reichtum verbirgt sich hinter der Anonymität von Institutionen; er wird mit keiner Privatperson direkt in Verbindung gebracht. Diese Taktik läßt die »Völker des Landes« sich in der Hoffnung wiegen, daß das Land noch ihnen gehört, da von niemandem das Gegenteil offen deklariert wird. Nach der Meinung vieler würde das formale Anerkenntnis der entstandenen Lage der Dinge die Bevölkerung mehr aufwühlen als die bestehende Situation, die direkt aus der erst unlängst überwundenen konspirativen Führung der KPdSU hervorgegangen ist. Mit der Illegalität kann man sich gewohnheitsgemäß leichter abfinden, selbst wenn man ahnt, was sich dahinter verbirgt. Und eben diese Gewohnheit macht die ganze Situation undenkbar und fast unumkehrbar.

Ein schlechter Politiker ist in Rußland weiterhin derjenige, der seine Gedanken in Programmform artikuliert. In verschiedenen Situationen werden völlig unterschiedliche Sachen gesagt, und der Vorwurf logischer Inkonsequenz hat noch keinem der russischen Politiker ernsthaft geschadet, noch hat er diejenigen, die den Vorwurf erheben, von der eigenen Inkonsequenz geheilt, die geradezu eine Bedingung der politischen Tätigkeit und nicht etwa bloß ein Anzeichen ihrer Unvollkommenheit ist. Ist doch in Rußland nicht nur die Rede der Politiker unbestimmt, sondern genauso auch die Staatsgrenzen, die öffentliche Meinung, der morgige Tag... Ist die Unbestimmtheit nicht ein Element, in dem alles schwimmt, was unter der Bedingung eigener Unergründlichkeit existiert?

Der Philosoph, dessen Profession das Denken auf der Basis bestimmter Argumente darstellt, ist in dieser Situation dazu verdammt, Marginalie zu bleiben.

Der Instinkt des Zusammenhaltens und die Angst vor einem auch nur zeitweisen Eintauschen von Land gegen andere, zur Zeit notwendigere Güter lassen sich nicht bloß historisch erklären. Die Politiker blähen diese Ängste in ihrem eigenen Interesse auf und ziehen insgeheim persönlichen wirtschaftlichen Nutzen daraus. Einige von ihnen sind unmittelbar daran interessiert, das Volk als archaischer darzustellen, als es in Wirklichkeit ist, um auf diesem Hintergrund durch eigenen Scharfblick zu glänzen und zweifelhafte Geschäfte als fast historische Notwendigkeit darzustellen.

Kurz gesagt, die kommunistischen Zeiten der »herrlichen Verantwortungslosigkeit« sind vorbei – jetzt muß das Volk für jede seiner Wahlentscheidungen ausgesprochen teuer bezahlen. Um diesen Preis zu senken, muß ein jeder wenigstens irgendeinen Begriff von persönlichem Interesse hervorbringen. Doch das ist ein langwieriger Prozeß.

Vor kurzem ist mir etwas passiert, was bei all seiner Singularität ein Licht auf die allgemeine Situation im heutigen Moskau, im heutigen Rußland wirft.

Ich blieb für eben eine Minute bei der Metrostation »Paweletzkaja« stehen und wartete, bis meine Frau ein Päckchen Zigaretten gekauft hatte. Ich stand einige Meter vom Ladentisch entfernt, als plötzlich ein älterer, schlecht gekleideter Mann – solche notleidenden Alten gibt es zur Zeit sehr viele in der Stadt –, der in der Dämmerung eine Stufe übersehen hatte, stolperte und auf den Asphalt fiel. Im Fallen traf er mich durch eine abrupte krampfhafte Bewegung mit seinem Stock am Fußknöchel. Dies hatte er natürlich unabsichtlich getan, weil er das Gleichgewicht verlor. Seine Brille fiel zu Boden, und sein Sturz hatte, denke ich, weit schlimmere Folgen als der Schlag, den ich abbekommen hatte.

Als ich mich einige Zeit später an diese Episode erinnerte, dachte ich, daß die Logik dieses Geschehens – der zu Boden stürzende Greis trifft, sich gleichsam in der Luft festklammernd, unabsichtlich mit seinem Stock einen zufälligen Passanten –, daß die Logik dieser Episode in vielem der Situation ähnelt, in der wir uns in Rußland jetzt befinden. Alle Versuche, in ihr irgend jemandes bösen Vorsatz zu erkennen, sind sinnlos, und noch mehr die, irgend jemandem die Schuld daran zu geben: Der Fallende ist instinktiv bestrebt, seinen Aufprall abzufangen, und es ist nicht seine Schuld, daß zufällig jemand neben ihm steht.

Den zufällig erhaltenen Schlag mit dem Stock kann man mit einer Züchtigung mit dem Lehrerstab vergleichen, mit dem der Zen-Lehrer seinen Schüler daran erinnert, daß die von ihm ge-

gebene Antwort auf seine Frage noch zu sehr von Sinn infiziert war, welcher der Frage abging.

Die russischen Intellektuellen bleiben in einem gewissen Sinne Schüler der Mehrheit der Bevölkerung. Diese ist besser und organischer mit der Situation verwachsen, deren Spezifik sich in Luft auflöst, wenn man ihr einen Sinn geben will. Gerade im Zerfallsstadium eines imperialen Staates wird die Statistenrolle der Intelligenz ganz offensichtlich – sie betritt die Bühne mit requisitenhafter Unnötigkeit. Die Intelligenz bedarf eines Schlages mit dem Lehrerstab als Erinnerung daran, daß die Situation nicht etwa von dem einen oder anderen der Darsteller nicht begriffen wurde (daß es an Verstand, Fähigkeiten usw. gefehlt hätte), sondern daß sie grundsätzlich unergründlich ist.

Natürlich gibt es darin, daß die Masse unserer Mitbürger es derzeit ablehnt, rational zu handeln, eine eigene Rationalität. Wer hat aber behauptet, daß diese Rationalität gerade dem »Verstehen« des Intellektuellen zugänglich sei und nicht dem Zugriff irgendeines erfolgreichen Psychoten, der, außerstande, sich selbst zu heilen, eine Therapie seiner Wählerschaft in großem Maßstab durchführt? Wie in Rußland in alten Zeiten der Gottesnarr für den Überbringer des göttlichen Willens gehalten wurde, so wird auch jetzt die therapeutische Funktion von Menschen psychotischer Geistesverfassung erfüllt.

Obwohl die »breite Masse« auf den ersten Blick bestrebt sind, ein Maß materiellen Wohlstandes zu erreichen, das dem europäischen vergleichbar ist – das wird jedenfalls behauptet –, behält sie auf einer tieferliegenden Ebene eine Reihe archaischer Züge in bezug auf das Territorium, den Staat und den Präsidenten bei oder läßt sich diese aufzwingen. Und für all dies muß man, ich wiederhole es, heute sehr teuer bezahlen; die »Vaterfunktion« wird nämlich von der Staatsmacht gespielt, während sie immer privatere Ziele verfolgt.

Bisweilen bringt das Vakuum, das sich zwischen der Staatsmacht und der Masse der einfachen Leute befindet und das riesige Ausmaße angenommen hat, recht groteske Erscheinungsformen hervor. So fand vor einigen Wochen auf dem Roten Platz ein internationales Zirkusfestival statt, und dafür wurde eine Reihe kostspieliger Pavillons errichtet, die Ägypten, Griechenland, den Islam, Venedig, das alte Rußland usw. symbolisierten. Zu diesem Festival kamen Artisten aus aller Welt zusammen. Es wurde eine Grußadresse des Präsidenten an die Teilnehmer des Festivals verlesen, die mit den Worten endete.»Manege frei! Boris Jelzin«. Als sie die Übertragung dieses Ereignisses im Fernsehen sahen, konnten viele Russen, die seit Monaten keinen Lohn mehr erhalten hatten (die Staatsschuld beträgt mehrere zig Trillionen Rubel und wächst stetig) nicht umhin, sich zu fragen, warum Budgetgelder auf derart extravagante Weise ausgegeben werden müssen. Diese Verbindung von Extravaganz am einen Pol und Ausweglosigkeit am anderen stellt wohl eine Spezifik des gegenwärtigen Augenblicks in Rußland dar. Aufgrund historischer Unerfahrenheit in Sachen der über sie hereingebrochenen Demokratie tragen die niederen Schichten in nicht geringerem Maße zur Erzeugung dieser Polarisierung bei als die Machthabenden selbst. Sie haben sich zum Beispiel allzu leicht das Dilemma zwischen einem demokratischen Präsidenten und dem kommunistischen GULag – als ob dies die einzig mögliche Alternative sei – aufzwingen lassen, wobei sie eine Reihe dazwischenliegender Möglichkeiten ignorierten, darunter auch diejenigen, die von der demokratischen Opposition vorgelegt wurden. Interessanterweise begannen nach den Wahlen die für unversöhnliche Feinde gehaltenen Gegner sich zielstrebig einander anzunähern. *Post factum* scheint alles nach einem einzigen Szenario inszeniert, dessen einzige unberechenbare Elemente Grigori Jawlinski (»Jabloko«) und General Lebed waren.

Wie auch andere Schichten der Gesellschaft hatte die Intelligenz bei den Wahlen ordentlich Federn gelassen hervor – lange waren ihre Machtinstinkte nicht so rüde ausgebeutet worden, und das mit einem derart tragikomischen, nahezu farcehaften Ausgang. Die Massenmedien, die verkündeten, daß sie auf Zeit dem Pluralismus entsagen würden, um einen neuen GULag im Falle des

Sieges der Kommunisten zu verhindern, verwuchsen dergestalt mit der Staatsmacht – vor allem auf finanzieller Ebene –, daß sie bisher nicht zum früheren Zustand relativer Freiheit zurückzukehren imstande sind. Zudem sind sie sogar noch mehr desorientiert von der Kumpanei der Präsidentenmannschaft mit den Kommunisten als diese Kräfte selbst, die sich immer mehr auf sich selbst und ihrer Korpsinteressen zurückziehen.

Dabei wird das an der Stelle der bürgerlichen Gesellschaft gähnende Loch offensichtlich immer bewußter wahrgenommen, und zwar als ein Teil der lokalen russischen Situation, und nicht als etwas, was von äußeren Kräften hereingetragen wird.

Der Lehrerstab des anonymen Greises, der einen Moment später selbst auf den Asphalt aufschlug, erinnerte mich daran, daß der Hauptschlag dennoch nicht mir gilt, seinem Schüler, sondern ihm selbst. Die Geste des fallenden Greises ist keine Aggression, und umso mehr keine beabsichtigte Brutalität; schließlich leidet vor allem er selbst.

Nach anderthalb Stunden hatte sich an meinem Bein ein große Beule gebildet, doch sie schmerzte, wie erstaunlich das auch ist, fast nicht. Im Vergleich mit den Leiden des Alten, den man ins Krankenhaus brachte, war mein Leiden eher kontemplativer Natur.

Moskau, 23.-29. Oktober 1996

Literatur:
— Walter Benjamin, *Moskauer Tagebuch*, Frankfurt a.M. 1980.
— Michail Ryklin, »Puteschestwie rewoljuzionera-kollekzionera«, in: *Zhak Derrida w Moskwie. Dekonstrukzija puteschestwija*, Moskau 1993, 86-108.
— Astolphe de Custine, *Russische Schatten. Prophetische Briefe aus dem Jahre 1839*, Nördlingen 1985.
— Jacques Derrida, *Moscou aller-retour*, La Tour d'Aigues 1995.

Verschwiegene Grenze

Nicht benötigt zu werden – dieses gesellschaftliche Phänomen nimmt im heutigen Rußland bisweilen recht merkwürdige Formen an: Ganze Schichten der Gesellschaft haben keine Möglichkeit, sich beruflich zu entfalten, obwohl sie die äußeren Attribute ihres Berufs durchaus nicht verloren haben. Sie nennen sich Piloten, obgleich sie schon lange nicht mehr fliegen (es fehlt an Flugbenzin); sie nennen sich Künstler, obwohl sie nicht mehr malen (es ist kein Geld da, um Farbe zu kaufen) usw. Viele Institutionen wenden alle ihnen zugebilligten Mittel zur Sicherung des eigenen Fortbestehens auf – ihre gesamte soziale Bedeutung reduziert sich darauf. Es gibt Theater, die fast keine Zuschauer haben, und wissenschaftliche Institute, die keine Bücher drucken, weil die Druckkosten ihre Mittel übersteigen. Und obwohl dieser Mangel an Benötigtwerden – und folglich auch an gesellschaftlicher Anerkennung – eine nahezu allumfassende Erscheinung ist, streben die Nicht-Benötigten selbst beständig danach, untereinander eine Art Hierarchie zu erstellen, Kriterien für Erfolg in der neuen Situation zu bestimmen und sich untereinander in mehr und weniger Erfolgreiche zu spalten.

Doch das Problem besteht darin, daß Erfolg im heutigen Rußland nicht durch die Maschen des Siebs gesellschaftlicher Anerkennung paßt, sondern die Bedingung für Erfolg eher Anonymität ist. Deshalb ist es unmöglich, allgemeingültige Kriterien für Erfolg zu bestimmen. Aufgrund des Triumphs der Illegalität in weiten Bereichen des postsowjetischen und damit auch des Moskauer Lebens erscheint schon die Suche nach offen formulierbaren Prinzipien als Symptom einer längst erlittenen Niederlage. Rußland hat sich noch nicht vollends geöffnet, ja die Tür zur äußeren Welt überhaupt nur einen Spalt breit aufgemacht. Deswegen benötigt Rußland weiterhin Feindbilder. Da der innere Feind so zutiefst uneinheitlich ist, daß sich sein Bild stets aufs neue verflüchtigt, macht sich der Bedarf an einem äußeren Feind mit besonderer Schärfe bemerkbar. Doch auch einen äußeren Feind zu schaffen, ist nicht möglich, weil der potentielle Feind (eben dieselben westlichen Länder) auf offizieller Ebene oftmals zugleich der dringend benötigte Kreditgeber ist – und auf inoffizieller der Aufbewahrungsort privaten Kapitals, von dem ein großer Teil auf nicht legale Weise dorthin gelangt ist. Und in Feindschaft mit denen zu leben, in die man so viel investiert hat, ist bekanntlich unklug. Somit ist auch der äußere Feind kaum zu fassen – es ist nicht irgendein Staat, sondern eine militärische Organisation, die NATO, die im Geiste der immer noch selben Ambivalenz sowohl einerseits zum strategischen Partner als auch andererseits zur Bedrohung für die nationale Sicherheit erklärt wird. Sie ist ein gleichsam paradoxer Feindfreund, mit dem man Verhandlungen führen kann und dabei aus einem symbolischen Wert (der nationalen Sicherheit) einen finanziell greifbaren machen kann. Es gibt, mit anderen Worten, keinen einzigen Wert, an dem man prinzipiell nicht verdienen könnte oder den man zumindest nicht zum Kauf anbieten könnte – und sei es auch ohne die Absicht, ihn wirklich zu verkaufen. Dadurch, daß man einen Wert für symbolisch erklärt, versucht man meist nur die Verkaufssumme in die Höhe zu treiben. Daher geht die Feindschaftsrhetorik nicht in echte Feindschaft über, wenn sie auch nicht etwa umgekehrt Freundschaft als Dauerwert voraussetzt. So entsteht eine Welt ohne fixe, ohne unauswechselbare Werte, eine Welt, die der UdSSR, welche ihre Grundwerte für unverrückbar und »ewig gültig« deklariert hatte, in diesem Sinne gerade entgegengesetzt ist. So erscheint bislang die Exportvariante, welche die Angst der äußeren Welt vor Rußland ins Spiel bringt, als einzig »funktionierendes« Feindbild. Die westlichen Massenmedien sind voll von Nachrichten darüber, was in den von niemandem kontrollierten Weiten Rußlands und unter anderem auch im ganz alltäglichen Leben vor sich geht. Dabei entsteht bei Millionen von Lesern der begründete Eindruck eines hohen Maßes an Anarchie, die in diesem unbegreiflichen, riesigen und mit Atomwaffen gespickten Land herrscht. Das ermöglicht die paradoxe Situation, in der Rußland selbst – sozusagen sein inoffizielles Bild – als Feindbild exportiert wird. Während das sowjetische Regime ein sehr starkes Feindbild importierte und ein ebensolches Freundesbild exportierte, wird jetzt auf offizieller Ebene ein extrem verschwommenes Bild eines Feindes importiert, mit dem man sich jederzeit einigen kann, inoffiziell aber (d.h. von Privatpersonen: Künstlern, Schriftstellern und Journalisten) wird das Bild eines Feindes exportiert, mit dem man aus dem einfachen Grund nicht übereinkommen kann, weil er über sich selbst gar keine Kontrolle hat, quasi gleichsam für sich selbst unberechenbar und unvorhersagbar ist.

Feindbilder

»Ich liebe Europa, aber Europa liebt mich nicht«, so hieß eine Aktion des Moskauer Künstlers Oleg Kulik, die er im September 1996 in Berlin durchführte. Zunächst stand Kulik in der Mitte eines Platzes, neben sich eine Europafahne mit den zwölf Sternen. Um ihn herum hatten zwölf Berliner Polizisten mit Wachhunden, die mit Maulkörben ausgestattet waren, Stellung bezogen. Nackt und nach Hundeart auf allen Vieren bewegte sich Kulik in immer weiter gezogenen Kreisen an die Hunde heran und versuchte, sie zum Angriff zu provozieren, was ihm auch gelang: Die Polizisten konnten die Hunde nur mit Mühe zurückhalten, und am Ende der Aktion waren am Schädel des Künstlers Kratzspuren von Hundekrallen zu sehen. Die Aktion demonstrierte die Logik der Situation, wie sie sich von Moskauer Seite her darstellt: »Wir sind zwar ein Teil des rhetorischen Europas, doch das reale Europa hat keine Eile, uns einzugliedern, jedenfalls tut es dies nur sehr widerstrebend.« Eine der Ausrichtung nach ähnliche Aktion inszenierte Kulik vor dem Gebäude des Europarates in Straßburg.

Und erst jüngst, im April dieses Jahres, ließ er sich in einem Käfig nach New York bringen und in der Galerie von Jeffrey Deitsch wiederum als Hund ausstellen. In der Tat stimmen das geographische und rhetorische Europa nicht mit jenem faktischen Europa überein, wie es sich im Unbewußten vieler Europäer eingeprägt hat. Während Warschau die Mitte des einen Europas ist und Rußland einen großen Teil dieses Europas einnimmt, liegt das Zentrum des anderen Europas in Straßburg, und Rußland bleibt davon ausgeschlossen. Einige alte Anhänger der Idee der europäischen Einheit waren wenigstens so ehrlich zu schreiben, was sie dachten. So zog bereits in der ersten Hälfte des 19. Jahrhunderts der Marquis de Custine, der Europa für einen in zivilisatorischer Hinsicht einheitlichen Raum ansah, die Grenze dieses Europas entlang der Weichsel und schloß damit Rußland aus. Und an genau derselben Stelle, an der Weichsel, möchte das heutige Europa seine militärische Außengrenze errichten. Während jedoch de Custine keinen Hehl daraus machte, daß das geographische Europa nichts mit dem kulturellen zu tun hat, geben dies die heutigen Anhänger der europäischen Einheit in ihren politisch korrekten diplomatischen Darstellungen nicht zu: Auf dieser Ebene dominiert die Rhetorik vom einheitlichen »Europa bis zum Ural«. Die Militärs hingegen ziehen spontan und ohne Angabe der eigentlichen Gründe die Grenze an anderer Stelle. In dieser Hinsicht hat das kulturelle, strategische Unbewußte de Custines bis zum heutigen Tage nichts von seiner Aktualität eingebüßt. Die zwei Europas, das geographische und das reale, trennt bislang eine unsichtbare aber feste, verschwiegene Grenze. Die Politiker haben ganz einfach im Laufe der letzten anderthalb Jahrhunderte gelernt, nicht unverblümt von ihr zu sprechen (und sie in den Bereich des gesunden Menschenverstandes abgeschoben, der schon stets recht hat, weil er nie die eigenen Motivationen kennt).

Ausschlußmechanismen

Dieses verborgene, von der eigenen Warte aus gesehene äußere Europa kultiviert Rußland in seinem Inneren mit fortgesetzter Wollust, indem es gleichfalls die rhetorische Grenze an der einen Stelle und die reale an der anderen zieht. Beide Seiten haben sich dabei die Regeln der *political correctness* zueigen gemacht, so daß sich an der Oberfläche alles ganz glatt ausnimmt, doch gerade diese politische Glattheit gilt es vermutlich zu fürchten. Kaum jemand von den Bürgern des »kleinen« Europas weiß, welche Warteschlangen ein einfacher Bürger Rußlands »durchstehen« muß, um beispielsweise ein Visum für Deutschland zu bekommen, auf was für nicht immer einsichtige Fragen er zu antworten hat und wie oft das Ergebnis bloß von einer zufälligen Fügung der Umstände abhängt. Man sollte sich nicht in der Illusion wiegen, dies seien Überbleibsel des Kalten Kriegs – viele der genannten Barrieren sind erst vor kurzem eingeführt oder verschärft worden. So verstreichen bis zur Ausstellung eines Dreimonatsvisums für Deutschland zwei bis drei Monate, und Visa für kürzere Fristen werden in Deutschland nicht mehr verlängert (was früher noch möglich war).

Wohl möglich, daß diese Maßnahmen ein Teil jenes »Visa-Krieges« sind, den die russischen Staatsbeamten entfesselt hatten, um neue Arbeitsplätze für ihresgleichen zu schaffen, womit sie den Europäern die Einreise nach Rußland erschweren. Es trifft jedoch meistenteils die ganz einfachen Leute und nicht etwa die »Mafiosi«, gegen welche sich diese Maßnahmen richten. In Europa gibt es innere und äußere Grenzen. Während die ersten durch das Schengener Abkommen transparent geworden sind, kann man nichts dergleichen über die anderen sagen: Die Spannung an letzteren hat gar noch zugenommen, und es ist nicht sicher, ob diese beiden Prozesse nicht vielleicht doch miteinander zusammenhängen, und ob Europa sich nicht auf Kosten Rußlands und einiger anderer europäischer Staaten zu vereinigen anschickt. Im letzteren Fall werden es selbst die erfahrensten

Rhetoren nicht vermögen, Millionen Menschen, die jenseits des neuen Eisernen Vorhangs bleiben werden, davon zu überzeugen, daß sie Garanten der europäischen Stabilität und des weltweiten strategischen Gleichgewichts seien. Es gibt keinerlei Garantie dafür, daß sie einverstanden sein werden, Europäer zweiter Klasse zu sein, und nicht zugunsten eines nebulösen Eurasiertums oder irgendeiner neuen Spielart von Slawophilie gänzlich auf diesen Titel verzichten werden.

Das aber heißt natürlich nicht, daß die Ausschlußmechanismen nur von außen kämen und daß Rußland selbst nicht etwa ein übriges dazu beitrüge, um sich aus der Gemeinschaft zivilisierter Völker auszuschließen. Man denke nur an die Unvorhersagbarkeit der russischen Post, die Briefe bisweilen mit einer Verspätung von ganzen Wochen zustellt, oder die Verelendung ganzer Bevölkerungsschichten, für die eine Auslandsreise schlicht und ergreifend unerschwinglich ist.

Die verschwiegene Grenze wird nicht auf einen Wink mit dem Zauberstab hin verschwinden: Europa steht noch für lange Zeit eine Teilung in ein »großes« und ein »kleines«, ein geographisches und ein wirkliches Europa bevor. Die Grenze nimmt immer öfter die Form eines konkreten bürokratischen Verbotes, einer Barriere oder eines Hindernisses an, das mitunter so geringfügig ist, daß es seltsam wäre, es auf hoher politischer Ebene zu verhandeln. Aber heißt das etwa, daß man über so etwas Stillschweigen zu bewahren hätte und den Anschein erwecken sollte, als gäbe es sie nicht?

Michel Foucault hat seinerzeit gezeigt, aus welch kleinen Verboten, Asymmetrien und verschwiegenen Momenten sich das Leben eines Gefangenen zusammensetzt, sich sein Körper konstituiert. Indem er diese diskursive Alltäglichkeit und die Summe unmerklicher Details zum Untersuchungsgegenstand machte, trug er aber weniger zu ihrer Beseitigung (sie haben sämtlich eine lange Geschichte, und sie abzuschaffen ist nicht so einfach) als zur Einsicht in ihre Bedeutung bei. Sie wurden nicht aufgrund ihrer, wie höflich erklärt wurde, Bedeutungslosigkeit untersucht, sondern ganz im Gegenteil wegen der hohen Relevanz, welche man diesen Mechanismen zumaß.

Ich denke, daß es an der Zeit ist, einen Diskurs über die Europa zerschneidende Demarkationslinie zu beginnen und die verschwiegene Grenze zum Reden zu bringen. Die Mehrheit der Europäer zu beiden Seiten der äußeren Grenze würde davon profitieren.

Moskau, 27. April 1997

Gefahrenzone

Ein Freilichtmuseum würde ich es nicht nennen – dafür ist die ehemalige Militärbasis der sowjetischen Truppen in der DDR erstens zu groß, und zweitens enthält sie keine Objekte von – wie man zu sagen pflegt – »musealem Rang«. Meine Frau und ich sind von Schloß Wiepersdorf, wo wir uns damals aufhielten, nach einer halben Stunde Fahrt mit dem Fahrrad dorthin gelangt. Zunächst erblickten wir einen hohen, an der Oberseite mit Stacheldraht gekrönten Zaun. Etwa 50 Meter entfernt war ein riesiges Loch in den Zaun gerissen, durch das wir auf das Gelände des verlassenen militärischen Objektes vordrangen. Wir durchquerten einen mit jungen Kiefern bepflanzten Schießplatz, den zentralen, offiziellen, mit den ideologischen Symbolen der Sowjetunion versehenen Sektor. Rechts von uns erstreckte sich der schier unabsehbare Bereich eigentlich militärischer Bestimmung, links standen einige Gebäude, in denen die Offiziere gelebt hatten. Vom zentralen Sektor waren sie durch die Reste von Kontroll- und Passierstellen abgetrennt.

Wir hatten die seltene Gelegenheit, die Überreste des Lebensalltags der Bewohner dieser Truppeneinheit zu photographieren: symbolische Repräsentationsobjekte und -einrichtungen; Spuren des Privatlebens der Offiziere (genauer gesagt: das, was nach ein paar Jahren völliger Herrenlosigkeit davon übriggeblieben war); gigantisch-zyklopenhafte Gebäude militärischer Bestimmung, ihrer einstigen »Füllung« beraubt. Alles dies vermittelte aber durchaus noch eine Vorstellung von der Größenordnung der globalen militärischen Konfrontation.

Das Gebiet der Truppeneinheit war klar in drei Bereiche gegliedert: den militärischen, den ideologischen und Kommando-Teil sowie den privaten. Sie waren durch Betonzäune voneinander getrennt und durch Pforten mit Ausweiskontrolle miteinander verbunden.

Gefahrenzone

Der eigentliche militärische Bereich überraschte uns durch seine riesigen Ausmaße. Ich glaube nicht, daß es uns gelungen ist, einen nennenswerten Teil davon zu besichtigen. Diese Zone bestand aus riesenhaften Betonbunkern, mit Moos bewachsenen und mit Stacheldraht eingezäunten Unterständen, aus Lagerhallen, unter die Erde führenden Schächten usw. Die Aufschriften in diesem Sektor waren in Befehlsform gehalten und von Kürze und Sachlichkeit bestimmt: »Nicht nähertreten!«, »Umleitung nach 300 Metern«, »Hier stehen bleiben!«. Man kann diesen Bereich maximal a-symbolisch nennen, obwohl die Truppeneinheit eben zu dem Zweck existierte, um ihn zu bedienen. Von der Existenz solcher Räume hing das globale Gleichgewicht der Epoche der nuklearen Abschreckung ab, das auf der hypothetischen Gleichheit der Mittel zur wechselseitigen Vernichtung beruhte. Unser Spaziergang in diesem Raum war äußerst wenig angenehm; es bestand die Gefahr, vom Weg abzukommen; aus irgendeinem Grund bekam ich Kopfschmerzen; und die zur Hälfte überwucherten Objekte zu photographieren war auch nicht sonderlich reizvoll.

Die ideologische und Kommando-Zone hingegen war mit allen möglichen Symbolen durchsetzt. Aufgestellt waren sie zu dem Zweck, eine Verbindung zwischen dem Leben der Truppeneinheit und dem im Heimatland herzustellen, die Ziele für die nächste Zeit zu abzustecken und die Soldaten an ihre Dienstpflicht zu erinnern. Ganz in der Mitte befand sich ein großes Wandbild, das den Roten Platz in Moskau, das Lenin-Mausoleum und das Historische Museum praktisch ohne jede Berücksichtigung der Perspektive darstellte, so als ob diese Gebäude in einer Reihe nebeneinander stünden. Vor diesem Hauptsymbol der Sowjetunion hatte sich im Laufe der wenigen Jahre eine gigantische Müllgrube gebildet (genau an der Stelle der Appelle und feierlichen Truppenschauen). In einem der angrenzenden Gebäude trafen wir auf die Symbole der Landstreitkräfte, der Meeresflotte und der Luftstreitkräfte. Am gleichen Ort hingen auch noch die Spruchbänder: «Die Rote Armee ist der Vorposten des Friedens» und »Stärkt die Kampfkraft unserer Heimat«. Außerdem zog eine Schautafel mit den Dauerrubriken »Kleidungsvorschrift für morgen«, »Bei uns im Frauenrat« und »Was? wo? wann?« unsere Aufmerksamkeit auf sich. Zur selben Zone gehörten auch Sportstätten mit den entsprechenden Emblemen (»Sportmeister«, »Bereit zur Arbeit und Verteidigung!«[1]) und ein großer Schießplatz mit rostigen Karren zum Hochziehen der Zielscheiben.

An der Grenze zwischen dem offiziellen Kommandobereich und der privaten Zone bemerkten wir ein in den Betonzaun eingelassenes einstöckiges und in grellen Farben angestrichenes Gebäude, das wir anfangs für einen Kindergarten hielten. Wir irrten uns – es stellte sich als Sauna heraus. Im Umkleideraum erwartete die Eintretenden ein breitschultriger, lächelnder Blondschopf mit einem Bündel Birkenruten[2] in der Hand, ein Stück naiver Malerei. Neben ihm blickten zwei russischen Matrjoschka-Puppen ähnelnde Weibsbilder kokett hinter Holzkübeln hervor. Das interessanteste Wandgemälde aber fanden wir im Innern der Sauna: Drei entblößte Huris – eine mit aschfarbenen Haaren, eine blond, die dritte brünett – saßen an einem runden Tisch mit Samowar und bedienten symbolisch die männlichen Besucher der Sauna. Die eine Seite der Sauna führte in den offiziellen, die andere in den privaten Bereich, so daß das mit dem dortigen Aufenthalt verbundene erotische Vergnügen Grenzcharakter hatte und von der Verflechtung von Privatem und Ideologischem im naiven pornographischen Gemälde zeugte. In dieser Ausstattung der Sauna der Truppeneinheit lag etwas Herausforderndes, das den baldigen Zerfall des einstmals furchtgebietenden totalitären Systems ankündigte.

Danach begann der dritte Sektor, einige drei- und vierstöckige Häuser, in denen die Offiziere mit ihren Familien gelebt hatten.

---

1. (A.d.Ü.) *Gotow k trudu i oborne!* Paramilitärisches Training für die sowjetische Jugend.
2. (A.d.Ü.) In der traditionellen russischen *Banja* (Sauna) schlagen sich die Badenden gegenseitig mit Birkenruten, was die Durchblutung fördern soll.

Gefahrenzone

Die Gelegenheit, die Geschmäcker der Bewohner dieser Wohnungen zu dokumentieren, die sich uns bot, kann man einmalig nennen – üblicherweise ist uns das Privatleben unbekannter Leute durch den Mantel des Geheimnisses verborgen. Es erscheint logisch, das sich uns darbietende Bild in zwei Hälften zu unterteilen: zum einen Aneignung westlichen Lebensstils (die DDR galt in Rußland als Teil des Westens) und zum anderen Folklore, Ausgestaltung der Lebensumgebung in überkommen nicht-urbanistischem Stil.

Ein Offizier hatte im Korridor eine umfangreiche Collage von Zeitschriftsausschnitten angelegt: Es gab dort Darstellungen von Body-Buildern, von Schönheiten im Bikini oder auch ohne, von Flaschen mit exotischen Getränken, üppig gedeckten Tischen, Champagner- und Hautcrème-Etiketten. Insgesamt wirkte die Collage wie naive Pop-Art. Die Geschmäcker einiger seiner Kompaniegenossen verblüfften uns durch ihre Bescheidenheit: Die einen beklebten ihre Küchen mit einer Kollektion von Etiketten ausländischer Konservenbüchsen (ungarische »Grüne Erbsen« neben bulgarischen Tomaten und polnischen Gurken) oder Aufklebern von Bierflaschen. Die Badezimmer und Küchen waren häufig mit verschiedenfarbigen Kachelimitationen aus Plastik verziert. Als besonderer Chic galt es offenbar, möglichst viele Plastikquadrate von verschiedenen Farben zu sammeln und diese möglichst bizarr anzuordnen. Mitunter waren sie mit Blumenornamenten oder einer kleinen Kollektion von Hasen, Enten oder Mäuschen dekoriert.

Im Folklore-Sektor des Spektrums herrschte das Bestreben vor, die eigene Wohnung (und nicht etwa bloß die Kinderzimmer) mit Gestalten aus der sowjetischen Kinderzeitschrift »Lustige Bildchen« und Bildern der heimischen Natur zu dekorieren. Eine Wohnung war über und über mit Schilf, stilisierten Wellen und darüber schwebenden Vögeln bemalt – sowie mit den Lieblingsinsekten und -blumen der Bewohner (mit Marienkäfern und Glockenblumen). In einem Fall fanden wir eine große Zahl von Tieren auf ganz und gar professionelle Weise gemalt und kompo-

niert. In einem anderen war auf der gesamten Wand die Silhouette einer großen Stadt dargestellt, in der man nach eingehender Betrachtung Moskau erahnen konnte.
Augenfällig war das Fehlen von politischen Motiven in der Ausstattung der Wohnungen, mit Ausnahme von Wandkalendern der Perestroika-Zeit. Lediglich ein ukrainischer Patriot hatte aus einer Zeitschrift das Reiterstandbild seines Nationalhelden, des Kosakenhetmans Bogdan Chmelnitzki ausgeschnitten und aufgehängt.
So entstand der Eindruck, daß in diesen Wohnungen leicht infantile, sympathische Wesen gelebt hatten, was mit ihrer Arbeit im ersten Bereich in scharfem Kontrast stand. Schließlich hatten diese »Elfen« das globale strategische Gleichgewicht aufrechtgehalten und hätten bei einer Katastrophe von weltweitem Maßstab mitmischen können. Daher brauchten sie die vermittelnden Dienstleistungen des zweiten Bereichs: In den dort verbrochenen Werken ideologischer Kunst schämten sich die Künstler gleichsam ihrer unzureichenden Professionalität (dessen, was Ilja Kabakow einmal das »Hausverwaltungsniveau« genannt hat, dem er dann konzeptuelle Form verlieh) und versuchten ungeschickt, dies zu maskieren. An dieser Schamhaftigkeit kann man den grundlegenden Unterschied von privaten und ideologischen Räumen in der letzten Phase der Sowjetunion ablesen.
Als Wehrdienstleistende wirkten die Soldaten und Offiziere der Truppeneinheit N an der Aufrechterhaltung der globalen Konfrontation mit, welche die Grenze zwischen West und Ost bestimmte; als Menschen aber waren sie Träger einer bloß partiell urbanisierten lokalen Kultur; sie wurden von der Konfrontation, die sie selbst aufrechterhielten, nicht berührt (wie sollte man sonst ihr naiven Streben nach »Europäisierung«, erklären?). Vermutlich rührt daher die Notwendigkeit, sie in der ideologischen Kommandozone mit herrschaftlichen Symbolen »vollzupumpen«. Das Herrschaftliche ging seinerseits Ende der 80er Jahre in die Brüche, was im Bau einer Sauna an der Grenze von ideologischem und privat-folkloristischem Raum seinen Ausdruck fand.

Gefahrenzone

Dieser Raum schafft keine neue, vierte Zone, sondern verwischt die Grenzen zwischen zweitem und drittem Bereich, und ohne diese Grenzen ist das gesamte System nicht lebensfähig. Eben davon, von der Abgetrenntheit des Privatlebens als eines besondern, der ideologischen Sphäre nicht untergeordneten Bereichs, der zu Teilen auf den Westen hin orientiert ist, zeugen die Wandmalereien und -collagen der sowjetischen Offiziere, die als Designer ihrer Behausungen auftreten. Doch in dem Moment, als die Globalisierung ihrer kulturellen Routinen gerade erst begonnen hatte, erreichte die Globalisierung jenes zerstörerischen Potentials, das sie bedienten, einen hohen Grad.

Das Globale ist niemals mit sich selbst identisch; die Quellen, aus denen es sich speist, sind jeweils lokal, so daß wir, wenn wir von der Globalisierung der Prozesse auf der Welt sprechen, stets unbemerkt etwas ganz Konkretes und Lokales im Blick haben (entweder die visualisierte amerikanische Kultur, die französische Buchkultur oder die russische Redekultur, die sich wechselseitig einschränken, indem eine jede ihren eigenen globalen Effekt erzeugt). Jede dieser Kulturen hat ihre eigene ideologische Kommandozone, wo die Notwendigkeit der Konfrontation auf der Ebene des Imaginierten begründet wird und ein Feindbild und die Verhaltensmaßregeln unter den Bedingungen der Konfrontation eingeführt werden, die in einer nur sehr mittelbaren Beziehung zur Ordnung des Privatlebens stehen. Wenn der Raum der eigentlichen militärischen Konfrontation (die erste Zone) a-symbolisch war und der Kommandoraum mit globalen Symbolen übersättigt und verunreinigt war, so organisierte sich die Sphäre des Privatlebens zu Ende der 80er Jahre nach mehr oder weniger autonomen Gesetzen und entbehrt fast jeglichen ideologischen Hintergrunds. Daher kamen die Signale, die von der Kommandozone ausgesandt wurden, im Bereich des Privatlebens praktisch nicht an (im Unterschied zur Stalinzeit, als sie quasi augenblicklich ankamen und ihre Effektivität mithilfe von Gewalt unterstützten), blieben in Zwischenräumen nach Art der beschriebenen Sauna stecken. Die Alltagswelt der Offiziersfamilien bildete gleichfalls einen »schlechten« elektrischen Leiter für die Befehle der Kommandozone: Sowohl in der »prowestlichen« als auch in der folkloristischen Variante ist diese Alltagswelt kontemplativ, nicht aggressiv und unfähig, das Feindbild im von der zweiten Zone geforderten Maße zu rezipieren. Die Inflation der ideologischen Kommandozone und ihrer Symbolik ist hier ziemlich offensichtlich. Man kann sie selbst als exotische, zynische Variante des Privatlebens betrachten.

Das von uns durchgeführte Experiment wirft das Problem der Selbstinstallation auf: Die Konzeptualisten schufen ein Genre der Installation, das gleichsam nicht vom Künstler selbst, sondern von seinem Helden gemacht wird, mit dem der Künstler edelmütig seine Autorschaft teilt. An sich ist es in diesem Fall angebracht, von einer Verdoppelung der Autorschaft zu sprechen. Erstens erfindet der Künstler – in einem in vieler Hinsicht literarischen Akt – seinen Helden (erste Autorschaft), und zweitens schafft er in seinem Namen ein Kunstwerk und wird Autor im üblichen Sinne. Man hat gemeint, daß die Verdoppelung der Autorschaft dazu verhelfe, diese endgültig zu beseitigen, daß in Wirklichkeit die Stimme des Helden »spreche«. Die echten Zeichen von Autorschaft aber werden auf der Ebene der Unterschrift, der Rechte am Werk und einer Reihe anderer Infrastruktur-Parameter gebildet.

Bei der von uns festgehaltenen Selbstinstallation hingegen haben wir es mit einer abgeschwächten Variante von Autorschaft zu tun: Der Autor der dokumentierten Installationen ist unbekannt, er hat keine Unterschrift hinterlassen, ja mehr noch: er hat das Recht auf Eigentum am von ihm eingenommenen Raum eingebüßt – der Raum gehört jetzt niemandem mehr. Anders gesagt wird das, was der Künstler mehr oder weniger aufrichtig verkündet, hier buchstäblich realisiert: Zur »Kunst« macht die Selbstinstallation erst der Appropriator, derjenige, der sie sich aneignet, der nicht zum Autor der Installation, sondern lediglich seiner photographischen Abbildung wird. In gewissem Sinne haben der Simulationismus, der Konzeptualismus, die kritische Postphotographie und andere Kunstrichtungen eben danach gestrebt und sich zugleich davor gefürchtet. Sie wollten den Autor im symbolischen Sinne opfern, fürchteten sich aber davor, die reale, die infrastrukturelle Autorschaft zu verlieren. Indem sie, wie die Kinder sagen, »nicht in echt« abtraten, strebten sie, was ganz natürlich ist, danach, ihren realen Status beizubehalten und ihn sogar durch die scheinbare Nachgiebigkeit zu stärken.

Ähnliche, wenngleich weniger offensichtliche Sinnfallen sind selbstverständlich auch mit der Praxis der Dokumentation von Selbstinstallationen verbunden. Und in einige dieser Fallen fällt diese Dokumentationspraxis auch unausweichlich hinein.

Wir haben also ein Stückchen Sowjetunion in Preußen besucht, mit eigenem Moskau, eigenem Kreml, eigenem Mausoleum und anderen Symbolen. Jetzt ist dies alles aber Eigentum des Landes Brandenburg, darüber informieren uns überall ausgehängte Täfelchen, und dieses Bundesland hat das Gelände der ehemaligen sowjetischen Militärbasis zur »Gefahrenzone« erklärt. Es gibt dort keine Bewohner; das Gelände wird in keiner Weise genutzt. Alle bestehenden Bauten wurden schon nach unserem ersten Besuch mit bestimmten Ziffern gekennzeichnet, gerade so als ob eine Inventarisierung durchgeführt würde. Aus den Fenstern, denen die Rahmen fehlten und die so zu »natürlichen Bildern« wurden, boten sich wunderbare Ausblicke, aber nach der Rückkehr aus der »Gefahrenzone« überfiel uns immer wieder eine unüberwindliche Müdigkeit.

Moskau, 14.-17. August 1997

Das Schutzobjekt

Als ich die Memoiren von General A.W. Korschakow, dem im Juni 1996 zurückgetretenen Chef der Leibgarde des russischen Präsidenten, las, kam mir das Sprichwort »Irren ist menschlich« in den Sinn. Was an Korschakows Buch interessant ist, deckt sich nicht mit dem, was der Autor selbst für interessant hält. Es sind nicht etwa seine Sensationsenthüllungen, nicht sein kompromittierendes Material über Konkurrenten, nicht die Auflösung ungeklärter Rätsel der neuesten russischen Geschichte, in die Korschakow eingeweiht war. Für mich persönlich ist an diesem Buch des einst allmächtigen Favoriten Jelzins interessant, was er selbst für nicht zur Politik gehörig, für trivial und selbstverständlich hält und was deswegen seiner Zensur entgleitet, quasi automatisch ausgeplaudert wird. Dieser Bereich der Unschuld der Macht birgt mehr Überraschungen für den unbeteiligten Betrachter als die sorgsam dosierten »Enthüllungen« und »Geheimnisse«.
Das nicht-reflexive Feld des Herrschens, in dessen Mittelpunkt sich der Körper des Präsidenten befindet, wird im Buch *Boris Jelzin. Aufstieg und Niedergang* mit verblüffender Unmittelbarkeit beschrieben. Das informelle Moment dominiert darin augenfällig vor dem formalen: Formal ist Korschakow für die persönliche Sicherheit des Präsidenten verantwortlich, informell ist er sein »Blutsbruder«. Als Kommentar zu seinem erzwungenen Rücktritt im Sommer 1996 läßt Korschakow eine auf den ersten Blick eigentümlich anmutende Bemerkung fallen: »Mit einer einzigen Unterschrift Jelzins war ich aller *beiderseitiger* (Hervorhebung MR) Treueschwüre enthoben, die wir einander gegeben hatten.« Dieser Satz ist kein Versehen. Offenbar meint Korschakow wirklich, daß Jelzin ihre privaten »Treueschwüre« in nicht geringerem Maße bänden als ihn selbst. Jelzin ist für ihn bloß formal Präsident, Präsident »vor Dritten«, während er, »unter vier Augen«, zum »Blutsbruder« wird. »Wenn wir allein waren, war Jelzin für

mich nicht im entferntesten Präsident. Wir sahen einander für Blutsbrüder an – zum Zeichen der Treue hatten wir uns beide zweimal den Unterarm aufgeschnitten und unser Blut vermischt. Das Ritual bedeutete Freundschaft bis in den Tod. Im Beisein Dritter hingegen bezeigte ich durch mein ganzes Auftreten, daß Boris Nikolajewitsch immer, unter allen Umständen Präsident ist.«

Die informelle Ebene ist um soviel wichtiger als die formale, daß Korschakow, verantwortlich für die persönliche Sicherheit des Präsidenten, auf Schritt und Tritt so handelt, als ob ihm die Sicherheit des gesamten Staates anvertraut sei. Er ist unbeirrbar davon überzeugt, daß ihn das Ritual der Blutsbrüderschaft davor bewahre, beim Präsidenten in Ungnade zu fallen, und wagt es aufzubegehren, als er die Unabwendbarkeit seines Sturzes begriffen hat. Dabei wiederholt er denselben Fehler wie all diejenigen, die er selbst voller Ingrimm des Verrats am Präsidenten zeiht. Alle diese Leute sind unter derart einseitig diktierten Bedingungen ins politische Spiel hineingekommen, daß außer ihren engsten Freunden niemand ihren politischen Tod zu bemerken imstande ist. Ihre politische Bedeutungslosigkeit war die Voraussetzung für ihren Eintritt in die Politik, zu protestieren beginnen sie dagegen erst in dem Moment, als man sie fortgejagt hat; erst dann wird ihnen die Ausgangsbedingung klar. Aus irgendeinem Grund schien ihnen, daß gerade sie eine Ausnahme von der allgemeinen Regel bilden würden. Schließlich mußte ihr Aufbegehren alle Anzeichen von Rache aufweisen. Es ist eine Folge der Enttäuschung über etwas, das sie schon ganz zu Anfang nicht hätte verleiten dürfen. Ist es da erstaunlich, daß sich unter den Herausgeworfenen nicht ein einziger Stoiker befindet?

Bei Korschakow war die Identifikation mit dem Präsidenten maximal, und die »Schere« zwischen formalem und informellem Status öffnete sich in noch nie da gewesenem Maße. Im Befehlston fordert er von den Politikern, die bei den Beratern des Präsidenten in Ungnade gefallen sind, sich negativer Äußerungen an die Adresse ihres »Chefs« zu enthalten, und qualifiziert solche

Das Schutzobjekt

Äußerungen als »Schwindel« ab. Das politische Leben in Rußland stellt in den letzten Jahren eine ununterbrochene Folge von Verratshandlungen dar. In den letzten Jahren stellte sich heraus, daß Jelzin sowohl vom Vorsitzenden der Jabloko-Partei Jawlinski, von seinem ehemaligen Pressesekretär Kostikow, von seinem Verteidigungsminister Gratschow, vom Satiriker Sadornow als auch von vielen anderen verraten wurde.
Sie alle rechnet der Befehlshaber der Präsidentengarde seinen persönlichen Feinden zu. Dabei wächst die Verantwortung des Präsidenten selbst symbolisch bis ins Unermeßliche, in jedem einzelnen Fall aber wird ein »Verräter« liquidiert (am Tschetschenienkrieg ist Gratschow schuld, am Zusammenbruch der Volkswirtschaft Gaidar und Tschubais usw.). Zu guter letzt ist auch General Korschakow nicht mehr imstande, jenes informelle Vertrauen zu ertragen, das ihm sein »Blutsbruder« entgegenbringt, und wird selbst zum »Verräter«. Nur findet er für sich selbst diejenige Rechtfertigung seines Handelns, die er anderen versagt. Wie so viele andere vor ihm ist auch der General nicht bereit, sich seiner eigenen Strategie zu opfern. Er glaubt an die Magie des Rituals, das vom juristischen Standpunkt nicht mehr ist als eine Laune. Im Gefolge des Präsidenten sieht er sich nicht als Diener einer von ihm unabhängigen und ausdifferenzierten Idee von Staatlichkeit, sondern hält sich für deren unikale Personifikation, für einen integralen Bestandteil des Körpers Staat. Insofern wird es von ihm so schmerzlich empfunden, als er verstoßen wird. Bei ihm erscheint Jelzin als schillernder, unvorhersagbarer und zügelloser Charakter. Dabei geht es nicht bloß um seine Leidenschaft für hochprozentige Getränke. In der komplizierten Übergangssituation vom Bekannten (dem sowjetischen Lebensstil) zum Unbekannten (der russischen Variante von Marktwirtschaft) hat Jelzin eine mimetische Vorgehensweise gewählt: Er reproduziert in seinem Benehmen auf den Buchstaben genau jene Traumatisierungen, die der leidende kollektive Körper durchlebt. So verstanden ist er ein Präsident des Volkes. Selbst seine Launen sind auf gewisse Weise gesetzmäßig (beispielsweise dirigierte er

deshalb im August 1994 das Berliner Polizeiorchester, weil der Abzug der russischen Truppen aus Deutschland von vielen als eine Niederlage interpretiert wurde; Jelzin durchlitt dies am eigenen Leib). Doch die Mimesis-Akte beschädigen die Institution der politischen Repräsentation, und das vom Präsidenten an den Tag gelegte spontan empfundene Mitgefühl ruft selbst durch seine Zügellosigkeit Bedauern hervor. Aufrichtigkeit ist bekanntlich der schlimmste Feind der Form. Zudem fallen nicht alle der Mimesis anheim, sondern lediglich die archaischsten Schichten des postsowjetischen Unbewußten, die auf solche Weise konserviert werden. Indes besteht der Sinn der Reformen in einer fortschreitenden Überwindung und Befreiung von diesen Schichten. Korschakow begeistert sich für westliche Führungspersönlichkeiten, deren Verhalten weit stärker vorhersagbar ist als das Auftreten seines Chefs. Im übrigen ist dies ein zwiespältiges Verhältnis: Zum einen ist es deutlich einfacher, die westlichen Kollegen des russischen Präsidenten zu schützen, andererseits aber sind die Sicherheitschefs dort nur mit der persönlichen Sicherheit der Staatsoberhäupter befaßt. Aufgrund solcher Gespräche, wie sie der Autor der Memoiren mit Politikern, Journalisten und Staatsbeamten führt, verlöre ein anderer Sicherheitschef vermutlich sofort seinen Posten. Allein – in den entwickelten Ländern kann man sich eine derartige Situation schwerlich vorstellen.

Korschakow ist überzeugt, daß der Leser seine Erinnerungen nicht als einen Akt des Treuebruchs gegenüber dem Präsidenten interpretieren wird. Im Gegenteil: Dieses Buch zu schreiben ist wahrscheinlich der am meisten staatsbürgerliche Schritt seines Lebens. Traurig ist nur, daß sich dieser von Natur aus nicht dumme Mensch als Bürger bloß instinktiv erkennt – unter dem Einfluß der ihm zugefügten persönlichen Kränkung.

In seinen Memoiren wird eine ganze Mythologie des »einfachen Kumpels« und »ganzen Kerls« mit Arbeiterhänden erzeugt, die sichtlich aus der Sowjetzeit ererbt ist, als dies zur offiziellen Mythologie gehörte. Das Wort »muschik«, ursprünglich die Bezeichnung für russische leibeigene Bauern, heute auch »Kumpel« oder

»ganzer Kerl«, wird durchgehend mit positivem Sinn gefüllt, und es taucht dann auf, wenn Korschakow sich jemandem nah fühlt, sei dies Helmut Kohl (»dieser ganze Kerl wird unserem Präsidenten nie in etwas nachstehen«), die einen dreiviertel Liter Wodka leerenden Sicherheitschefs des amerikanischen Präsidenten (»Ich bekam das Gefühl, daß wir mit russischen Kumpels am Tisch sitzen und bloß über einen Übersetzer miteinander sprechen«) oder seine eigenen Freunde und Mitarbeiter. Ihn rührt die Bescheidenheit der Einrichtung im Hause des deutschen Bundeskanzlers, und über die Residenz der amerikanischen Präsidenten in Camp David entringt sich ihm das unerwartete Bekenntnis: »Die Bescheidenheit und Einfachheit der Residenz bedrückte mich... Offenbar muß erst mehr als eine ganze Generation von Russen in sicheren Verhältnissen heranwachsen, bevor ein Präsident an die Macht kommt, der die materiellen Güter, die seine Thronbesteigung begleiten, ohne Gier in Anspruch nehmen kann«. Dabei begreift er nicht, daß es in den USA keinen »Thron« im herkömmlichen Sinne gibt: Die Gewaltenteilung in Legislative, Exekutive und Judikative stellt jeden Zweig der Macht in einen auch materiell streng geregelten Rahmen. Dieses Unverständnis hat aktive Form: Dasselbe, was Korschakow im Westen begeistert, wird von ihm und seinesgleichen in Rußland ausgerottet; niemand anderer als Korschakows Stellvertreter, ein »grauhaariger, drahtiger russischer Kerl«, unterbreitet im Oktober 1993 den Plan zur Beschießung des Parlamentsgebäudes mit Panzern. Der Plan verblüfft sogar die weiß Gott nicht zimperlichen Armeegeneräle. Diese Beschießung bildete das Vorspiel zur Annahme einer Verfassung, die die Demokratie in Rußland *de facto* einschränkte, indem sie die eigentliche Macht in den Händen des Präsidenten konzentriert und so erneut einen schon ins Wanken geratenen »Thron« errichtet. Warum bloß stört unsere konservativen Landsleute zuhause dasselbe, was sie im Westen begeistert, so sehr? Warum nehmen sie die Demokratie bloß als ein exotisches Schauspiel wahr, das von ferne betrachtet bezaubernd, aber von nahem lebensgefährlich ist?

Das Schutzobjekt

Das Beispiel Korschakow zeigt, wie er sich am kolossalen Überfluß an in seinen Händen versammelter informeller Macht *ergötzt* (wie sie in einer entwickelten Demokratie schlicht undenkbar wäre). In seiner Eigenschaft als geheimer »Bruder« des Präsidenten fühlt er sich über alle einfachen »Mitstreiter« selbst dann erhaben, wenn sie eine höhere formale Position bekleiden. Die Verachtung Korschakows für diese Leute ist wohl kaum begründet. Um sie verurteilen zu können, müßte er sich zunächst in ihre Lage versetzen. Doch das will der Autor der Erinnerungen selbst nach seinem Machtverlust nicht (obwohl er faktisch – das sei hier nochmals betont – genauso handelt wie sie und noch schlimmer; das Privatleben des Präsidenten ist ihm besser bekannt als anderen, folglich wiegt auch sein »Verrat« schwerer). Etwas verändert sich dabei übrigens: Mittlerweile bezichtigt Korschakow selbst dieselben Memoirenschreiber der »Schönfärberei«, denen er noch kurz zuvor für die »Anschwärzung« der Persönlichkeit des Präsidenten mit Strafe gedroht hat. Es wiederholt sich eine Geschichte, die so alt ist wie die Welt selbst: Im Lichte eigener Kränkung gerät die »Anschwärzung« von einstmals zum »Reinwaschen«, und das eigene »Verrätertum« verkehrt sich in den Wunsch, dem Volk endlich einmal die ganze Wahrheit über den Präsidenten zu sagen. Die bloße Möglichkeit, daß Korschakow dies tun kann, zeugt allerdings davon, daß es im heutigen Rußland Freiheit der Meinungsäußerung gibt. *Post factum* darf man sich also darüber freuen, daß es Korschakow nicht gelungen ist, seine einstigen Drohungen in Realität umzusetzen; sie blieben private Launen des Sicherheitschefs. Anders wäre das Buch »Jelzin. Vom Aufstieg zum Niedergang« in Rußland nie erschienen. In Korschakows Buch werden die schwieligen Arbeitshände »einfacher Kerle« besungen, auch wenn es die des Premierministers (»Sie haben normale Hände«, sagt Korschakow zu Tschernomyrdin), die eines Generals oder Botschafters sind. Dafür bekommen es diejenigen ab, deren Hände dem hohen Ideal nicht entsprechen. Aus irgendeinem Grund stören den Memoirenschreiber Korschakow besonders die Hände des Bankiers W. Gusinski.

Das Schutzobjekt

Nachdem er ihn erstmals im Kreml gesehen hat, wittert Korschakow Gefahr: »... ich bemerkte sofort seine Fingerchen – fast die eines Kindes, kurz und manikürt. Männlich kann man solche Hände wirklich nicht nennen.«
Im Sommer 1996 waren die schwieligen Arbeitshände dann wohl machtlos gegenüber den weichen, kindlichen Händchen der Herren Gusinski, Malaschenko und anderer »Diener des Kapitals«. Die informelle Privatisierung der Macht von Seiten eines Klans von »Freunden« wich einer formaleren, geldvermittelten Privatisierung.
Gewisse Rituale des Präsidentenclans gemahnen an finstere Vorzeiten. Menschlich hat mich die Bravour-Erzählung Korschakows aufgewühlt, wie auf Weisung des Präsidenten sein Presse-Sekretär von seinen Vertrauten vom Oberdeck eines Schiffes in den sibirischen Fluß Jenissej geworfen wurde. Am nächsten Tag kam dieser mit aufgequollenem Gesicht ins Restaurant und trank aus einer Teekanne Cognac, um irgendwie wieder zu sich zu kommen. Korschakow verachtet ihn demonstrativ, weil er, seiner Meinung nach, eine »Schwuchtel« sei. Als man den »Narr« zum Botschafter im Vatikan ernennt, schenkt ihm Korschakow, der allmächtige Favorit des Präsidenten, ein Figürchen, das einen Mönch darstellte, – wenn man die Soutane hochhob, sprang ein riesiges Glied hervor. Auch dies erträgt der Presse-Sekretär voller Demut. Danach folgt die drohende Warnung: »In deinem künftigen Buch über den Präsidenten darf kein einziges erlogenes Wort vorkommen.« Als ob die Korschakowsche Wahrheit nicht schon schrecklich genug sei.
Das letzte Kapitel heißt »Herbst eines Patriarchen«. Es endet mit den Worten: »In ihrem Leben ist tiefer Herbst eingekehrt, Boris Nikolajewitsch.« Das kann man schwerlich die Worte eines Freundes nennen. Aber wie kann sich auch ein Mensch für einen Freund halten, der keinen Mittelweg zwischen blinder Ergebenheit und Treuebruch kennt?

Moskau, 12. November 1997

Ein unwillkommenes Archiv

Vor genau fünfzig Jahren, im Januar 1948, kam in Minsk der Vorsitzende des Jüdischen Antifaschistischen Komitees, der berühmte Schauspieler und Regisseur Solomon M. Michoels ums Leben. Wenngleich von offizieller Seite als Todesursache ein Unfall angegeben wurde, ist es doch heute sicher belegt, daß es sich um einen von den Staatssicherheitsorganen geplanten Mord handelte. Ende desselben Jahres wurde die gesamte Leitung des Jüdischen Antifaschistischen Komitees verhaftet. Die Inhaftierten – fünfzehn Dichter, Schriftsteller, Wissenschaftler und Journalisten – wurden auf Drängen von Stalin im August 1952 erschossen (mit Ausnahme einer Frau, der Biologin Lina Stern). Den Angeklagten wurde in der Mehrzahl die Teilnahme an der Herausgabe eines Buches vorgeworfen – eines Buches dazu, das mit Erlaubnis und unter Anleitung der ideologischen Abteilung der Partei zustande kam und von dieser mehrfach redigiert wurde. Nach Abschluß der Arbeit wurde es nichtsdestotrotz für ideologisch schädlich eingestuft, da es die Juden allen anderen Völkern der UdSSR gegenüberstellte. Darüberhinaus war es noch eigenmächtig und unter Mitwirkung »jüdischer Nationalisten aus den USA und aus Palästina« in Amerika veröffentlicht worden. Die Hingerichteten waren nicht die Autoren dieses Buches; es war als Sammlung von Dokumenten und Berichten von Augenzeugen und Opfern des Genozids an den Juden konzipiert. Ja, die eigentlichen Redakteure des Buches, Wassili S. Grossmann und Ilja G. Ehrenburg, wurden nicht vor Gericht gestellt.
Es ist an der Zeit, das verhängnisvolle Buch beim Namen zu nennen: Es handelt sich um das in den Jahren 1944 bis 1947 auf Intitiative von Albert Einstein entstandene »Schwarzbuch«. Es besteht überwiegend aus Erzählungen von Opfern und Augenzeugen des Völkermordes, aus Tagebuchaufzeichnungen (deren

Autoren teilweise umgekommen waren), aus Verhören der Schergen der Massenmorde, aus Zeugnissen sowjetischer Militärs, welche die zu lebenden Leichnamen gewordenen Menschen bereits unmittelbar nach dem Zeitpunkt ihrer Befreiung zu Gesicht bekamen, usw.

Die Nationalsozialisten waren die »Autoren« des Genozids (was in diesem Falle »Autorschaft« bedeutet, bedürfte eingehenderer Erläuterung), nicht aber des damit zusammenhängenden Archivs. Außerdem hatten sie, wie andere Unterdrückungsregime auch, alles getan, um möglichst viele ihrer Spuren zu tilgen. Dazu wurde auch das »Schwarzbuch« redigiert, wurden die Augenzeugenberichte dort systematisch ausgedünnt, wo ihre Faktizität den sowjetischen ideologischen Postulaten widersprach. Es wurde beispielsweise gnadenlos jegliche Erwähnung von aktiver Teilnahme der Ortsbevölkerung an der Vernichtung der Juden gestrichen. Auch die Einzelheiten der deutschen Bestialitäten, deren »Naturalismus« als transgressiv, wenn nicht gar als pornographisch usw. aufgefaßt wurde, fielen dem Rotstift zum Opfer. Ich kann mich keines anderen Buches erinnern, dessenthalben so viele Menschen starben.

Das »Schwarzbuch« ist bis heute in Rußland nicht veröffentlicht worden, auch nach dem Verschwinden aller Zensurbarrieren nicht, heute, wo, wie es scheint, ja längst alles erschienen ist – von den »120 Tagen von Sodom« bis zum »Wendekreis des Krebses«. Warum, so frage ich mich wieder und wieder, verhängte das stalinsche Regime derart brutale Strafen für einen Bericht über Verbrechen, die *nicht es selbst, sondern seine Feinde* begangen hatten, mit denen es gekämpft und die es besiegt hatte? Warum kehrte sich dieses für antifaschistische Propaganda ausgezeichnet geeignete Material gegen diejenigen, die es zusammengetragen hatten?

Der Stalinismus tat *im Einklang mit seiner inneren Logik* alles in seinen Kräften Stehende, um die Vernichtung von Millionen Juden (und Tausenden Sinti und Roma) auf sowjetischem und angrenzendem Territorium nicht einzugestehen. Doch genauer be-

Ein unwillkommenes Archiv

trachtet, ist das gar nicht so schwer zu begreifen. Wenn die Juden von dem Völkermord berichteten, dem sie ausgesetzt waren, begingen sie, auch wenn sie sich subjektiv vor allem als Sowjetbürger fühlten, ein *ideo-logisches* Verbrechen: Sie schufen erstmals ein Archiv, das der Kontrolle des herrschenden Regimes entzogen und allein schon deshalb unannehmbar war.

Wie sehr sie sich auch bemühten, dieses Archiv zu manipulieren, wie sie es auch zurechtstrichen, SS, Sicherheitspolizei und deren Helfer aus der lokalen Bevölkerung (durch den Euphemismus »Polizei« verdeckt) fuhren doch fort, in den Ghettos, Lagern und Dörfern usw. Juden zu ermorden – wenn auch nicht ausschließlich, so doch in ersten Linie eben Juden. Aufgrund der Unmöglichkeit, diesen Umstand »wegzuredigieren«, der ja den Kern des Archivs ausmachte, wurden diejenigen, die es zusammengetragen hatten, Repressionen ausgesetzt. Faktisch geschahen diese Repressionen deswegen, weil mit Hilfe der von den Deutschen begangenen Verbrechen aus dem Monolith des sowjetischen Volkes ein Teil davon als allogenes Element ausgesondert wurde, das nun drohte, das klare und geradlinige Weltbild zu zerstören. Die beiden totalitären Systeme waren füreinander absolut undurchschaubar, da Vektor wie Logik des Terrors in beiden Fällen ganz und gar unterschiedlich waren. Wenn überhaupt etwas, dann verband sie einzig und allein das gleichermaßen kategorische Verbot einer naturalistischen Darstellung der Gewalt. Die Arbeit am »Schwarzbuch« in den letzten Kriegsjahren war ein Zugeständnis an die öffentliche Meinung der Welt, insbesondere in Amerika, von der die Unterstützung für die kriegführende Sowjetunion abhing. Mit dem Beginn des Kalten Krieges entfiel die Notwendigkeit dieser Konzession, und das allogene Element wurde unannehmbar.

Bemerkenswert ist, daß auch dann der Feind nicht mit nationalsozialistischer Geradheit »Jude« genannt wurde, sondern unter dem Etikett »Kosmopolit von unklarer Abstammung« verborgen wurde. Die sich daraus ergebende Mythologie des Krieges diente als derart fundamentaler Legitimationsmechanismus für die sowjetische Gesellschaftsordnung, daß dieser Mechanismus die Sowjetunion überlebt hat und in einigen Bruchstücken bis zum heutigen Tag fortbesteht. Erst seine »Entzauberung« wird den Krieg zu einem Ereignis machen, das der Geschichte und nicht der »Ewigkeit« angehört.

Das »Schwarzbuch« zeigt, daß die Vernichtung der Juden ein geplanter und geordneter Prozeß war (überall wird ein und dieselbe Abfolge der Ereignisse eingehalten) und daß sie zugleich ständig von unvorhersagbaren Launen der Henker begleitet wurde. Keine Gesetze und Vorschriften der Welt können die Lust an Quälerei und Verhöhnung erklären, welche die Agenten des Terrors ihren Opfern zufügten. Diese Lust – die im Lacanschen Sinne einen extremen Grad an Leiden voraussetzt – bildet einen reinen Überschuß, eine *dem Gesetz nicht unterworfene* Kehrseite des Gesetzes selbst. Vor unseren Augen wird ein Gesetz erdacht; noch die letzte Grille des letzten Aufsehers oder »Polizisten« wird selbst zum Gesetz. Jeder Akt der Willkür wird hier durch den Namen des Gesetzes sanktioniert. So fällt es schwer, diese Art Terror auf eine Ausgeburt technischer Rationalität zu reduzieren, die die »Alltäglichkeit des Bösen« und die Bürokraten des Tötens generiert. Die Gaskammer ist einer von vielen Vernichtungsmechanismen neben anderen und keineswegs der Gipfel einer geordneten und hierarchisierten Pyramide. Die Lektüre des »Schwarzbuches« bringt den Leser auf den Gedanken, daß während des Kriegsverlaufes eine riesige Zahl von Arten der Massenvernichtung existierte, die sich nicht global verallgemeinern lassen: Hunderttausende Opfer des Völkermordes wurden in Panzergräben und von ihnen mit eigenen Händen ausgehobenen Gräbern erschossen, starben an die menschlichen Kräfte übersteigenden Anstrengungen oder bekamen von den Wächtern den »Gnadenstoß«; Tausende anderer kamen aus einer Laune ihrer Henker heraus um (der »Logik der Vernichtung« entsprechend wäre ihr Tod später genauso eingetreten); Zehntausende starben in »Vergasungswagen«; Millionen verloren ihr Leben in den Gasöfen der Vernichtungslager. Diese und viele andere Todesarten waren gleichermaßen wesentlich, und ich hätte Scheu davor, die am weitesten industriellen Formen zum Modell aller anderen zu erheben. Es entsteht der Eindruck, daß die Henker ein ebenso starkes Bedürfnis nach unmittelbarem körperlichem Kontakt mit ihren Opfern verspürten, nach der Theatralisierung des Mords, wie nach der fließbandartigen Form des Tötens. Auf dem gesamten besetzten Gebiet der Sowjetunion, wo etwa eine Million Juden ums Leben kam, gab es kein einziges »Vernichtungslager« mit Gaskammern. Die jeweilige Zahl der Opfer kann gleichfalls nicht als Kriterium für eine Hierarchisierung herhalten, weil sich alle Vernichtungsmechanismen qualitativ voneinander unterscheiden, während bei ihrer Untergruppierung gerade diese je einzigartige Qualität verloren geht.

Im »Schwarzbuch« wird weder abgestritten, auf welch schreckliche Weise mit den Kriegsgefangenen umgesprungen wurde – mitunter erging es ihnen sogar noch schlimmer als den Ghettobewohnern –, noch die Brutalität des Umgangs mit der anderen Völkerschaften geleugnet. Diese Brutalität war bloß in höherem Maße selektiv, richtete sich gegen Widerstandleistende und nicht gegen jeden beliebigen Vertreter dieser Völker. Die Juden – Frauen, Alte und Kinder, Orthodoxe wie Katholiken – wurden einem Kommunisten automatisch gleichgesetzt und galten als zu vernichten, während es in anderen Fällen eines Beweises bedurfte (der freilich oft weitgehend willkürlich war). Das Stalinregime änderte die Logik der Nationalsozialisten von Grund auf, indem es die Juden in der »friedlichen sowjetischen Bevölkerung« aufgehen ließ, während die Nationalsozialisten auf dem Primat des »Blutes« beharrt hatten. Der Rassenvektor wurde von einem politischen Vektor abgelöst. Nach der neuen, stalinistischen Logik wurden Menschen von den Deutschen dafür ermordet, daß sie sowjetische Bürger waren, die sich der Besatzungsmacht ausnahmslos widersetzten. Die Nationalsozialisten brachten demnach diese Menschen deswegen um, weil das Sowjetische in ihren Augen ein Synonym des Kommunistischen war. Dadurch wird die Eigenschaft des Sowjetischen *post factum* einer enormen Zahl von Menschen zugeschrieben, die in den Jahren 1941-1945 weiß Gott Veranlassung hatten, mit der Sowjetmacht unzufrieden zu sein. Die ihnen angehängte »Idealität« war in dem Sinne wirksam, als sie zur Begründung weiterer Repressionen diente. Was durchaus nachvollziehbar ist: Wenn das den Menschen rechtmäßig Gehörende – ihr Eigentum, ihre Familientradition, Nationalität oder Schichtenzugehörigkeit – zur Fiktion erklärt wird, so wird damit zugleich die Sanktion dafür erteilt, ihre Vergangenheit mit dieser Fiktion in Einklang zu bringen, die so zur einzigen Realität wird. Der entkulakisierte Bauer hatte sehr wohl Grund, sich zu rächen. Indem er einfach zu einem Sowjetmenschen erklärt wird, gerät seine Rache, die einen recht durchschaubaren Grund hatte, zu einem Akt des Großen Verrats, den nichts, aber auch gar nichts erklären kann. Und wenn dieser Bauer sich auch nicht an denjenigen rächte, die ihn beraubt hatten, sondern an denen, auf die der Befehlszeigefinger der Besatzungsmacht deutete, d.h. in dieser Situation teilweise an den Juden, so folgt daraus keinesfalls, daß er kein reales Motiv zur Rache gehabt hätte. Die ideologische Finesse besteht darin, ihm dieses Motiv zu nehmen. Indem sie sich des Faschismus als eines Alibis bediente, beseitigte die Sowjetmacht im nachhinein die blutrünstigste Phase ihrer *eigenen* Geschichte, deren Beginn die Kollektivisierung der Landwirtschaft markiert.

Unabhängig von den subjektiven Absichten seiner Gewährsleute und der Herausgeber wurde das »Schwarzbuch« zu einem Hindernis auf dem Wege der totalen Mythologisierung, da es ein soziologisch glaubhafteres, aber ideologisch unannehmbares Bild der Ereignisse entwarf. Daher wurde es nicht nur nicht gedruckt, sondern diente auch als Vorwand für die Repressionen gegen diejenigen, die es inspiriert hatten. Weil sie ihre eigene Geschichte andauernd retuschierte und umschrieb, konnte die stalinistische Ideologie auch keine unabhängige Geschichte des nationalsozialistischen Deutschlands zulassen. Es wurde den Menschen in der Sowjetunion nach und nach beigebracht, die Beseitigung dieser Geschichte als eine Kriegstrophäe anzusehen, als ein spezifisches Recht des Siegervolkes.

Schon das »Schwarzbuch« enthielt eine Reihe wichtiger ideologischer Mutationen. Wollte man einer darin abgedruckten Erzählung Glauben schenken, so hätte es im Ghetto von Minsk nicht nur eine verzweigte Parteiorganistion gegeben, die mit den Partisanen kooperierte, ihre eigene Funkempfangsstation hatte und Waffen ins Ghetto lieferte, sondern die Ghettobewohner hätten auch die Reden von Stalin und Kalinin auswendig gekonnt. Das paßt jedoch schlecht zum vorangehenden Dokumentartext: Die darin beschriebene Größenordnung des Widerstandes ist bedeutend bescheidener und die Verbindung mit der ideologischen Heimat bei weitem schwächer. Im »Schwarzbuch« finden sich auch einige literarische Texte. Hielt Ilja Ehrenburg die Deutschen, die am Völkermord an den Juden mitwirkten, für die Autoren dieses Buches, so meinte der andere Herausgeber, Wassili Grossmann, es sei Hauptaufgabe des Buches, »im Namen derjenigen zu sprechen, die in der Erde verscharrt liegen und nichts mehr sagen können.« Seine Skizze »Treblinka« und Wagram S. Apresjans Text »Die Kinder vom schwarzen Weg« stellen auf Dokumentationsmaterial basierende Erzählungen dar, in denen die Züge der Deutschen einer starken Typisierung unterworfen werden, also »Charaktere« geschaffen werden. Man kann sagen, daß in diesen Texten die Grundlage dafür geschaffen wird, was mit einigen (wesentlichen) Änderungen zum Kanon der sowjetischen Literatur über den Nationalsozialismus werden wird. Den Gipfelpunkt dieses thematischen Richtung des Sozrealismus bildet die »Junge Garde« von Alexander A. Fadejew, deren endgültige Version im Jahr 1951 erschien – kurz vor der Abrechnung mit den Mitgliedern des Jüdischen Antifaschistischen Komitees. Die Sowjetunion hat ein hochkompliziertes Antiarchiv hinterlassen, in dem es Aufgabe skrupulöser Forscher sein wird, vorsichtig eine Schicht nach der anderen abzutragen, um letzten Endes die Konturen des ursprünglichen Archivs (das vom »Schwarzbuch« längst nicht ausgeschöpft wird) wiederzugewinnen. Erst dann wird die »neue historische Gemeinsamkeit« wirklich historisch und wird zugleich eines der Kapitel der Geschichte des Dritten Reiches ergänzt werden können.

Obgleich nahezu alle Chronisten des »Schwarzbuches« mit der Sowjetmacht sympathisierten und das Heranrücken der Roten Armee als Befreiung erwarteten, geriet gerade das von ihnen geschaffene Archiv *gegen ihren Willen* zu einer systematischen Herausforderung an die sowjetische Mythologie, und zwar von innen heraus. In die Herausbildung der sowjetischen Geschichte wirkten der stalinschen Kontrolle entzogene Kräfte mit hinein. Der Bericht über die Wirkungsweise dieser Kräfte wurde als fiktiv verworfen, und an seiner Stelle entstand eine neue »orthodoxe« Version des Geschehens. Natürlich verbarg die stalinistische Ideologie den Rassenvektor der nationalsozialistischen Repressionen nicht etwa aus Liebe zum bezwungenen Hitler-Regime, sondern im Einklang mit ihrer eigenen inneren Logik, die keine Heraushebung irgendeines absoluten Opfers – noch dazu nach dem Merkmal des »Blutes« ausgewählt – aus dem einheitlichen sowjetischen Volk zuließ. Ja mehr noch, das im Krieg vergossene Blut sollte als Grund für eine umso engere Vereinigung des sowjetischen Volkes zu einer einzigen Familie dienen. Deswegen mußte der Feind nicht nur besiegt werden, sondern mußte auch die Logik seiner Taten im Bewußtsein der Sieger ausgelöscht werden. Sie mußte durch eine eigene, erst später erdachte, doch als ursprünglich ausgegebene Logik ersetzt werden. Der Sieg mußte durch die Gewalt des Diskurses, durch die Schaffung eines annehmbaren Feindbildes abgeschlossen werden.

Vor fünfzig Jahren wurde in Moskau die Entscheidung über das endgültige Verbot des »Schwarzbuches« von einem Menschen getroffen, dem in der Breschnew-Zeit eine wichtige Rolle bevorstand: von Michail A. Suslow. In der Folgezeit wurde unter seiner Leitung eine Menge anderer Ereignisse der sowjetischen und ausländischen Geschichte getilgt. Die Opfer des faschistischen Regimes wurden gezwungen, eine weitere Erniedrigung hinzunehmen: Das, was sie hatte leiden lassen, wurde zur Fiktion erklärt und durch einen anderen, vorgeblich »richtigen« Grund ersetzt. Einzig die Dekonstruktion der konkreten Mechanismen der Schaffung einer sekundären sowjetischen Mythologie aus der primären nationalsozialistischen erlaubt uns, wenn nicht die Gerechtigkeit der Geschichte wiederherzustellen, so doch wenigstens dem Verständnis der eigenen Geschichte einen Schritt näherzukommen.

Moskau, im Januar 1998

Literatur:
— I. Ehrenburg, W. Grossmann, *Das Schwarzbuch. Der Genozid an den sowjetischen Juden*, hg. v. A. Lustiger, Reinbek: Rowohlt 1994;
— A. Fadejew, *Die Junge Garde*, Berlin: Neuer Weg 1974.

Die Erleuchtung des Präparats

In den letzten Jahren hat ein neuer Held die Bühne der russischen Literatur betreten. Man kann ihn weder einen positiven noch einen negativen Helden nennen; man kann ihm überhaupt keine irgendwie gearteten Eigenschaften zuschreiben, da er selbst die Fähigkeit besitzt ist, bei den Helden wechselnde Gefühle, »Zustände« genannt, hervorzurufen. Die Bandbreite dieser »Zustände« reicht von Euphorie bis Depression. Der neue Held steht in engem Zusammenhang mit der Welt der Computer – beide sind virtuell, mit verschiedenen Formen mystischer Erfahrungen – weil er genauso wie diese den Anspruch erhebt, Mittel zur Erleuchtung zu sein. Gemeint ist, leicht zu erraten, ein halluzinogenes Präparat. In der anspruchsvolleren russischen Literatur der letzten Jahre tritt das Thema Drogen häufig im Verein mit den Themen Computer und Intellekt auf. Abwechselnd halluzinieren die Helden und sinnen sie darüber nach, wie (etwa bei Wiktor Pelewin) die Erleuchtung zu erreichen sei oder wie (etwa bei Pawel Pepperstein) wenigstens dauerhaft eine euphorische Stimmung erhalten werden könne. In »Dostojewski-Trip« von Wladimir Sorokin wird das Thema »Literatur in Tabletten« entfaltet. Im Westen gehörte Literatur dieser Sparte entweder zum »Bekenntnis«-Genre (de Quincey, Baudelaire, Burroughs), wurde als Experiment maskiert (Huxley, MacKenna) oder verband beide Merkmale miteinander (Castaneda). In all diesen Fällen wurden die Vorbedingungen geschaffen für die Betrachtung dieser Erfahrung von außen und damit für das entsprechende moralische Urteil. Die Intensität des Halluzinierens hob sich diesem Muster zufolge von den normalen kreativen Fähigkeiten des Menschen ab; ja bisweilen – wie im Falle der Baudelaireschen *»Paradis artificiels«* – wurde sie diesen als in poetischer Hinsicht sterile gegenübergestellt. Anders gesagt: In den entsprechenden westlichen Texten behielt das Realitätsprinzip seine Priorität, und dem kontrollierten poetischen Traum wurde offen der Vorzug gegeben vor den unkontrollierbaren, obgleich außerordentlich intensiven Zuständen einer von Drogen hervorgerufenen Trance.

Am deutlichsten sind alle drei Themen (Halluzinogene, Computer und »Intellekt«) im Werk Wiktor Pelewins ausgearbeitet, der, anders als Sorokin, keine Verbindungen zur konzeptualistischen Tradition hat, beharrlich sein eigenes Genre schafft und sich dabei seinen ureigenen Leser heranzieht. Die seine Texte bevölkernden Wesen existieren rein vegetativ (derer gibt es viele in seinem Text »Das Leben der Insekten«) oder aber sie streben danach, das ominöse große Rätsel zu lösen und sich in einem solchen Maße zu verändern, daß sie schließlich begreifen, daß der Sinn des Lebens in der Absenz von Sinn besteht und daß es auf keine Frage eine Antwort gibt. So entsteht ein oxymorales Genre: die *esoterische Predigt*. Der Autor wendet sich an die große Zahl seiner Leser mit etwas, das – traditionell – zu wissen nur wenigen gebührt. Was die esoterischen Prediger angeht, so hält sich bis zuletzt ein Verdacht, der mit ihrer eigenen Teilhabe am Geheimnis zusammenhängt; denn zu den Voraussetzungen des Eingeweihtseins gehört notwendig das Schweigen. Pelewin begreift sehr wohl, daß der erleuchtete Mensch in einem tieferen Sinne ein toter ist und daß er es in keiner Weise nötig hat, anderen etwas zu beweisen. Gleichzeitig aber sind seine Texte ganz und gar agonaler Natur, sind voll von Streitigkeiten, Widersprüchen und Wider-Widersprüchen im Zusammenhang mit den zutiefst esoterischen Sujets. An diesem Punkt scheint der Einfluß Castanedas und der in seinem Dunstkreis entstandenen Literatur durch.

Für die noch in jüngster Vergangenheit kollektivistische Kultur Rußlands ist das Halluzinieren dadurch gefährlich, daß es nicht marginalisiert werden kann; ist doch der innerste Kern des postsowjetischen Soziums nicht weniger wahnhaft, so daß es nicht um eine Rückkehr zum Realitätsprinzip gehen kann, zu einer hypothetischen Normalität (»wo Es war, soll Ich werden«, wie es Freud ausdrückte), sondern um einen ständigen Übergang von einer Form von Wahn in eine andere, mit einer anderen, nicht

Die Erleuchtung des Präparats

weniger variablen Intensität. In der Geschichte Rußlands gab es schon einmal eine »Kokain-Episode« – das erste postrevolutionäre Jahrzehnt, »als die Arbeiter, kleinen Sowjetfunktionäre, Rotarmisten und revolutionären Matrosen voll Lust »Marafet« inhalierten« (N. Lebina). Seit der zweiten Hälfte der 20er Jahre wurde das Kokain nach und nach vom billigen Rykow-Wodka, benannt nach dem damaligen Vorsitzenden des Rates der Volkskomissare, verdrängt; die Kollektivisierung kann auch Alkoholisierung des ganzen Landes genannt werden. Sie dauerte bis zum Verschwinden der Sowjetunion an (und so ist es kein Zufall, daß diesem Verschwinden eine massive aber ergebnislose Antialkoholkampagne vorausging). Damit beginnt die halluzinogene Phase, in der von bestimmten Leserkreisen weder die imaginierte Macht des von Kokain aufgeblähten Ichs noch die Treue zu einer mit Wodka-Konsum verknüpften Tradition, sondern die Intensität des Abhebens vom Sozialen geschätzt wird, das nun als eine zutiefst private Angelegenheit begriffen wird. Man könnte diese Schichten von Lesern die *verhinderte* russische Mittelklasse nennen. Die halluzinogenen Substanzen kommen in einem Zwischenraum vor, in dem sich die russische Kultur ein wenig zur Weltkultur hin öffnet, in einem Bereich gegenseitiger Befruchtung. Im Unterschied zu den Moskauer Konzeptualisten, welche die Bedeutungslosigkeit des Sozialen symbolisch, ausschließlich im Reich der Rede proklamieren, vertritt Pelewin seine These von der Bedeutungslosigkeit des sozialen Elements, seine Spielart der »Leere« in buchstäblicher Weise. Während bei den Medizinischen Hermeneuten (Pepperstein, Anufriew, Fjodorow) die Halluzinose oder – wie sie sich ausdrücken – das Oneiroide eine Flucht innerhalb der Flucht ist, ist es beim Autor von »Tschapajew und Pustota« eine Flucht nach außen, zum Äußeren hin, *das auf eine bestimmte Weise existiert.* Für Pelewin gibt es etwas jenseits des Sozialen, d.h. jenseits der auf die eine oder andere Weise artikulierten Sprache. Obwohl dieses Äußere häufig eine Fiktion ist, stachelt sein bloßes Vorhandensein den Leser an und zwingt ihn, die Existenz von Welten anzunehmen, in denen er sich vor dem unerträglich und *hyperreal* werdenden Realitätsprinzip verstecken kann. Bei Pelewin steht die korrekte Überlegung höher als das Präparat; sein Held Tschapajew, der den Wodka gläserweise kippt, sagt eine Serie von zen-buddhistischen Koan-Gebeten auf, die seine absolute Teilhabe an einer höheren halluzinogenen Wirklichkeit jenseits von Leben und Tod voraussetzen.

Pelewin steht auch deutlicher als andere Autoren für die Computer-Ausrichtung der neuesten Prosa. Seine Helden (insbesondere in der Erzählung »Der Prinz des Staatsplans« aus dem Buch »Der gelbe Pfeil«) spielen Computerspiele und sind doch zugleich auch Figuren innerhalb dieser Spiele. Die Verachtung für alles Soziale erreicht dabei eine Intensität, bei der jede Form von »Abheben« von dieser Folie automatisch positive Vorzeichen erhält. Dergleichen findet sich weder bei de Quincey noch bei Baudelaire oder Huxley, sind sie doch alle durch ihr Experimentieren mit Drogen marginalisiert: sei es durch Opium, Haschisch oder Meskalin. Für Baudelaire ist diese Erfahrung »steril« und »asozial«, für Huxley »averbal«. Wenn diese Erfahrung auch mit den äußeren Zeichen von Erleuchtung versehen ist, so ist sie doch deren Antipode: Jenes Schaffen, das oftmals weniger grell, weil mit routinemäßiger Arbeit verbunden ist, besitzt doch nichtsdestoweniger denselben Vektor wie die Erleuchtung (bei Proust herrscht überhaupt die Idee der Rettung mithilfe von Kunstzeichen vor).

Im postsowjetischen literarischen Raum findet der umgekehrte Vorgang statt, ein Vorgang, den man als *Marginalisierung des Sozialen* kennzeichnen kann. Die Fähigkeit des sozialen Elements, die Menschen einander näher zu bringen, konvergiert gegen Null. Und siehe da, es entsteht eine Theorie, der zufolge sich im letzten schäbigen Waggon eines ins Nirgendwo jagenden Zuges (»Der gelbe Pfeil«) eine extrem schmale Öffnung auftut, durch die ein auf spezielle Weise vorbereiteter Mensch, der das Zen-Koan des Seins gelöst hat, nach außen gelangen und das Äußere erreichen kann. Ist das westliche Äußere neutral, so wird es bei Pelewin noch von Pathos erfüllt. Dies ist eine paradoxe Prophezeiung im umgekehrten Sinne, eine Utopie für jeden einzelnen Menschen, ist die frohe Botschaft, daß es in der fensterlosen Wand doch eine Tür gibt, aus der man verwandelt zurückkehrt. Das veränderte Verhältnis zum Leben geht hier nicht wie in traditionellen Religionen mit einer Entsagung von der Welt (dem Mönchtum) und einer langwierigen Askese einher, sondern vollzieht sich in Schlachten, Computerspielen und Partnerwerbung. Eine dergestalt radikale Position zieht vielzählige Regressionen nach sich. Bisweilen, wenn er eine allzu hohe »mystische« Note anschlägt, gleitet Pelewin in Gemeinplätze der Courtoisie, des Nationalismus oder eines verspäteten Antibolschewismus ab. Pelewin weiß nur allzu gut, daß geheime Erfahrungen keine Erzählform, und noch weniger die Form von Kunstprosa annehmen können. Die Pathetik seiner Bücher hängt mit dem Wunsch zusammen, die Narration zu überwinden, das literarisch Unmögliche zu vollbringen und in eine andere Dimension überzugehen. Ebenso wollen seine Leser aus dem sozialen Wahn in eine andere, virtuelle Welt übersiedeln. Auch sie können ein intellektuelles Interesse an Texten von Jung, Castaneda, MacKenna, Grof, einen bestimmten Vorrat an halluzinogenen Erfahrungen und viele Stunden Reisen durch das Internet vorweisen. Da es unmöglich ist, Zugang zum Raum des Sozialen zu bekommen (dieser ist heutzutage nun mal unzugänglich), die Menschen sich aber dem Sozialen erst recht nicht entziehen können, so verschlägt es sie ins Virtuelle. Es zeichnen sich die Konturen einer neuen russischen Orthodoxie ab. In der westlichen Avantgarde marginale Elemente rücken ins russische »leere Zentrum« und machen dabei ihrerseits all das marginal, was Menschen einander noch auf irgendeine Weise näher bringt. So entsteht eine eigenartige Gemeinde der Einsamen, die ihre eigene Einsamkeit nicht ertragen und einen neuen Kollektivismus suchen, und wenn sich dieser auch auf den Bereich des Virtuellen bezieht. Dabei sind sie sich längst nicht immer darüber im klaren, daß das so begriffene Virtuelle gleichfalls Realität im traditionellen Sinne ist, d.h. eine Substanz oder etwas, das imstande wäre, Verbindungen zu knüpfen (unabhängig von der Art dieser Verbindungen). Anders als im

Moskauer Konzeptualismus, der seinen Gruppencharakter in einem umfangreichen Korpus von Texten reflektiert hat, konstituiert sich hier der Körper der neuen Gemeinschaftlichkeit spontan, ist aber in vielen grundsätzlichen Hinsichten noch kein Diskurskörper. Abwechselnd deklariert er seine Feindschaft und Gleichgültigkeit gegenüber dem Politischen und behauptet seine »Eingeweihtheit« als etwas unendlich viel Wichtigeres. Der überteuerte Preis für die Aktien der virtuellen Ordnung wird flankiert vom Umstand, daß die neue Gemeinschaft hofft, gerade in dieser Ordnung ihre Rettung zu erlangen. Mit dieser Hoffnung ist ein Paradox verquickt: Rettung im Virtuellen ist schließlich immer nur die *Generalprobe* der Rettung, während die Zahl derartiger Welten unabsehbar groß ist. Und obwohl im Prinzip jeder sein eigenes »Fenster im letzten Wagen« finden kann, gibt es keinerlei Garantie dafür, daß die Qualität der Realität, in die er durch dieses Fenster gelangt, sich in wesentlichem Maße von derjenigen abheben wird, aus der er gerade geflüchtet ist. Schließlich kann man lediglich eine irreparabel hyperreale Realität wie die heute aktuelle derart grundlegend verwerfen. Wenn es aber nichts gibt, wovor man davonlaufen könnte, wird der Vektor der Flucht selbst, Flucht als Aufgabe an sich problematisch. Aus diesem konkreten, in Rußland anzutreffenden Sozium läuft man nicht etwa deshalb weg, weil man sich in ihm langweilt, sondern weil man es nicht ertragen kann. Es ist einfach die unerträglichste aller Welten, und deshalb ist die Flucht daraus so natürlich wie unmöglich, läuft doch die Welt mit enormer Geschwindigkeit vor sich selbst davon.

Ich würde folgendes Paradox riskieren: Die echten Athleten des Virtuellen bleiben in der heutigen Situation gerade aufgrund seiner Unerträglichkeit innerhalb des Soziums. Wenn sie das Unerträglichste für banal erklären, schlagen sie auf den ersten Blick zwei Fliegen mit einer Klappe: Erstens maskieren sie ihre mehr als natürliche, menschlich nachvollziehbare Kapitulation vor dem Unerträglichen; zweitens geben sie dem Akt der Flucht ein romantisches Flair. Die Folge ist, daß die gegenwärtige Situation eingefroren und verewigt wird. Daran ist nun wieder nichts sonderlich Neues – das Unerträgliche ist stets höchst banal, allzu banal, um erträglich zu sein. In allen virtuellen Welten sind wir sichtlich irgendwann geboren worden und sterben wir sichtlich als soziale Wesen. Allein das klare Erkennen dieses Umstandes verleiht unserer Einsamkeit im vollsten Sinne Strahlenganz.

Moskau, 4. März 1998

Literatur:
— Baudelaire, *Les paradis artificiels*, Paris 1990
— William Burroughs, *Naked Lunch*, New York 1992
— Stanislav Grof, *LSD und das kosmische Spiel*, BTPJ 1989
— N. Lebina: »W socializm – pod kajfom«, in: *Argumenty i fakty Nr. 40*, 1995.
— Terence MacKenna, *The True Hallucinations*, New York 1993
— Wiktor Pelewin, *Die Entstehung der Arten und andere Erzählungen*, Leipzig 1995
– : *OMON hinterm Mond*, Leipzig 1994
– : *Tschapajew i Pustota*, Moskau 1997 (=*Buddhas kleiner Finger*, Berlin 1999)
– : *Das Leben der Insekten*, Leizig 1997
— Pawel Pepperstein, »Das Kabinett des Psychiaters. Apologie der Antidepressiva«, in: *Via Regia 48/49*, Erfurt 1997, 47-52.
— Wladimir Sorokin, *Dosotjewski Trip*, Frankfurt a.M. 2001

Ruin des Pyramidenstaates

In den gut sechs Jahren von Jelzins Präsidentschaft hat sich in Rußland ein neuer Menschentyp herausgebildet: der *homo postsovieticus*. Es schien schon so, daß der Staat diesen Menschentyp mit nichts mehr verblüffen kann; nachdem er so oft betrogen wurde, hat der *homo postsovieticus* gelernt, im Staat seinen Erzfeind zu sehen. Doch obschon er sich daran gewöhnt hatte, immer das Schlimmste zu erwarten: Seit dem 17. August – je mehr Zeit seither verstrichen ist, desto plastischer – wurde ihm klar, daß er wieder einmal auf ganz unverfrorene Weise betrogen wurde. Während die vorausgegangenen Finanzpyramiden von Privatpersonen errichtet worden waren – und sei es, daß der Staat indirekt Vorschub leistete – und lokal begrenzt waren, ist jetzt der Staat selbst zu einer Pyramide geworden. Auf eine solche Wendung der Ereignisse war die Mehrheit der russischen Bürger nicht vorbereitet. Daher der Schock und die Erstarrung der letzten Wochen. Dieses Mal war der Betrug total. Wenn die Finanzpyramiden zudem früher (im Jahr 1994) einzig und allein einfache Bürger ruinierten, so waren diesmal auch die Interessen derer berührt, die an den vorausgegangenen Drehungen der Spirale finanzieller Enteignung verdient hatten und sich daher für unverwundbar hielten. Nun ist Reichtum in Rußland unwiderruflich illegal geworden; begraben die Hoffnung darauf, den eigenen Reichtum auf rechtmäßige Füße zu stellen, begraben die Hoffnung auf eine Formalisierung des Status des Unternehmers, des Bankiers oder Managers. Die reichsten Leute in Rußland sind die Leiter ruinierter Betriebe, die zum Teil vom Staat aufgekauft wurden. Dieser aber befindet sich selbst am Rand des Bankrotts. Diese Allerreichsten Rußlands haben ihr Vermögen auf ausländischen Banken liegen, und das allein rettet sie selbst vor dem Ruin. An der Stelle der zerfallenen sozialen Bande hat sich praktisch nichts Neues gebildet, wenn man jene indifferente zähe Leere nicht zählt, welche die einen mit Patriotismus, die anderen mit Liberalismus verwechseln. Der Sinn dieser Leere ist bislang leider unklar. Dieses Defizit wird von keinerlei Rationalisierungen auch nur ansatzweise gedeckt. Und, wie in Krisenzeiten üblich, die Zahl von Interpretationen wächst sprunghaft. Am 17. August hat sich die Vertrauenskrise auch noch aus dem Grunde verschärft, daß den Menschen der letzte Zipfel Stabilität, wie es vielen schien, entglitt – und das war paradoxerweise der amerikanische Dollar. Millionen von Russen hatten im Umtausch von Rubel in Dollar ihren Schutz vor den Spekulationen gesehen, und da springt der Dollarkurs plötzlich derart rasant nach oben, daß es unmöglich wird, weiter Dollar zu erwerben. In ihrer Verzweiflung warfen sich die Menschen auf westliche Waren, um ihre Rubel auszugeben, doch auch deren Preise stiegen in Windeseile.

In der Zeit unmittelbar vor der Krise wurde Moskau geradezu von Horden von Menschen überschwemmt, die verschiedene Waren und Dienstleistungen feilboten und sich dabei auf die Namen westlicher Firmen beriefen. Auf Schritt und Tritt entpuppten sie sich als Gauner. Sobald sie von seltenen Einfaltspinseln eine Anzahlung eingestrichen hatten, verschwanden sie. Die Mehrheit der Moskauer war vor ihrem Ansturm aber durch einen Umstand gefeit: durch den Mangel an verfügbarem Geld. Kürzlich druckten die Zeitungen einen Brief des in Untersuchungshaft sitzenden »Bankiers« Sergei Mawrodi (des ehemaligen Eigentümers der Firma MMM, einer der weitestverzweigten Finanzpyramiden, deren Zusammenbruch 1994 mehr als zwei Millionen Kunden, die bei Mawrodi ihr Geld angelegt hatten, um ihre Einlagen brachte). In diesem Brief gratuliert Mawrodi der russischen Regierung zum Aufbau einer schon etwa fünf Jahre lang funktionierenden Finanzpyramide. »Sieh an, sogar ihr habt was von mir gelernt«, schreibt Mawrodi. Das Spekulationskapital fordert immer neue und neue Opfer. Nun aber ist unklar geworden, woher, von wem man dieses Kapital in Zukunft rekrutieren soll. Indem er die kleineren Spekulanten in den Ruin trieb, steht nun der Großspekulant Staat selbst am Rande des Ruins. Seine eigene Gewießtheit arbeitet nun gegen ihn. Während nämlich die Aktien von MMM und anderen privaten Finanzpyramiden noch aus freien Stücken gekauft wurden, wurden die staatlichen Schuldverschreibungen den Banken, Stiftungen und Unternehmen vom Staat selbst weitgehend aufgezwungen – mit einer Garantie, die sich als Bluff herausstellte. Besonders parodistisch erscheint vor diesem Hintergrund die Rückkehr von Premierminister Tschernomyrdin, dieses Symbols einer vergangenen Zeit, des eigentlichen Initiators der zusammengebrochenen Pyramide.

Das Verschwinden des Dollars als Rettungsanker inmitten eines Meers von ökonomischer Ungewißheit macht breitesten Schichten der Moskauer Bevölkerung Angst, weil sie nicht wissen, wie sie sich in der neuentstandenen Situation gegen ihren Hauptfeind, den Staat, versichern sollen. Die Debatte über die »Entdollarisierung der Volkswirtschaft« werden von den Bürgern als Eingriff in den intimsten Bereich ihres ökonomischen Verhaltens begriffen. In der Provinz wird die »Entdollarisierung« weniger drastisch erlebt, da dort schon seit langem Tausch von Naturalien herrscht und die Menschen monatelang nicht nur ohne Dollars, sondern auch ohne Rubel leben.

Die Krise geht weit über die Wirtschaft hinaus. Sie wird von einem katastrophalen Defizit an Vertrauen erzeugt, vom Fehlen jeglicher Art von Gesellschaftsvertrag. Dabei würde ich – auch wenn das Gegenteil der Fall zu sein scheint – keine der beiden widerstreitenden Seiten idealisieren wollen; wenn nämlich die Spielregeln von der Regierung vorgegeben werden, so wurzeln die *Vorbedingungen* dieser Regeln doch in der Lebensweise des russischen Durchschnittsbürgers. Wenn man diesen Durchschnittsbürger in die Rolle des Opfers rationalisiert, nimmt man ihm die Verantwortung für das Geschehen ab und trägt bei zur endlosen Reproduktion des immer gleichen. Interessanterweise sprechen selbst die jungen technokratischen Politiker über die Vertrauenskrise wie über etwas Sekundäres. Sie sagen, in Rußland gäbe es nur eine kleine Vertrauenkrise, aber keine echte Krise. Zur gleichen Zeit löst in den USA in einer Phase ökonomischen Aufblühens das Bekenntnis des Präsidenten, mit einer Praktikantin des Weißen Hauses »unangemessene« Beziehungen unterhalten zu haben, eine massive Krise aus. In Rußland, merken die Zeitungen an, würde niemand einer solchen Kleinigkeit Beachtung schenken. Nichtsdestoweniger gibt es ein so riesiges Vertrauensdefizit, daß das soziale System nicht mehr funktionieren kann – unter Jelzin ist Rußland dieser Schwelle wohl sehr nahe gekommen. Rußland zerfällt, ja zerbröckelt buchstäblich unter der Einwirkung von Anarchie von unten wie von oben, unter dem Druck von unerfüllten Verbindlichkeiten in Milliardenhöhe. Während die vorausgegangenen Drehungen der Finanzspirale, ich sage es noch einmal, vor allem einfache Bürger in Mitleidenschaft gezogen hatten und dabei eine immer kleiner werdende herrschende Klasse konsolidierten, droht bei der gegenwärtigen Drehung der Spirale allen Großbanken des Landes der Bankrott (in der inadäquaten Sprache der Wirtschaft wird dies »Liquiditätskrise« genannt). Es ist völlig unklar, auf wen sich die nächste Drehung der Spekulationsspirale stützen soll.

Im Epizentrum dieses Teufelskreises steht Präsident Jelzin, erst vor zwei Jahren durch die vereinten Anstrengungen einiger Bankiers und Oligarchen unter gigantischen finanziellen Aufwendungen gewählt. Die Oligarchen wollten sich auf diese Weise für wenigstens vier Jahre ein Mandat zur Kontrolle über Rußland erkaufen. Jetzt müssen sie einsehen, daß sie sich verrechnet haben und außerstande sind, etwas zu ändern. Eines ist diesmal übrigens unumkehrbar anders: Die Vertrauenskrise hat die Figur des Präsidenten erreicht. Von der Verfassung mit enormer Machtfülle ausgestattet, trug er viele Jahre lang für nichts konkret Verantwortung. Früher tauchte in Krisenmomenten immer wieder die Formel auf »man hat ihn hinters Licht geführt«, irgend jemand verlor seinen Posten, und damit hatte die Sache ihr Bewenden.

Am 17. August jedoch funktionierte dieser Mechanismus nicht. Zum ersten Mal wurde die Figur des Präsidenten zum privilegierten Ort für die Projektion der frustrierten, unrealisierten Wünsche der Masse der Menschen. Man kann in diesem Zusammenhang von einem Phänomen von überdeutlich ausgeprägter Desublimation sprechen. Das Umfeld des Präsidenten begriff die Logik des Symbolischen nicht: Je mehr diese Leute die Schuld ihres Herrn für die konkreten Mißerfolge leugneten und folgsam »wir haben ihn hinters Licht geführt« wiederholten, umso mehr Schwung gewann der Bumerang der symbolischen Schuld. Am Ende geriet Jelzin genau in die Rolle, vor der man ihn immer freizuhalten bemüht gewesen war. An nichts Konkretem schuld, war er – nach der Logik des Symbolischen, die im 20. Jahrhundert mehr als einen Monarchen gestürzt hat – nun plötzlich an allem auf einmal schuld. Der Ton der Presse, der noch vor Halbjahresfrist so liebedienerisch war, veränderte sich mit einem Schlag. Plötzlich schrieb man über den Präsidenten als einen Drogensüchtigen »hinaufgehoben an die Spitze der Macht«, über Jelzin als Marionette seines Familienclans, als verantwortungsloses und asoziales Wesen, das einzig und allein um sein eigenes politisches Überleben besorgt und um dessentwillen bereit sei, die Interessen aller anderen zu opfern. Seine Fehlgriffe, die zuvor retuschiert wurden, jetzt wurden sie hervorgehoben, jetzt bildeten sie das Ziel des Spotts. Gerade drei Tage vor der Krise versicherte Jelzin seinen Mitbürgern, daß es keine Abwertung geben werden; auf dem Gipfel der Krise verkündete er, daß er sich glücklich fühle usw. Noch vor einigen Tagen fand er bei einem Fernsehauftritt nicht ein Wort des Mitgefühls für die Millionen seiner frustrierten Landsleute, er lieferte keine Analyse der Situation, verkündete dafür aber in unerschütterlichem Ton, daß er nicht daran denke, die Macht abzugeben, und sie ihm wegzunehmen sei, »wenn man seinen Charakter kenne«, unmöglich. Das Verhalten von Präsident Jelzin erscheint vor dem Hintergrund der die gesamte Gesellschaft erfassenden Krise besonders unangebracht. In einem kleinen Laden mit landwirtschaftlichen Produkten bemerkte ich, wie die Schlange Stehenden nervös, quasi instinktiv ihr Geld aus der Tasche zogen, um es einen Augenblick später, nachdem sie sich gleichsam überzeugt hatten, daß es noch existierte, wieder in die Tasche zurückzustecken. Ein Mann wiederholte, zu seiner Tochter gewandt, mehrmals, daß er ihr ein Eis kaufen werde. Sie kauften wirklich einen Laib Brot und zwei Eis. Als sie das Geschäft verließen, machte der Mann eine Handbewegung, die in Rußland bedeutet »ach sei's drum, ich riskier's«, ging nochmals zum Ladentisch und sagte der Verkäuferin, er wolle noch... vier Würstchen. Als er sich entschieden hatte, seiner Tochter eine zweite Portion des teuren West-Eises zu kaufen, hatte er innerlich auf seine Würstchen verzichtet, es sich dann aber anders überlegt und die Würstchen für alles verbliebene Geld gekauft. Überhaupt löste sich die Schlange verblüffend schnell auf: Die Menschen kauften ein begrenztes Sortiment an allernotwendigsten Lebensmitteln. In dieser angespannten Situation, an deren Zustandekommen sie alle unmittelbaren Anteil hatten, ringen die Duma, die Reste der Regierung und die »Präsidentenvertikale« um nichts anderes als um den Erhalt und die Ausweitung ihrer jeweiligen Kompetenzen, wobei sie versuchen, die Verantwortung auf andere abzuwälzen. Außerstande, eine Diagnose zu stellen, sorgen sie sich bereits darum, wer die Heilung übernehmen wird und wer für die Folgen der Heilung verantwortlich gemacht werden wird. Das Skalpell zu ergreifen sind sogar solch zwielichtige Gestalten wie Wladimir Schirinowski bereit. Man redet über die Fortsetzung des Reformkurses und merkt nicht, daß diese Wortverbindung für die erdrückende Mehrheit zu einer bedeutungslosen Phase verkommen ist. Diese Mehrheit fühlt sich so eindeutig wie nie zuvor als Objekt eines Experiments, das nichts Gutes erahnen läßt.

Mitunter nimmt das Mißtrauen der Menschen groteske Formen an. Vor einigen Tagen wollte ich in der Metro einer alten Frau helfen, die unter großer Anstrengung einen schweren Handkarren die Treppe hinauf schleppte. Mein Angebot traf sie allem Anschein nach völlig unerwartet: Die alte Frau ließ den Karren nicht aus der Hand, während sie immer wieder »Vielen Dank, junger Mann« sagte. So stiegen wir dann die Treppe empor: Ich zog den Karren zusammen mit seiner Besitzerin die Treppe hinauf. Die offensichtliche Rührung hinderte die alte Frau nicht daran, die ganze Zeit ihren mit billigem Gemüse gefüllten Wagen festzuhalten; sie fürchtete sichtlich, daß ich mit ihren Kartoffeln abhauen würde.

Vielleicht wohnen wir dem Ende einer kurzen, aber höchst intensiven Phase der russischen Geschichte bei. Was erwartet uns? Möglich wäre, daß Rußlands sich wieder in stärkerem Maße auf seine eigenen Ressourcen stützen wird, sogar eine Art Autarkie. Ein solcher Schritt könnte auf die Unterstützung derer rechnen, die etwas unter den Bedingungen relativen Protektionismus' produzieren wollen (der aber natürlich nicht mit der aggressiven Abgeschlossenheit der kommunistischen Zeit vergleichbar wäre). Ein solcher Schritt wäre unter Jelzins Nachfolger wahrscheinlich, da sich die Möglichkeiten der Bildung von Spekulationskapital in diesem Land wohl erschöpft haben. Dieses Kapital erfüllte eine wichtige zerstörerische Funktion, hat aber nichts hervorgebracht, was einer Mittelklasse und einer Zivilgesellschaft ähneln würde. Im Lichte der russischen Erfahrung war der Glaube an die Universalität des marktwirtschaftlichen Modells genauso naiv wie der vorausgegangene Glaube an die Wissenschaftlichkeit der Planwirtschaft. Die Einrichtung einer autarken Wirtschaftsform wird möglicherweise von einer nationalistischen Rhetorik begleitet werden, doch nach dem Finanzterror der letzten Jahre könnte das neue Regime gelindere Spielregeln einführen.

Der Zusammenbruch des zur Finanzpyramide gewordenen Staates erlaubt auch eine moralische Schlußfolgerung: Ein Regime, unter dem Oligarchen bankrotte Einrichtungen leiten und ihr Geld auf ausländische Banken schleusen, in dem Anarchie vehement zunimmt, Verrohung um sich greift, unter dem ein wesentlicher Teil der Bevölkerung unterhalb des Existenzminimums lebt, kann man nicht liberal nennen, nicht einmal dann, wenn unter diesem Regime eine relative Presse-, Versammlungs- und Diskussionsfreiheit herrscht. In seinen extremen Ausformungen ist der ökonomische Terror – gemessen an seinen verheerenden

Auswirkungen – mit politischem Terror durchaus vergleichbar. Ersteren nicht zu akzeptieren bedeutet keineswegs unausweichlich, in den zweiten zurückzufallen. Und je mehr man versuchen wird, den Völkern diese Alternative aufzuzwingen, umso beharrlicher werden diese Gesellschaften nach einem dritten Weg suchen.

Moskau, August 1998

Die im Trüben fischen

Nach dem Währungseinbruch vom 17. August werden die Moskauer Medien nicht müde zu wiederholen, daß das Hauptopfer der jetzt ausgebrochenen Krise die im Entstehen befindliche russische Mittelklasse war. Konzentriert hatte sich diese Mittelklasse vor allem in Moskau und Petersburg; sie bestand aus fliegenden Händlern, Kleinhändlern, Bankangestellten, Brokern, Journalisten, Image-Beratern, Reklamefachleuten, Managern und Vertretern einer Reihe anderer Berufe. In den letzten zweieinhalb Monaten lichteten sich ihre Reihen dramatisch; Importgeschäfte wurden durch den Fall des Rubelkurses unrentabel, Banken und Reklameagenturen, Zeitungen und Zeitschriften führten massive Etatkürzungen durch – wenn sie nicht überhaupt dichtmachten. Die besagte Mittelklasse hatte in vielerlei Hinsicht die »neuen Russen«, westliche Investoren und das politische Establishment bedient. Jetzt aber ist der Bedarf an den Dienstleistungen der Leute aus der Mittelklasse drastisch zurückgegangen, und Zehntausende von ihnen reihten sich in das Heer der Arbeitslosen ein. Im Westen ist Mittelklasse ein Synonym für Zivilgesellschaft; sie ist ein Garant dafür, daß die westliche Gesellschaft Konflikte weiterhin mit rechtsstaatlichen Mitteln löst. Im russischen Verständnis dagegen erschien diese Klasse als »mittlere« aufgrund ihres Einkommensniveaus und ihres Konsumstils. Das Rechtsbewußtsein dieser Schicht war in etwa dasselbe wie dasjenige der anderen Gesellschaftsschichten – der Besser- wie auch der Schlechtergestellten.
Darüber hinaus war der Einfluß dieser verhältnismäßig dünnen Bevölkerungsschicht auf den Rest der Gesellschaft extrem begrenzt. Die Mittelschicht diente den Reichen und hing von ihnen ab; sie besaß keine eigene Ethik, keine ökonomische Selbständigkeit. Während eine hochentwickelte Zivilgesellschaft nur äußerst schwer zu zerstören ist, wenn dies überhaupt möglich ist, blies der

russische Staat seine Mittelklasse binnen eines Tages wie ein Kartenhaus um. All das heißt aber nicht, daß der Einbruch dieser Gesellschaftsschicht ohne Folgen für die Gesellschaft als ganze wäre. Schließlich war die Mittelklasse die Haupterrungenschaft und Hauptstütze der Jelzin-Administration. Die erste spürbare Folge der drastischen Verringerung der Mittelklasse war eine weitere Schwächung der auch zuvor schon fragilen Rechtsmechanismen, ein Anwachsen von Anarchie und das Angreifbarwerden aller Machtstrukturen, insbesondere des Präsidialapparats. Das entstandene Vakuum wird im Handumdrehen von Extremisten jeglicher Couleur gefüllt. Die Zahl offen profaschistischer Druckerzeugnisse wächst zusehends. Früher hatte man gemeint, um diese Blätter gruppierte sich lediglich eine kleine Anzahl psychisch instabiler Menschen, die im gesellschaftlichen Leben keinerlei Rolle spielten. Jetzt ist dem offensichtlich nicht mehr so. In einem Interview für die Zeitung Sawtra (Morgen) unternimmt es der ehemalige Kommandeur der Präsidentengarde, Alexander Korschakow, den man noch vor drei Jahren für den zweiten Mann in der inoffiziellen politischen Hierarchie Rußlands gehalten hatte, eine angebliche Schwäche der Tochter des Präsidenten, Tatjana, zum Bankier Beresowski zu erklären. Des Rätsels Lösung ist seiner Meinung nach ganz simpel: Tatjanas Mutter, Jelzins Ehefrau, sei, jüdischer Abstammung (was sie immer verborgen habe): »Als die Annäherung von Beresowski, Smolenski, Gusinski, Chodorkowski, Jumaschewitsch und Filatow – alles Leute von derselben Nationalität – stattfand, konnte ich Tatjana anfangs nicht verstehen: Wie konnte sie bloß diesem Boris Abramowitsch [Beresowski] stundenlang zuhören? Mir wird schon von seinem Geruch übel, sie aber schafft es, ihm stundenlang zuzuhören. Der Schatten der Mutter halt! Man umgibt sich mit Seinesgleichen!« (Sawtra Nr. 43). Wenn man Derartiges über die Tochter des Präsidenten Rußlands verbeiten darf, die seine offizielle Beraterin ist, – was haben dann die einfachen Bürger zu gewärtigen, wenn ihr »Geruch« diesem oder jenem General als unerträglich erscheinen sollte? Nichts Gutes, fürchte ich.

Die im Trüben fischen

Vor nicht langer Zeit verkündete auch General Albert Makaschow auf einer großen Demonstration, daß er im Falle eines Falles »mindestens zehn von diesen Juden, einen nach dem anderen, mit sich in den Abgrund reißen« werde. General Makaschow ist Mitglied der kommunistischen Fraktion in der Duma. Andere Mitglieder dieses Hauses beschuldigten ihn des Schürens von Rassenhaß und wandten sich an die Staatsanwaltschaft. Um Makaschow vor Gericht zu stellen, müßte ihm aber zuerst seine Abgeordnetenimmunität entzogen werden. Das jedoch wird die Duma in ihrer gegenwärtigen Zusammensetzung nicht tun. Ja mehr als das, dreizehn andere Duma-Abgeordnete erklärten ihre Unterstützung für Makaschow und wandten sich in einem offenen Brief an Oberstaatsanwalt und Justizminister. Schuldig sei nicht der General, sondern die »internationalen zionistischen Kreise«, welche danach strebten, Rußland zu vernichten. »Analysieren Sie doch nur die Stimmung im Volk«, fordern sie Oberstaatsanwalt und Justizminister auf, »und Sie werden sehen, daß auf dem Fernsehbildschirm tagaus tagein Journalisten, Satiriker, Schauspieler und Schriftsteller auftreten, die im wesentlichen ein und derselben Nationalität angehören, wie sie unser Land und die russische Kultur dem Spott preisgeben, wie sie die russische Sprache verhunzen und sich über die Tradition und nationalen Besonderheiten des russischen Volkes lustig machen.« (Russkij Westnik, Russischer Bote Nr. 41-42, 1998). Allzu bekannte faschistische Motive, von denen man unschwer auf das Niveau des Rechtsbewußtseins dieser Mitglieder des gesetzgebenden Organs Rußlands, der Duma, schließen kann! Was soll man noch zu denjenigen »Patrioten« sagen, die nicht mit einem Abgeordnetenmandat »belastet« sind? »Bravo, General«, riefen sie aus. »halten Sie durch! Die Feinde sind in Panik. Das erreicht man, wenn man die Dinge beim Namen nennt!« (Ja – russkij, Ich bin Russe, Nr. 17, 1998).

Eine andere Illusion, die sich über die Rassisten und Antisemiten in Rußland heute im Umlauf befindet, ist die Vorstellung, daß sie jenseits der Legalität agierten. Das trifft nicht zu. Alle zitierten

Die im Trüben fischen

Zeitungen wurden vom Pressekomitee der Russischen Föderation registriert, und wenn sie unter der Hand verkauft werden, so eher aus finanziellen als aus politischen Erwägungen. Durch die Registrierung trägt auch der Staat Verantwortung für die veröffentlichten extremistischen Materialien.

Und an solchen Materialien herrscht beileibe kein Mangel. Unter dem Etikett, daß »das Weltjudentum hinter den Kulissen die Fäden« ziehe, wird in diesen Blättern alles und jeder genannt, vom Moskauer Bürgermeister Luschkow bis zu Schirinowski. Wenn es unmöglich ist, jemanden direkt einen Juden oder ein »Halbblut« zu nennen, wird zu Allegorien gegriffen: Der Kommunistenführer Sjuganow ist, nach einer Behauptung der Zeitung *Ja – russkij (Ich bin Russe)* eine Marionette der Rothschilds: »Dabei muß man anmerken, daß das jüdische Bankhaus Rothschild (Rothschild heißt auf Englisch [sic] ›Rotes Schild‹ die internationale Revolutionsbewegung aktiv finanzierte und ihr noch dazu ihr Symbol gegeben hat: die rote Flagge (das rote Schild). Sjuganow bezeigt die Treue der Kommunisten gegenüber dem Banner der Rothschilds.« Mit Hilfe derartiger Allegorien kann man sichtlich was auch immer »beweisen«. Daher irrt, wer meint, man könne die Handlungsunfähigkeit von Präsident Jelzin einfach so mit einer Handbewegung abtun – sie zöge schon keine ernsthaften Folgen nach sich. Der Rechtsnihilismus wächst in der russischen Gesellschaft mit außerordentlicher Geschwindigkeit. Ja, die Institutionen der Macht beginnen aufgrund ihrer eigenen Unfähigkeit, die sozialen Probleme auf gesetzgeberischem Wege zu lösen und ihren Pflichten nachzukommen, diesen Nihilismus zu kultivieren. Gestern verkündete ein fünfzehnjähriger Skinhead vor laufender Fernsehkamera, daß er es für seine patriotische Pflicht halte, alle Dunkel- und Gelbhäutigen und alle Kaukasier aus Moskau hinauszuwerfen und das mit allen Mitteln, Gewalt eingeschlossen. Kaum einige Stunden später, quasi zur Illustration dieser Äußerung, berichteten dunkelhäutige Studenten der Lumumba-Universität für Volksfreundschaft im Radio, daß ganze Banden von Jugendlichen sie in Bussen und vor ihrem Wohnheim, in unmittelbarer Nähe von Ordnungskräften, ungestraft verprügelt hätten. Die Ordnungskräfte hätten in keiner Weise eingegriffen. In Rußland hat sich ein neuer Typus von Reformopfern herausgebildet, der seinen Platz im politischen Spektrum des Landes noch nicht gefunden hat. Noch hat dieser Typus keine Eile, sich mit anderen Opfern der Reformen zu verbünden. Das heißt aber keineswegs, daß die traumatische Erfahrung spurlos an ihm vorübergegangen wäre. Mit der Vernichtung dieses sozialen Typus hat die Macht jede Möglichkeit eingebüßt, auch nur irgendwie überzeugend im Namen der Bürger zu sprechen, wenigstens den Anschein eines allgemeinen Anspruches zu erwecken. In der aktuellen Krisensituation versucht die Regierung, die Amtsgeschäfte mit einer an Breschnew gemahnenden Behäbigkeit zu führen – und zwar deshalb, weil sie einzig und allein die Unterstützung der Politiker selbst genießt. Die Regierung kann sich nicht entschließen, zu handeln und unpopuläre Beschlüsse zu fassen. Noch steigen die Preise aufgrund einer extrem geringen kaufkräftigen Nachfrage etwas langsamer, als der Rubelkurs fällt. Viele Waren werden mit Verlust verkauft, bestenfalls zum Selbstkostenpreis. Das aber bedeutet, daß in Kürze Investitionen und Produktionen versiegen werden.

In dieser Situation ist die Pauperisierung der Vertreter einer zerstörten Mittelklasse extrem gefährlich: sie kann für Extremisten den Weg zur Macht ebnen. Die sozialen Bande sind derzeit so schwach, daß die paranoide Kohärenz der Idee einer weltweiten Verschwörung von Bankiers und Zionisten eine bedeutend größere Zahl von Menschen verführen kann, als dies noch vor einigen Monaten der Fall war.

»Ein russisches Mädchen tötete sich aus Verehrung für einen Neger, einen Bastard und Pädophilen, der bei lebendigem Leibe verfault, weil er sich mehreren Operationen zur Veränderung seiner Hautfarbe unterzogen hat (doch die Natur betrügt man nicht!). Das jüdische Regime in Rußland sät mit Hilfe seines verfluchten ›Fernsehkastens‹ im Bewußtsein der russischen Jugend die Samen des Wahnsinns. Es versucht, Rußland seine Zukunft

Die im Trüben fischen

zu nehmen.« Ich zitiere hier so ausführlich, weil man, würde ich die Textstellen mit eigenen Worten wiedergeben, meinen würde, ich denke mir das aus oder übertreibe. Leider besteht keine Notwendigkeit zu übertreiben... Wir wissen nicht, warum sich die Verehrerin von Michael Jackson das Leben nahm – vielleicht hat ihr Idol damit ja gar nichts zu tun. Doch den »Patrioten« ist auch so alles ganz klar: Der Anlaß ist ein amerikanischer »Pädophiler«, die Ursache das »jüdische Regime«, das einen »Pädophilen« propagandiert.

In einer sozial stabilen Lage greifen die schlichten Strickmuster der extremistischen Konstruktionen nicht. Die Probleme beginnen dann, wenn der Staat seinen Verpflichtungen gegenüber seinen Bürgern katastrophal unzureichend nachkommt, so daß selbst illegales und anarchisches Handeln als sozialer Protest durchgehen können. Wenn der Präsident sich hartnäckig der Erfüllung seiner Amtspflichten entzieht, wenn die Banken ihre Anleger und internationalen Gläubiger betrügen und sich dabei selbst als vom Staat gerupft betrachten, warum sollte man dann nicht auch die Würde anderer Menschen mit Füßen treten dürfen? In den Augen der einen kann auch das als sozialer Protest durchgehen. Wieder andere könnten sagen, daß vor dem Hintergrund atemberaubender Spekulation und Korruption auf allen Stufen der Machthierarchie die Menschenwürde eine solche Kleinigkeit darstelle, daß es nicht lohne, ihretwegen Aufhebens zu machen. Das umso mehr, als es in Rußland ein fast unmögliches Unterfangen ist, in solchen Angelegenheiten vor Gericht Gerechtigkeit zu erfahren – und das nicht nur für einfache Bürger, sondern auch für die »Oligarchen«; sich eine Milliarde unter den Nagel zu reißen erscheint einfacher, als seine Menschwürde zu verteidigen. Der Marquis de Custine wußte nicht, was ein »Okkupationsregime« oder das »internationale Judentum« ist, doch schon vor 160 Jahren schrieb er: »Hier [in Rußland] erscheint jede Auflehnung gerechtfertigt, selbst die gegen die Vernunft (...). Nichts, was zur Bedrückung dient, erscheint achtungswürdig, nicht einmal das, was auf der ganzen Erde heilig heißt. Wo die Ordnung drückend ist, hat jede Unordnung ihre Märtyrer, gilt alles, was Auflehnung heißt, für Aufopferung.« (Adolphe de Custine, Russische Schatten. Prophetische Briefe aus dem Jahre 1839, Nördlingen 1985, 29. Brief, S. 302). Wo aber Unterdrückung auf Unordnung basiert, wächst die Versuchung, jener Unterdrückung völlige Anarchie entgegenzusetzen. Rußland zahlte in den vergangenen Jahren einen enormen Preis für das Raubtierverhalten und die Inkompetenz seiner Eliten, die nur in ihren Lippenbekenntnissen und Parolen patriotisch sind. Die ethnische Abstammung der Betroffenen hat keine Bedeutung. Die Rassisten haben in den letzten Jahren nicht ein einziges neues Argument ersonnen. Alles, was sie predigen, ist seit den »Protokollen der Weisen von Zion« hinlänglich bekannt. Doch ein und dieselben Argumente wirken in unterschiedlichen Situationen auf je andere Weise. In Rußland sind sie zur Zeit besonders gefährlich, weil das rechtsstaatliche »schwarze Loch« immer weiter auseinanderklafft. Nur wer zu faul ist, beleidigt heute den russischen Präsidenten nicht; nur wer zu träge ist, beschuldigt die russische Regierung nicht der Korruption; nur wer zu naiv ist, glaubt, daß er vor Gericht sein Recht einklagen könne. In einer solchen Situation funktioniert der gesunde Menschenverstand nicht. Die gar nicht so ferne Geschichte belegt, daß die Logik der Verzweiflung die Menschen bisweilen zu so überhasteten Handlungen treibt, daß sie selbst nicht begreifen können, wie sie sich zu so etwas haben hinreißen lassen können.

Moskau, 01.-03. November 1998

Warten aufs Christkind

Wie paradox das auch erscheinen mag – es sind gerade die Fehlschläge und Mißerfolge der letzten Jahre, die indirekt darauf schließen lassen, daß es in Rußland eine *negative Demokratie* gibt, einen Zustand, in dem es nicht möglich ist, daß ein Einzelner oder einige wenige allen übrigen ihren Willen aufzwingen. Die Zahl der verschiedenen politischen Kräfte ist so groß, daß sie einander wechselseitig neutralisieren, ohne aber dabei zu einem Konsens oder zu etwas in der Art eines Gesellschaftsvertrages zu gelangen. Die russische Gesellschaft erinnert an einen mit einem Male kraftlosen und ausgezehrten Menschen, der noch nicht gelernt hat, mit seinem neuen Körpergewicht umzugehen und sich nach dem Trägheitsprinzip weiter so aufführt, als sei er ein Hüne. Im geschwächten Körper existieren die Instinkte einer mächtigen Imperialmacht fort, doch sobald diese Instinkte auch nur in leichtester Form in Erscheinung treten, macht der Körper auf seine neuen, nur mehr begrenzten Möglichkeiten aufmerksam. In dieser Situation ist die unentwegte Suche nach Balance und Kompromiß geradezu unausweichlich, ist das Gleichgewicht doch so instabil; und jeder Rückschlag in imperiales Gebaren kommt das Land teuer zu stehen. *De facto* wird das Gleichgewicht dadurch aufrechterhalten, daß keine der beteiligten Seiten in der Lage ist, ihre aggressiven Ziele in die Realität umzusetzen. So suchen Legislative und Exekutive nach einem Ausgleich – doch der Preis für diesen Ausgleich ist die Lähmung jeglicher politischen Willensbildung. Probleme werden auf diese Weise nicht im mindesten gelöst. Ja, sobald sich jemand an die Lösung der Probleme macht, wird das instabile Gleichgewicht gestört. Ein ins Auge stechender Zug dieser negativen Demokratie liegt in der Koexistenz von einstmals streng hierarchisch getrennten sozialen Schichte in einem einheitlichen Raum. Jewgeni Primakow scheint mir geradezu ein Symbol für diese Situation zu sein; Primakow stimmte auf dem Weltwirtschaftsforum in Davos das Katjuscha-Lied an – vor einem Publikum, das zu großen Teilen aus russischen Bankiers, Beamten und Journalisten besteht, die zögernd in dieses Lied ihres Premiers einstimmen. Wenn man sich daran erinnert, wie vor nicht langer Zeit die Mitglieder des Politbüros und die »eisernen Volkskommissare« auf dem Lenin-Mausoleum standen und die Massendemonstrationen an ihnen vorbeidefilierten, dann erscheint der Anblick eines singenden Regierungschefs ein geradezu rührendes, ein offensichtliches Anzeichen für die Liberalisierung Rußlands.

Jeder spricht sich mit jedem ab, alle streben nach Konsens, doch niemand will von seiner Position abrücken, weil er die Gegenseite für schwächer oder ihre Position für weniger legitim hält. Eine Unmenge von Politologen und Journalisten, die noch vor kurzem Jelzin aller möglicher Verfehlungen bezichtigten, erblicken nun in seinen ewigen Krankheiten eine höhere politische Weisheit, einen tieferen Sinn, so als ob diese Krankheiten nichts anderes als diplomatische Finten seien und eigens dafür erfunden wurden, um die Situation nach der Krise zu bewältigen. Ursache und Wirkung vertauschen so die Plätze, und – was das wichtigste ist – viele beginnen zu glauben, daß der Austausch stattgefunden hat. In den letzten Wochen erscheint der Präsident im Fernsehen häuslich angezogen, in Strickjacke und Hemd mit offenem Kragen; durch seine ganze Erscheinung drückt Jelzin den informellen Charakter und die »Virtualität« seines Regierungsstils aus. Das Kontrastbild zu dieser »Häuslichkeit« des Präsidenten bildet die streng offizielle Kleidung des Premiers, der Verwaltungsleiter oder anderer zum Präsidenten anreisenden Beamten. Es wird versucht, dem Fernsehpublikum den Gedanken einzuflößen, das Staatsoberhaupt müsse gar keine heftigen Bewegungen ausführen; alles, so wird suggeriert, laufe von selbst, ganz ohne besondere Anstrengungen von Seiten des Präsidenten. Damit wird natürlich auf den traditionellen russischen Fatalismus spekuliert, doch scheinen die neuen Imageberater des Präsidenten diesen Fatalismus überzubewerten. Bei vielen Zuschauern töten die »beruhigenden« Szenen nur das ohnehin schon schwache Interesse an Politik endgültig ab.

Siechende Demokratie

Die Regierung ihrerseits ahmt den Präsidenten darin nach. Der von der Duma verabschiedete Staatshaushalt für das Jahr 1999 ist so konzipiert, als drängten unzählige Christkinder aus dem Ausland mit Geschenken nach Rußland. Wenn auch nur ein einziges dieser Christkinder sich verspäten sollte, kann man das gesamte Budget dem Reißwolf übergeben. Die von den Regierungsmitgliedern ausgestrahlte Ruhe und ihr »therapeutisches« Verhältnis zur öffentlichen Meinung zeigen höchstens kurzfristig Wirkung – und das umso mehr, als Primakows jüngster Versuch, einen gesellschaftlichen Konsens zu erzielen, indem Teile der Befugnisse des Präsidenten, des Parlamentes und der Regierung für die nächsten anderthalb Jahre eingefroren würden, auf offensichtlichen Unmut beim Präsidenten und bei der Duma stieß. »Nur um der Hoffnungslosen willen«, zitierte Adorno einmal Benjamin, »ist uns die Hoffnung gegeben«. Im Moskau von 1999 wohnen wir einer Blüte der Hoffnungen bei, die, zusammen genommen, nicht etwa eine bunte Weihnachtsbaumkugel bilden, sondern graue Hoffnungslosigkeit. Angesichts allzu vieler Hoffnungen, so könnte man, den Frankfurter Philosophen paraphrasierend, sagen, ist uns Hoffnungslosigkeit gegeben.
Primakow führte die Verfahrensweisen der Diplomatie in die Politik ein und erzielte damit einen gewissen Erfolg – einen Erfolg, der lediglich durch einen Umstand getrübt wird: Die Aufrechterhaltung des erreichten labilen Gleichgewichts zehrt sämtliche Kräfte der Regierung auf. Bald aber wird sich Primakow zwischen den Krediten des Internationalen Währungsfonds, auf die der Staatshaushalt aufbaut und der Unterstützung der kommunistischen Mehrheit in der Staatsduma, die sich jeglichem »Monetarismus« widersetzt, entscheiden müssen – und das allemal im

Vorfeld der anstehenden Wahlen. Dann wird das vom Premier sorgsam errichtete Kartenhaus einer harten Prüfung ausgesetzt sein.

Rußland lebt heute – darin besteht seine Spezifik – gleichsam in zwei Körpern: in einem außerordentlich mächtigen *imaginierten* Körper von imperialen Ausmaßen, der infolge der Exzesse der Sowjetzeit an Stärke zunahm, und einem bis ins Innerste siechen, negativen, aber *realen* Körper der Demokratie, dessen das Land sich bislang noch äußerst mangelhaft bedient. Der imperiale Körper befindet sich in einem Zustand dauerhafter Hysterie; er jammert über das auf ihn hereingebrochene Unglück, verflucht alle Welt und dürstet nach Revanche, ohne überhaupt noch den Verdacht zuzulassen, daß er einzig und allein imaginiert sein könnte. In seiner Halb-Ohnmacht, die Präsidentenadministration und Parlament eifrig nachahmen, hält dieser Körper sich für die einzige Wirklichkeit. In den letzten Monaten waren in Moskau fast ausschließlich die Stimmen der Vertreter des imperialen Körpers zu vernehmen. Was hingegen den demokratischen Körper anbelangt, so ist er nach der Krise vom 17. August vollständig verstummt. Es stellte sich heraus, daß sich hinter den glatten Reden der ihn vertretenden Reformer eine ausschweifende, in seinem Raubtierverhalten keine Grenze kennende Elementargewalt verbarg, die mit einer zivilisierten Marktwirtschaft wenig gemein hatte. Aus der Tatsache, daß in Rußland heute kaum jemand mehr das Wort »Demokraten« ohne Anführungszeichen gebraucht, zogen rechte und linke Extremisten (im russischen Kontext sind diese Benennungen mit großem Vorbehalt zu behandeln) die Schlußfolgerung, daß nun ihre Stunde gekommen sei. Der letzte Aufmarschplatz demokratischer Kräfte, der seinen Einfluß auf die Wählerschaft noch nicht eingebüßt hat, ist der Wahlblock »Jabloko« um Grigori Jawlinski, der sich schon vor langer Zeit von der Jelzin-Mannschaft abgrenzte und das Scheitern des von dieser Mannschaft eingeschlagenen ökonomischen Kurses noch energischer vorhergesagt hatte als die Kommunisten. Die Hauptschwäche der Kommunisten besteht darin, daß ihr Programm eine völlige Autarkie Rußlands von der gesamten übrigen Welt voraussetzt, wie sie selbst zur Stalinzeit nicht erreichbar war; die Folge einer solchen Autarkie wäre der unverzügliche Kollaps.

Bislang existiert die negative Demokratie in Form von Anarchie, die das gesamte Spektrum an Möglichkeiten vom Faschismus bis zum linken, stalinistischen Extremismus und deren vielfältiger Symbiosen zuläßt. Die Mitte dieses Spektrums ist schwach ausgebildet. Jüngst zeigten alle Fernsehkanäle den Aufmarsch der Anhänger der pro-faschistischen Organisation RNE (Russische Nationale Einheit). Danach wurden die Passanten befragt, wie sie zum Faschismus in Rußland stünden. Die Mehrheit war zwar dagegen, führte dafür jedoch stets ein und dasselbe Argument an: Es sei unerträglich, diese Jungs mit Hakenkreuzen in einem Land zu sehen, das vor mehr als 50 Jahren den deutschen Nationalsozialismus besiegt habe – als ob der Kriegsgewinn eine dauerhafte Immunität garantierte, als ob der Stalinismus kein nicht weniger gefährlicher Virus gewesen sei als der Nationalsozialismus! Niemand sagte, daß der Faschismus aus prinzipiellen Gründen unannehmbar ist, daß er der Verfassungsordnung des Staates widerspricht. Darüber hinaus grenzen sich ja die russischen Faschisten selbst von ihren deutschen oder italienischen Prototypen ab. Ein wesentlicher Teil der heutigen russischen Bevölkerung sieht in der Freiheit vom Staat die Voraussetzung für die eigene Freiheit. Das belegt auf Umwegen, daß der Staat nicht etwa den allgemeinen Willen ausdrückt, sondern daß er nicht mehr ist als eine riesige, halbprivate Korporation, die in allen Lebensbereichen ihre eigenen privaten Interessen verfolgt. Ein Staat, der nicht an seine eigene Legitimität glaubt, kann auch seine Bürger nicht von dieser Legitimität überzeugen. In periodischen Abständen bemächtigt sich dieses Staates eine Epidemie der Selbstreinigung, bei der dann (wie es etwa wieder im Februar dieses Jahres passiert ist) einige Beamte und Geschäftsleute aufgrund von Korruptionsvorwürfen in die Untersuchungszelle wandern. Doch jedermann ist davon überzeugt, daß sie ihre hohen Gönner verloren haben und so zum schwachen Glied in der Kette des Systems geworden sind. Daher wird an ihnen etwas in der Art von Schauprozessen veranstaltet. Zweifellos haben sie die Verbrechen begangen, derer sie angeklagt werden... Aber warum wurden gerade sie verhaftet? Schließlich erlauben sich manche noch ganz andere Übergriffe und befinden sich trotzdem auf freiem Fuß.

Die zweite Wirtschaft

Rußland ist in vielerlei Hinsicht immer noch ein Land der Geheimnisse, für einen außenstehenden Beobachter unergründlich. Wie ist es beispielsweise überhaupt möglich zu überleben, wenn man monatelang nicht einmal seinen ohnehin kümmerlichen Lohn ausgezahlt bekommt, der bei allerbescheidensten Ansprüchen auch nur für vier bis fünf Tage reichen würde? Schließlich können die Menschen wohl kaum einzig und allein von dem leben, was sie in ihren Gärten angebaut haben! Es ist klar, daß in der russischen Provinz der Tauschhandel mit Naturalien dominiert, doch es ist auch klar, daß dieser Naturaltausch ohne eine Vielzahl verborgener Geldflüsse, derer sich die meisten der dort lebenden Menschen, ohne es zu versteuern, bedienen, unmöglich ist. Die Löhne bilden einen dieser Geldströme. Dazu kommt der Schwarzmarkt, die »zweite Wirtschaft«, die fast die Hälfte der ersten ausmacht und im Gegensatz zu dieser funktioniert; dazu kommen ausländische Stipendien, von denen ein großer Teil der Intelligenz abhängt; dazu kommen Einkünfte aus illegalem Handel usw. Es ist nicht einfach, die Russen in gute und schlechte zu trennen: Oftmals greifen sehr arme Menschen (es sei ihnen nicht zum Vorwurf gemacht) zum Zweck des Überlebens zu denselben Mitteln wie die Reichen und unterscheiden sich von letzteren einzig durch ihre weit beschränkteren Möglichkeiten.
Paradoxerweise gibt es in Rußland weder Kriminalität noch Korruption. Aber es gibt sie nicht etwa aufgrund von deren Fehlen nicht, sondern aufgrund von deren Übermaß: Kriminalität

und Korruption sind strukturelle Merkmale geworden; sie können nicht als periphere Erscheinungen angesehen werden, die es auszurotten gelte. Es genügt, Zeitung zu lesen, um sich davon zu überzeugen, daß die überwältigende Mehrheit aller Firmen eine doppelte, wenn nicht dreifache Buchhaltung führen, weil sie nicht nur den Staat allein irreführen müssen. Wenn es bei solchen Geschäften auch bestimmte eigenartige Kriterien von Ehrlichkeit gibt, so entstehen sie jenseits der Legalität. Kurz gesagt, illegale Normen gewinnen den Status von legalen. Man trifft nur höchst selten einen unglücklichen Kleinunternehmer, der von Steuern erdrückt wird; die weitaus überwiegende Mehrheit versteht es, sich vor Steuerzahlungen zu drücken. Nur indem man das System von innen heraus beschreibt und versteht, welche ungeschriebenen Normen mit der Bindekraft des Gesetzes es regulieren, kann man versuchen, es zu reformieren. Und erst in einem sehr fortgeschrittenen Stadium der Reformierung des Systems kann man von Korruption, Kriminalität, Lobbyismus und Steuerhinterziehung (und folglich auch von der Nicht-Auszahlung von Löhnen) als von mehr oder weniger marginalen Erscheinungen sprechen.

Vorderhand ist es ausgesprochen schwierig, den Charakter des staatlichen Systems Rußlands zu bestimmen. Der Präsident besitzt enorme Vollmachten, derer er sich allerdings angesichts der Unsicherheit seiner eigenen Lage nicht zu bedienen wagt, um, wie sich eingebürgert hat zu sagen, »das Boot nicht ins Schaukeln zu bringen«. Auf seine Vollmachten zu verzichten, ist er andererseits auch nicht bereit. *De facto* geht ein Teil dieser Vollmachten auf die Führer regionaler Eliten über. Die Duma blockiert eine Reihe von Schlüsselgesetzen (zum Beispiel das Gesetz über die Privatisierung von Grund und Boden oder das über die Zulassung ausländischer Banken). Bereits verabschiedete Gesetze werden infolge der Schwäche des Gerichtssystems mangelhaft umgesetzt. Die Bürokratie ist lediglich dem Schein nach allmächtig; in Wirklichkeit ist sie gerade einmal in der Lage, sich selbst materiell zu versorgen – unter anderem auf Kosten der mit ihr verbundenen Unternehmer. Das aber erreicht die Bürokratie zum Schaden des größten Teils der Bevölkerung, den sie fast nicht kontrolliert. Indem sie sich bereichert, büßt sie die Reste moralischer Autorität ein, verliert sie ihr Gesicht. Auch ein wesentlicher Teil der normalen Bevölkerung bewegt sich in nicht-legalen Sphären, wo der Kampf um die knapper werdenden Ressourcen nach dem 17. August vehement an Schärfe zugenommen hat. Die Löhne fielen im Durchschnitt auf ein Drittel des Niveaus von vor dem 17. August.

Umfragen zeigen immer wieder, daß etwa die Hälfte aller Russen möchte, daß sich ihr Land in Richtung Europa bewegt. Leider sind sie in den letzten Monaten »verstummt«. Sie haben den größten Teil ihrer alten Leitfiguren verloren, so daß man sie die »große schweigende Mehrheit« nennen kann. Westliche Finanzinstitute, insbesondere die Leitung des Internationalen Währungsfonds gestanden vor kurzem ein, daß unter der Vorspiegelung von Reformen Geld in den Kampf gegen die politische Opposition flossen, d.h. daß diese Institute faktisch ein Mittel in der innenpolitischen Auseinandersetzung geworden waren. So ist es wohl auch kein Zufall, daß der Finanzierungsstop mit dem Abgang der Reformer zusammenfiel. Die Demokratie wurde zu sehr mit der Figur Jelzins und seiner Umgebung identifiziert.

Moskau, Anfang 1999

Die Logik des Krieges

Während ich früher die Themen meiner Korrespondenzen selbst bestimmen oder ersinnen konnte, beschlich mich diesmal die unangenehme Empfindung, daß ich keine Wahl hatte, daß sich mir das Thema automatisch von außen aufdrängte. Und hätte ich mich für ein anderes entschieden – es hätte sich nur unnatürlich ausgenommen.
Die Bombardierungen Serbiens sind zum wichtigsten Faktor der russischen Innenpolitik geworden. Unter dem Anschein mythisch-alter Bruderschaft erfährt das jüngste, noch unverheilte Trauma Rußlands seine vollständige Veräußerung. Wie die Serben sind auch die Russen der Kern eines zerfallenden Imperiums, das noch vor kurzem monolithisch schien. Daher wird die Parole »Heute Belgrad, morgen Moskau« immer und immer wieder als Beschwörung wiederholt. Aus demselben Grund wird vom Genozid im Kosovo weniger gesprochen als von den Luftangriffen der NATO auf Serbien und Montenegro.
Natürlich glaubt kaum jemand hier, daß man wirklich eines Tages Moskau bombardieren werde, doch allein die Möglichkeit einer solchen Wendung wird als nationale Erniedrigung erlebt. Auf geradezu paradoxe Weise demonstriert der Angriff der NATO auf Jugoslawien – und eben nicht auf Rußland oder die Türkei – Jugoslawiens Zugehörigkeit zum Kleinen Europa, das man vom Großen unterscheiden kann: dem bislang auf rein rhetorischer Ebene bis zum Ural reichenden Europa.
Im heutigen Russisch gibt es einige für einen Westeuropäer schwer übersetzbare Wörter. So wird jedes beliebige Auto aus ausländischer Produktion »Fremdmarke« genannt – vom neuesten Rolls-Royce bis zum gebrauchten, zwanzig Jahre alten Fiat. »Eurorenovierung« heißt eine Wohnungsrenovierung mit neuer Zimmereinteilung, Einreißen von Wänden, Einbau neuer Sanitäranlagen, Fenster usw. In der ersten Phase ähnelt die »Euro-

renovierung« in der Tat einem Bombardement: Schwaden von Staub, Mauertrümmer, weggeworfene Rohre... Und obgleich der Westen den gegenwärtigen Krieg in Begriffen politischer Chirurgie zu beschreiben sucht – »operativer Eingriff«, »punktgenaue Schläge« –, kann man darin durchaus die schmerzhafteste Phase der »Eurorenovierung« wiedererkennen, auf die vielleicht andere, »prestigeträchtigere« Stadien folgen werden, die Serbien auf immer von Rußland entfernen werden. Wenn dieses Szenario Wirklichkeit wird, hört die aktuelle russische phantasmagorische Identifikation mit Serbien bald der Vergangenheit an.

Schon jetzt ist eines klar: Die ersten Opfer des begonnenen Krieges sind die demokratisch Denkenden, in Serbien wie in Rußland. Jetzt sehen sich sich in der Verlegenheit, den Westen gegen einen von ihm begangenen Fehler verteidigen zu müssen. Und je länger der Krieg andauert, umso schwieriger wird die Lage dieser Demokraten. Je mehr verirrte Raketen in Züge, Flüchtlingstrecks und Botschaften einschlagen und dabei Serben, Albaner und gar Chinesen treffen, umso lauter wird der Refrain der Ultranationalisten ertönen: »Wir haben es ja schon immer gesagt, daß die sogenannten Demokraten um ihrer Freiheitsideale willen vor nichts Halt machen. Heute Serbien, morgen Rußland!« Es sollte allen klar sein, gegen wen sie die in die Irre geleiteten Massen aufhetzen werden. Schon jetzt werden die ethnischen Säuberungen im Kosovo, soweit man weiß, in einer Größenordnung durchgeführt, die man sich noch vor anderthalb Monaten kaum auszumalen vermocht hätte. Das offizielle Rußland hätte sich zweifellos gegen Milošević gewandt, hätte er etwas Derartiges vor Beginn der Bombardierungen unternommen. Politiker vom Schlage Sjuganows und Schirinowskis schlagen aus der neuen Lage Profit, indem sie die unlösbaren innenpolitischen Probleme in pseudo-lösbare äußere verwandeln.

Hoch bedeutsam ist auch das Problem der Methoden, mit denen der Krieg geführt wird. Es ist dies das erste Experiment eines ausschließlich technologischen, elektronischen Krieges in Europa.

Die Logik des Krieges

Die NATO entscheidet selbst, was sie für militärische Objekte hält und aus der Luft zu vernichten ist. Dabei ist, wie sich herausstellt, erstens eine große Zahl von Fehlern unvermeidbar, und zweitens sind selbst dann, wenn getroffen wird, worauf gezielt wurde, Opfer unter der Zivilbevölkerung unvermeidbar. Es ergibt sich die Frage nach dem Wert eines Menschenlebens. Die Tatsache, daß die USA und ihre Verbündeten das Leben ihrer eigenen Bürger so hoch einschätzen, daß sie bestrebt sind, Verluste völlig zu vermeiden, wäre an sich löblich und zeugte von einer humanen Einstellung, wenn da nicht zweierlei Maß in Anschlag gebracht würde, das zu einer verächtlichen Einstellung gegenüber dem Leben von Serben, Albanern, Chinesen und anderer Menschen führt. Je humaner die verkündeten Absichten, umso größer der Widerspruch, in den sie zu den Mitteln zu ihrer Erreichung geraten; und letzten Endes werden *lediglich die Mittel* registriert, die in Gefahr sind, zum eigentlichen Ziel zu werden. Es ist beileibe nicht so, daß auf einem Computer-Monitor die »Guten« die »Bösen« auslöschen, sondern es kommen Menschen um, deren Schuld von niemandem festgestellt wurde. Wir werden Zeugen eines weiteren Fehlschlags der amerikanischen Konzeption eines elektronischen Krieges, in welchem die angreifende Seite im Idealfall keine eigenen Opfer zu beklagen hat und Verluste unter der Zivilbevölkerung des Gegners gleichfalls ausschließt. Krieg ohne »eigene« Opfer (bei aller Verdächtigkeit, die diese Unterteilung für echte Demokraten haben muß) zu führen, ist bisher nur möglich, wenn man schlecht zu kontrollierende Zerstörungen anrichtet und eine Vielzahl ziviler Opfer in Kauf nimmt. Der »reine Krieg« (ein Begriff Virilios) bleibt eine phantastische Konstruktion, die in einem bestimmten Typ von Imaginärem wurzelt: Der Westen ist auf seinem gegenwärtigen technischen Stand dazu nicht in der Lage.

Interpassivität

Bei der Mittelklasse der postindustriellen Länder sind Anzeichen dessen abzulesen, was Slavoj Žižek treffend »Interpassivität« genannt hat: Ohne den eigenen Lebenswandel zu verändern, will man der Gerechtigkeit über große Entfernungen hinweg zum Sieg verhelfen – mittels einer unpersönlichen Gewalt, einer vollkommenen technischen Apparatur. Der Nationalismus wird dabei wie eine exotische Krankheit behandelt, von der man die davon Befallenen heilen muß, und das, wenn nötig, mithilfe chirurgischer Eingriffe. Von einem Zusammenwirken von Arzt und Patient kann nicht die Rede sein; eine solche Angleichung der Chancen beider Seiten käme der höchsten Ungerechtigkeit gleich (einer noch größeren als der, die man beseitigen will) – das Leben des Arztes selbst geriete dabei in Gefahr. D.h. man will die Gerechtigkeit wiederherstellen, ohne zur höchsten Ungerechtigkeit zu greifen, die ein Duell von Patient und Arzt wäre. Das verändert die überkommenen Vorstellungen vom Krieg als blutrünstigem Konflikt zwischen Kriegern und Völkern. Wenn das Übel des extremen Nationalismus entschärft werden soll, noch bevor man mit ihm in Berührung kommt, d.h. in einer noch nicht zur Gänze virtualisierten Welt – und unsere Welt ist eine solche – bedeutet das, daß nicht nur das Leben der Träger dieses Symptoms äußerst niedrig eingeschätzt wird (selbst wenn diese *realiter* keinerlei Verbrechen begangen haben), sondern auch das Leben derer, die zufällig in deren Nähe waren (z.B. chinesische Journalisten und Diplomaten). Der nächste Schritt besteht darin, daß jegliche Verantwortung abgelehnt wird und alles auf einen technischen Fehler abgeschoben wird. Doch der Versuch einer Anästhesie des fremden Todes ruft nur zusätzliche Erregung bei denen hervor (und ihrer gibt es Millionen), die nicht bereit sind, die Konzeption des Krieges als präventiver Chirurgie gefährlicher sozialer Erkrankungen anzunehmen. Während die eine Hälfte der Welt die Augen vor den dunklen Seiten ihres Unbewußten verschließt, beginnt die andere – was ungerecht, aber unvermeidlich ist – *nur* noch diese dunklen Seiten zu sehen. Die nach 1945 entstandene Weltordnung hatte es möglich gemacht, bewaffneten Konflikten aus dem Weg zu gehen, wobei man die Hoheit eines Staates über sein Territorium genauso anerkannte (obgleich wir nur allzugut wissen, was einige dieser Staaten in ihrem Inneren anrichteten) wie die Notwendigkeit eines UNO-Mandats zum Eingreifen im Falle eines zwischenstaatlichen Konflikts. Der Jugoslawien-Krieg hebt diese Weltordnung auf und eröffnet einen gefährlichen Raum für Improvisationen, den die verschiedensten Kräfte besetzen können.

Mit Beginn der Bombardierungen nahm die russische Außenpolitik offen schizoide Züge an: Zur gleichen Zeit werden Verhandlungen über IWF-Kredite geführt und Allianzen gegen den Westen geschlossen, wird von der Umprogrammierung der Zielrichtung von Atomraketen gesprochen und humanitäre Hilfe von Europa und den USA angenommen. Der über viele Monate hin krank darniederliegende Präsident Jelzin lebte wieder auf; heute hat er die Regierung Primakow entlassen. Morgen beginnen in der Staatsduma die Anhörungen über ein Amtsenthebungsverfahren gegen den Präsidenten, ein Verfahren, das jetzt alle Aussicht auf Erfolg hat (besonders was den Anklagepunkt betrifft, daß Jelzin den Tschetschenien-Krieg entfesselt habe). Wenn jedoch die Duma dreimal einen neuen Kandidaten für das Amt des Premierministers ablehnt, kann sie der Verfassung gemäß vom Präsidenten aufgelöst werden. Jeder Arm der russischen Macht hat die Möglichkeit, die andere Seite Matt zu setzen, obgleich dies nach den Regeln des politischen Spiels selbstverständlich ausgeschlossen sein müßte. Damit beginnt ein Spiel ohne Regeln, dessen erste Geisel der russische Generalstaatsanwalt wurde: Einerseits wurde er vom Präsidenten seines Amtes enthoben, andererseits von der zweiten Kammer des Parlaments, dem Föderationsrat, ausdrücklich auf diesem Posten belassen. Infolgedessen hat das Land jetzt zwei Generalstaatsanwälte, von denen keiner legitimiert ist. Dieselbe Entwicklung droht in nächster Zukunft die gesamte Staatsmacht Rußlands zu erfassen und sie handlungsunfähig zu machen.

Unter diesen Umständen ist das Phantom einer russisch-serbischen orthodoxen Bruderschaft besonders gefährlich, weil es fast das einzige ist, was die zerfallende russische Gesellschaft noch zusammenhält. Es ist dabei ohne Bedeutung, daß sich Jugoslawien mehr als ein halbes Jahrhundert jenseits des Eisernen Vorhanges befand und weit enger mit Westeuropa als mit der UdSSR verbunden war. In Extremsituationen schenken die Völker Halluzinationen mehr Vertrauen als historischen Fakten. Am Jugoslawienkrieg versucht Rußland schon jetzt, sein eigenes Tschetschenien-Syndrom und die komplizierten Beziehungen zu anderen islamischen Gebieten (z.B. mit Tartarstan) zu verarbeiten. Daraus resultiert eine Verminderung der innenpolitischen Stabilität Rußlands, entsteht die Gefahr des Auseinanderfallens in Regionalfürstentümer. Die mithilfe von Phantomen überwundene Realität kehrt in Form eines vertieften Traumas wieder, ruft ein weit radikaleres Phantom ins Leben usw. Am Beispiel Jugoslawiens erkennt Rußland in der Form der Zukunft seine jüngste Vergangenheit wieder; Rußland fürchtet sich nicht nur vor dem, was geschehen kann, sondern auch vor dem, was schon geschehen ist.

Vor kurzem las ich in der Moskauer »Nesawissimaja gaseta« einen Artikel von Slavoj Žižek über Jugoslawien. Er begann mit der Geschichte von einem, der anderen Briefbomben sandte. Doch plötzlich kam einer dieser Briefe durch Zufall zu ihm zurück und er öffnete ihn; der Brief explodierte in den Händen seines Herstellers, und er kam ums Leben. Dasselbe war, fährt Žižek fort, mit dem serbischen Präsidenten Milošević geschehen: Vor vielen Jahren hatte er todbringende Briefe an andere versandt, da kommt plötzlich einer davon an den Absender zurück und kann ihm selbst den Tod bringen. Dieser Vergleich ist selbstredend unzulässig, wenn wir nicht Milošević mit dem gesamten serbischen Volk und gar allen sich zufälligerweise auf serbischem Territorium befindenden Menschen gleichsetzen. Die Briefbomben explodieren über den Köpfen einfacher Menschen, deren »Schuld« darin besteht, daß sie das Pech hatten, gerade an dieser Stelle zu sein. Man darf es sich nicht zu leicht machen und die aktuelle Situation mit der Person des serbischen Präsidenten personifizieren und dann auch liquidieren wollen; die Lage ist weit komplizierter: In Jugoslawien kämpft die zivilisierte Welt gegen sich selbst, gegen die Prinzipien, die es verbieten, ein Ziel (ja selbst das hehrste Ziel) mit beliebigen Mitteln erreichen zu wollen. Wenn es amoralisch ist, ein verhängtes Todesurteil zu exekutieren, um wieviel amoralischer ist es dann, ein nicht verhängtes Urteil an einem beliebigen Menschen zu vollstrecken und es im nachhinein zu rechtfertigen? Ist das rechtsstaatlich organisierter Gesellschaften würdig?

Anders als Žižek meine ich nicht, daß man die Serben früher und stärker hätte bombardieren müssen. Ich wüßte nicht ein einziges Problem zu nennen, das mithilfe von Bombardierungen weitgefaßter militärischer Objekte gelöst worden wäre. Demgegenüber war in der Weltpolitik der letzten 50 Jahre vieles hoffnungslos verstrickt. Diese Weltpolitik streift zielstrebig alle moralischen Orientierungsmarken ab, um derentwillen auf der Ebene der offiziellen Rhetorik Krieg geführt wird. Mit neuesten Technologien wird *de facto* das uralte Recht des Stärkeren, sein Recht, über die übrigen zu herrschen, restauriert. Die Tatsache allein, daß Vorstellungen von Humanität zur Motivation von Handlungsweisen werden, macht diese Handlungen an sich noch nicht human.

Pyrrhus-Sieg?

Alle Folgen für die Weltordnung abzuschätzen wird, glaube ich, niemand wagen. Es ist klar, daß sie für alle in den Konflikt miteinbezogenen Seiten wie auch für viele Beobachter, darunter Rußland, weitreichend genug sein werden.

Der Unwillen der NATO, angesichts eines ganz gewöhnlichen Diktators, dessen Regime eine Unzahl von Verbrechen verübt hat, das Gesicht zu verlieren, ist verständlich. Doch darf man die Frage nach dem Preis für den Sieg über das Milošević-Regime nicht als unwesentlich abtun, hat es doch Pyrrhus-Siege nicht nur in der Antike gegeben. Die Opfer des Genozids kann man nicht von der Mehrheit der Opfer der Bombardierungen trennen – es ist ein und dieselbe Zivilbevölkerung. Das Fehlen eines Tötungswillens dient da bloß als schwache Rechtfertigung. Ich hatte immer angenommen, die Politiker wären sich der Arbitrarität der von ihnen verwendeten Sprache bewußt, sie wüßten um die Unmöglichkeit, diese wörtlich zu verstehen. Faktisch ist eine Supermacht ein Land, das über ein hinreichendes Vernichtungspotential verfügt. Dieses Land mag noch so korrumpiert und amoralisch sein und eine Bevölkerungsmehrheit haben, die am Rande der Armut balanciert. Unter Gorbatschow wurde dieses Kriterium unter allgemeinem Beifall, bei vollem Einverständnis Rußlands selbst, abgelöst. Doch die Zeiten ändern sich.

Heute vernimmt man in Rußland immer häufiger Stimmen, die Gorbatschow und Jelzin des Verrates an den nationalen Interessen, des Zerfalls der Armee usw. bezichtigen. Sie erinnern daran, daß Rußland auch in seinem jämmerlichen aktuellen Zustand noch eine Großmacht im engen Wortsinne ist, d.h. ein Land mit einem riesigen atomaren Potential. Es ist gefährlich, es mit diesem einzigen Trumpf allein zu lassen, einem Trumpf, den Jelzin wie seine Gegner gleichermaßen ausspielen. Noch befinden wir uns glücklicherweise nicht an der Schwelle zu einem großen Krieg, aber die Sprache der Politik wird immer einfacher; eine unmittelbare Konfrontation wird nicht mehr ausgeschlossen. Und das ist die bedenklichste Folge der vergangenen anderthalb Monate.

Moskau, Mai 1999

Kremlinlove – Kremlingate

Betrachtet man die gegenwärtige Moskauer Politszene, so stellt man unweigerlich fest: Die Politik, die Präsident Jelzin seit 1991 betreibt, hat sich einmal um die eigene Achse gedreht und gegen sich selbst gekehrt. Man könnte sie eine Politik der Kontraste nennen; außerstande, konkrete Ziele zu formulieren, die über nebulöse Beteuerungen von der Notwendigkeit demokratischer Reformen hinausgehen, brauchen der Präsident und sein Umfeld immer jemanden, der eine Kontrastfolie zu ihnen abgibt und die »Partie des Teufels« spielt. Im Jahr 1993, nach der Beschießung des Parlaments, war dies Wladimir Schirinowski, und im gleichen Zug wurde eine Verfassung verabschiedet, die den Präsidenten mit quasi monarchischen Vollmachten ausstattet; in der Zeit der Wahlen des Jahres 1996 fiel diese Rolle Gennadi Sjuganow und den Kommunisten zu, gegenüber denen Jelzin fast als demokratischer und jedenfalls gemäßigter Politiker erschien. Doch im August 1998 hat sich das Reservoir von Kandidaten für die Rolle des »Teufels« endgültig erschöpft, und jetzt muß Jelzin selbst sie spielen. Politische Karrieren gründen nunmehr darauf, beim Präsidenten in Ungnade zu fallen und – in den einstweiligen Ruhestand versetzt – maximale Stimmzahlen auf sich zu vereinigen. Für die jeweiligen Premierminister wurde es entscheidend, wie zunächst das Beispiel Primakow, dann Stepaschin zeigte, bloß nicht aufzufallen, sondern mehr oder weniger mit dem Strom zu schwimmen und auf die eigene Entlassung zu warten, die sie dann endgültig zu landesweit populären Politikern machte. Dazu, daß Boris Jelzin die »Partie des Teufels« erfolgreich ausfüllt, tragen seine zahlreichen Erkrankungen bei. Jeder Fernsehauftritt Jelzins, der mit ausladenden Gesten versucht, seinen verheerend dahinschmelzenden Wortschatz aufzufüllen, löst bei der Mehrheit der russischen Bevölkerung regelmäßig einen Schock aus und läßt die Sympathiewerte des Präsidenten bei Meinungsumfragen in den Keller stürzen.

Was folgt, ist die massenweise Entpolitisierung der Wählerschaft, vor deren Hintergrund die formalen demokratischen Prozeduren in Gefahr geraten; beharrlich halten sich Gerüchte über eine mögliche Absetzung der Präsidentenwahlen, über eine Verkündung des Ausnahmezustands oder eine Vereinigung mit Weißrußland.

Spulen wir den Film um einige Jahre zurück: Die Jelzin-Mannschaft zwang andere, die »Rolle des Teufels« zu spielen, und schreckte ihre Mitbürger mit der Möglichkeit einer Wiederkehr des Lagersystems und ausländische Politiker mit einer drohenden Verschärfung der internationalen Lage und erpreßte sich so Kreditzusagen, die – wie mittlerweile deutlich geworden ist – teils innenpolitisch zu Kapital gemacht wurden, teils in dunklen Kanälen verschwanden. Jetzt ist nahezu die gesamte westliche Presse voll von Stimmen, die sagen, daß der russische Präsident die Premierminister je nach Interesse seines Familienclans auswechselt. Warum mußte aber dann vor drei Jahren moralischer und materieller Druck ausgeübt und warum mußten Wahlen für demokratisch erklärt werden, bei denen ein Kandidat, Boris Jelzin, über tausendfach größere finanzielle Ressourcen verfügte als alle seine Konkurrenten zusammen genommen, noch dazu Zeitungen, Radio und Fernsehen kontrollierte und einen regelrechten Massenmedien-Terror veranstaltete? Ist es da verwunderlich, daß der Kreml jetzt das Szenario von 1996 wiederholen möchte und im vorhinein alle Informationsmedien und Geldflüsse in einer Hand zusammenführt?

Daß sich die Politiker im Westen eher zu demjenigen ihrer russischen Kollegen hingezogen fühlen, dessen Reden demokratisch klingen und dessen Absichten hehr erscheinen, ist verständlich. Muß diese Sympathie aber so weit gehen, daß der Westen zu einem eingreifenden Akteur auf der postsowjetischen politischen Bühne wird? Und sei es durch Mitwirkung internationaler Finanzorganisationen, welche mit schöner Regelmäßigkeit den rein ökonomischen Charakter ihrer Interventionen unterstreichen? Ich denke, nein. Sonst werden die Jelzins in Rußland noch lange nicht von der politischen Bühne abtreten. Aus einer Atommacht eine »Bananenrepublik« zu machen ist höchst brisant, insbesondere auch deshalb, weil viele der Einwohner dieser »Bananenrepublik« beginnen, die Zugehörigkeit ihres Landes zur internationalen Staatengemeinschaft für das Ergebnis einer schlau eingefädelten Intrige der reichen Länder zu halten und nicht auf den Status ihres eigenen Landes als Lieferant von Rohstoffen auf den Weltmarkt zurückführen.

Ein Investor sollte aus rein wirtschaftlichen Gründen nach Rußland kommen – auch, wenn man dann lange auf ihn warten muß. Dazu müssen Gesetze beschlossen werden, die günstige Bedingungen für Investitionen schaffen, und Abschied genommen werden von überkommenen Großmachtambitionen. Die »Schreckgespenster«, welche die jungen Reformer dem Westen geschickt vorhielten, waren nicht mehr als effektvolle Propagandatricks. Jelzin ist nicht da Jelzin geworden, als er Primakow oder Stepaschin entließ, sondern als seine Politik der Kontraste zu funktionieren begann – als es ihm gelang, die Außenwelt dazu zu bringen, ein ganzes Spektrum russischen politischen Lebens nicht wahrzunehmen und die öffentliche Meinung weltweit davon zu überzeugen, daß er der Beste zwischen Schlechteren ist, das kleinere Übel. Kurz gesagt, als es ihm gelang, den anderen die Alternative »Ich oder Schirinowski« bzw. »Ich oder Sjuganow« aufzuzwingen, da wurde er der Jelzin, der als »Garant von Stabilität« firmiert – einer Stabilität, die zu zerstören er aktiv mitgewirkt hat. Man sollte auf Rußland keine besonderen Kriterien anwenden: Wenn der Präsident dieses Landes in Berlin betrunken ein Blasorchester dirigiert, dann muß man das nicht anders bewerten, als wenn dies Bill Clinton oder Helmut Kohl täten. Schließlich erniedrigt ein solches Benehmen Rußlands Bürger um keinen Deut weniger als ein anderes Volk, selbst wenn das jetzt noch nicht alle in vollem Maße erkennen. Und wenn man gleichsam großmütig über solche Gesten hinwegsieht – »Was will man schon von einem russischen Bären anderes erwarten!« – dann erniedrigt man dieses Volk doppelt. Und das hat es nicht verdient.

Heutzutage sind sich in Rußland viele gar nicht so sicher, ob die Präsidentenwahlen im Jahr 2000 überhaupt stattfinden werden. Kürzlich sah ich eine Fernsehübertragung aus einer Provinzstadt zwei Stunden von Moskau entfernt. Fast alle befragten Einwohner gaben an, überhaupt nicht wählen gehen zu wollen; sie glauben nicht, daß Wahlen etwas an ihrer augenblicklichen Lage ändern werden. Der Refrain lautete folgendermaßen: »Die Abgeordneten kümmern sich um sich selbst, um ihre Familien und ihre Freunde, aber nicht um uns.« Wenn Politik eine minimale wirtschaftliche Selbstständigkeit der Bürger voraussetzt, dann gibt es in Rußland noch keine Politik. Deswegen hört man auf Schritt und Tritt die Ansicht, daß Jelzin sich mit eisernem Griff bis zuletzt an die Macht klammern und sie an niemanden abtreten werde. Seine Mannschaft werde schon noch etwas aushekken, das ihm erlaube, an der Macht zu bleiben. Diese Angst vieler Menschen vor dem Willen eines Einzelnen ist ein Symptom der extremen Schwäche der Zivilgesellschaft, ein Zeichen ihres Zweifels daran, daß diesmal die demokratischen Prozeduren ganz formal funktionieren werden.

Nie in der Geschichte Rußlands, mit Ausnahme einiger Jahre vor der Oktoberrevolution, ist das schiere Eigeninteresse so pathologisch zur Geltung gekommen. Es hat bei der überwiegenden Bevölkerungsmehrheit die fehlende politische Energie ersetzt. Die sozialen Bande reißen vor unser aller Augen. Jeder Auftritt des gewählten Zaren vor seinem Volk variiert implizit ein und dasselbe Motiv: Ich werde bis zum Schluß an der Macht festhalten. Diese Pose spiegelt sichtlich die Stimmung in der Umgebung des Präsidenten wieder, die für sich keine andere Selbsterhaltungschance sieht. In diesem Sinne ist die Ernennung des dritten Premierministers aus dem Geheimdienst in Folge symptomatisch. Der Repressionsapparat wird zum letzten Strohhalm, an den sich die geschwächte »Familie« klammert.

In der russischen Oppositionspresse wird zur Zeit viel über die Familien von Ceausescu, Márquez, Schiwkow und anderer geschrieben, denen all ihr illegal angehäufter Reichtum keinen Schutz vor politischen Verwerfungen bot. Arme Länder mit irgendwie stabilen politischen demokratischen Systemen gibt es leider nicht; es gibt wohl arme Länder, die sich als demokratisch ausgeben und darin mehr oder weniger aufrichtig irren. In Rußland aber ist diese Aufrichtigkeit minimal. Der Großteil der russischen Bevölkerung weiß einfach nicht, was Demokratie ist. Entweder idealisieren die Menschen sie (wie das Anfang der 90er Jahre der Fall war, als man sich davon die praktisch augenblickliche Besserung der eigenen materiellen Lage bei gleichzeitiger Beibehaltung aller »Vorzüge des Sozialismus« erwartete), oder sie dämonisieren sie auf nicht weniger naive Weise (indem sie alles auf eine vermeintliche Geheimverschwörung gegen Rußland schieben). Im postsowjetischen Raum finden Wahlen statt, aber es gibt kein Eigentum an Grund und Boden; die Presse ist im Vergleich zu Sowjetzeiten unabhängig (genauer: sie ist abhängig von einer Vielzahl von Herren und nicht von einer Partei), aber auf allen Machtebenen herrscht horrende Korruption; die Zahl von Privateigentümern ist gestiegen, doch die Mehrheit vegetiert in demütigender Armut dahin.

Vor einigen Tagen hat Boris Jelzin in Bischkek offen verkündet, er werde »gegen die Westler« kämpfen, wobei er natürlich die westlichen Länder meinte. Ich war erstaunt über eine solche Offenheit seinerseits – früher war er vorsichtiger –, als aber einige Tage später im »Corriere della Sera« und anderen Zeitungen Meldungen erschienen, daß Jelzin, seine Familie und nächste Umgebung Geld von einer Schweizer Firma erhalten habe, war die Stoßrichtung dieser kämpferischen Äußerung klar.

Rekapitulieren wir die jüngste Vergangenheit: Der Westen investierte viel Geld in sein, wie sich herausstellte, von den russischen Realien meilenweit entferntes Szenario einer künftigen demokratischen Entwicklung Rußlands und verschloß sieben Jahre lang die Augen vor dem, was dort wirklich vor sich ging. (Bezeichnend ist in diesem Zusammenhang ein Fluch, den Vizepräsident Al Gore auf ein Dossier kritzelte, das seine Geheimdienste ihm über Wiktor Tschernomyrdin, den damaligen Premier Rußlands, vorlegten.) Als es jedoch unmöglich wurde, diese Realität weiter zu ignorieren, hielt man denen, die man noch vor kurzem unterstützt hatte, alle möglichen Sünden vor. Als ob man nicht früher gewußt hätte, daß die Wirtschaft in Rußland untrennbar mit der Politik verflochten ist, daß kein einziges großes Vermögen auf legalem Wege erworben wurde und wirklich Privatvermögen ist (es ist eher der Besitz eines Clans). Korruption und Vetternwirtschaft sind strukturbildende Elemente der Volkswirtschaften dieses Typs und beileibe kein zufälliger Parasitenbefall.

Die Fachleute wissen sehr genau, wie im postsowjetischen Rußland Gesetze umgangen oder schlicht ignoriert werden, wenn es den Starken dieser Welt genehm ist. Man muß sich eher darüber wundern, warum man so viele Jahre brauchte, um dies offen auf den Punkt zu bringen. Nicht vielleicht deshalb, weil man noch vor kurzem die heute mit Korruptionsvorwürfen Konfrontierten für die einzige Stütze der Demokratie im größten Flächenstaat der Erde mit Tausenden Atomsprengköpfen hielt?

Viele Vertreter der postsowjetischen Elite halten ihre gegenwärtige Diskreditierung sicher für eine Art Rache des Westens für die antiwestliche Position, die sie zu Zeiten des Kosovo-Konflikts eingenommen haben. Durch diese Entlarvungen aber werden die Mitglieder dieser Elite förmlich in ihrer antiwestlichen Orientierung bestärkt, was insofern paradox ist, als der Großteil ihres Kapitals auf westlichen Banken liegt oder in westlichen Unternehmen angelegt ist – und sie gedenken es offenbar auch nicht nach Rußland zurückzutransferieren. Die Kompradoren-Bourgeoisie wird so im Grunde gezwungen, gegen ihre früheren Verbündeten aufzubegehren, die sich von ihr losgesagt und plötzlich aufgehört haben zu verstehen, was sie noch vor kurzem glänzend verstanden hatten. Einerseits ist das zu begrüßen, weil einige Politiker – eben jene »jungen Reformer« Nemzow, Kirijenko, Tschubais und andere – erstmals auf eigenes Risiko, ohne die sichere Unterstützung durch den Westen, handeln und zeigen müssen, ob sie zu transparenter Politik fähig sind. Andererseits wäre es besser, wenn dies einige Jahre früher geschehen wäre und sie die Idee der Demokratie in den Augen eines wesentlichen Teils der russischen Bevölkerung gar nicht erst kompromittiert hätten.

Die anstehende Aufgabe kann man mit der Quadratur des Kreises vergleichen: Es gilt, eine Führungspersönlichkeit zu finden (möglichst mehrere), die mit den Oligarchien nicht verbunden und kein prinzipienloser Lobbyist wäre, keine widerrechtlichen Finanzoperationen und Geschäfte getätigt hätte ... und dabei zumindest verbal ein Verfechter der westlichen Demokratie wäre. So jemand ist extrem schwierig zu finden. Die offiziellen Vertreter prowestlicher Werte in Rußland haben in ihrer ganz überwiegenden Mehrheit bei krimineller Bereicherung die Finger im Spiel gehabt (wenigstens, indem sie der Bereicherung anderer Vorschub leisteten); während die weniger korrumpierte linke Opposition und Politiker vom Schlage General Lebeds westliche Werte ablehnen.

In diesen Tagen grassiert in Moskau eine Epidemie von Vereinigungen. Das negative Charisma, das Präsident Jelzin zuletzt besitzt, ist in Rußland zur politischen Haupthandelsware geworden, seine Opfer zu begehrten Partnern. Ein entlassener Premierminister wird in der Regel von mehreren Parteien umworben, und er, dessen einziges »Verdienst« in der Mißgunst des Präsidenten besteht, die seine Entlassung nach sich zog, schwankt wählerisch zwischen den Avancen verschiedener politischer Partner. Sowohl Primakow als auch Stepaschin haben schließlich die richtige Entscheidung getroffen, wenn man in Rechnung stellt, daß Politik in Rußland nicht bedeutet, bestimmte Ideen zu vertreten, sondern den zum jeweiligen Zeitpunkt herrschenden Kräften zu dienen. Beide Expremiers haben sich politische Kräfte ausgesucht – die »Jabloko«-Partei und den Block »Vaterland – ganz Rußland« –, die bei den Duma-Wahlen sicher die Fünf-Prozent-Hürde überspringen werden. Das ist schade um die »Jabloko«-Partei, die eine echte politische Partei war, d.h. mit Ideen und nicht jedem beliebigen Mittel um die Stimmen der Wähler kämpfte; die Aufnahme des »Aushängeschilds« Stepaschin bringt diese Partei in die Nähe von Blöcken wie »Vaterland«, die eilig zu Wahlen zusammengeschustert werden mit dem Ziel, Stimmen zu »ergattern«, und deren Programme in der Regel ziemlich vage sind. Ideenpolitik ist offenbar ein Luxus, den sich im heutigen Rußland noch niemand erlauben kann. Schade!

Die veränderte Lage eines beträchtlichen Teils der hiesigen Elite verheißt den Russen ebenfalls nichts Gutes. Wenn ihnen der Weg, sich in den Westen abzusetzen – eine Variante, auf die viele von ihnen fest gesetzt haben –, abgeschnitten wird, dann wird Rußland in den kommenden Jahren *de facto* zu ihrem einzigen Rückzugsraum; dort werden sie um ihr Überleben kämpfen. Die mit Korruptionsvorwürfen Konfrontierten werfen dem Westen Heuchelei vor, habe dieser doch über die Art ihrer Tätigkeit schon weit früher Bescheid gewußt, als jetzt begonnen wurde, offen darüber zu sprechen. Und nicht nur Bescheid gewußt, sondern auch mit Geld beim Kampf gegen die politischen Gegner nachgeholfen. Diese verspäteten Verdächtigungen aber ändern wenig, und die russische geldgierige Elite, die sich in den letzten zehn Jahren etabliert hat, wird den »Plebejern« erneut beweisen müssen, daß sie das Recht auf den Platz an der Sonne habe. So muß man sich nicht wundern, wenn das Geld, das vor drei Jahren von Geschäftsleuten großzügig für Jelzins Wahlkampf gespendet wurde, jetzt in den Händen von tschetschenischen Feldkommandeuren und anderen Freischärlern ist, die Gewehr bei Fuß stehen, um die Interessen ihrer Auftraggeber zu verteidigen.

Moskau, August 1999

Tschetschenien-Syndrom

Was die Informationslage betrifft, unterscheidet sich der zweite Tschetschenienkrieg wesentlich vom ersten: In den Jahren 1994 bis 1996 flossen die Informationsströme über unterschiedliche Kanäle, staatliche russische wie auch ausländische, und obschon die übertragenen Bilder verschiedenartig interpretiert wurden, so wurde doch das Gezeigte nicht von einer Zentralstelle aus dosiert oder zensiert. Der jetzige Krieg hingegen wurde für die russischen Bürger praktisch unsichtbar, weil das Informationsmonopol über den Krieg bei der russischen Armee selbst liegt. Während noch im letzten Krieg Soldaten und Unteroffiziere vor laufender Kamera von der Sinnlosigkeit des Krieges sprachen, erklären sie jetzt ihre Anwesenheit in Tschetschenien mit der Notwendigkeit, die Integrität des russischen Staatsgebiets zu wahren. Auch fällt die massenhafte Präsenz von Generälen auf den Fernsehbildschirmen auf, die versichern, daß »punktgenau« und ausschließlich Stützpunkte und Widerstandszentren der tschetschenischen Kämpfer getroffen würden und die Zivilbevölkerung verschont würde.

So findet praktisch ein Rückfall in die Informationslage zu Sowjetzeiten statt, als nicht wichtig war, was wirklich vor sich geht und beobachtet werden kann; entscheidend war nur das richtige, orthodoxe Sprechen, mit dem erklärt wurde, was nicht zu sehen war. Deshalb schockierten mich jene Bilder von der Beschießung Grosnys, die ich vor kurzem in Deutschland zu sehen bekam: rauchende Ruinen, getötete und verstümmelte Menschen und die verstörten Gesichter derer, die durch einen Zufall den vorausgegangenen Raketenangriff heil überstanden hatten. Die Bürger von Moskau, von den Bewohnern der russischen Provinz ganz zu schweigen, bekommen einen *solchen* Krieg nicht zu sehen. Der Wunsch, die Augen vor dem zu verschließen, was im Kaukasus passiert, war in der russischen Gesellschaft in den letzten zehn

Jahren niemals so stark wie heute. Vor dem Hintergrund einer Millionen erfassenden Apathie verwischt sich die Grenze zwischen den »Tschetschenen« und den »islamistischen Kämpfern«. Da der Durchschnittsrusse ohnehin nicht imstande ist, zwischen einem Tschetschenen und einem Bewohner Dagestans oder selbst Georgiens zu unterscheiden, wird auch die Differenzierung zwischen »Terrorist« und »Person kaukasischer Herkunft« aufgehoben. Und obgleich in keiner Weise erwiesen ist, daß die Terroranschläge in Moskau gerade von Tschetschenen verübt wurden, wirkt die von vielen schweigend geteilte Vorverurteilung weit stärker, als es jedes Gerichtsurteil könnte. Hier kommt vor allem ein Kompensationsmechanismus zum Tragen: Die Verschlechterung der eigenen ökonomischen und sozialen Lage führt Millionen von Menschen dazu, nach gewohnter Großmacht-Tradition eine Personifizierung in einem Feindbild zu suchen; die Zerstörung dieses Feindes würde dann angeblich auch die komplexe Summe von Gründen beseitigen, die zu Verarmung, Massenarbeitslosigkeit usw. führten. Andererseits aber spüren diese Menschen in der Plattheit des vom Jelzin-Regime vorgeschlagenen Lösungsrezeptes so etwas wie eine Falle, denn vergleichbare Lösungen haben sich in der Vergangenheit schon des öfteren in Katastrophen verwandelt. Die Menschen wollen nichts über den zweiten Tschetschenienkrieg erfahren – und zwar genau aufgrund der Instabilität und der Unzuverlässigkeit dieses Kompensationsmechanismus. Sie ahnen, daß bereits in einer kleinen Dosis Wahrheit über den Krieg genug Sprengkraft enthalten sein würde, um diesen Mechanismus zu zerstören. Es wäre dennoch naiv zu meinen, die imperiale Attitüde sei den Bürgern Rußlands von außen aufgezwungen worden... Nein, sie ist durchaus ganz ihre eigene Einstellung. Das Land erlebt heute eine Phase überstürzter Identifikation mit der Großmachtvergangenheit, einer so intensiven Identifikation, daß die davon erfaßten Menschen aufhören, nach dem Preis zu fragen, den sie für die Aufrechterhaltung dieser Vergangenheit zu zahlen haben. In der russischen Presse wird des öfteren erwähnt, daß die heutigen

Methoden der Kriegsführung stark von der NATO-Aktion im Kosovo beeinflußt seien: Die russische Armee versucht gleichermaßen, durch massiven Einsatz von Artillerie und Angriffen aus der Luft ihre eigenen Verluste gering zu halten. Man kann so direkte Zusammenstöße mit den tschetschenischen Einheiten vermeiden und die eigenen Soldaten schonen, indem man die Hauptverluste in die tschetschenische Zivilbevölkerung verlagert. Letzteres ist aber nur unter den Bedingungen einer totalen Informationskontrolle möglich, die es der Armee erlaubt, andauernd das Wünschenswerte als das Wirkliche auszugeben. Indem sie die Unterscheidung zwischen »Tschetschenen« und »Kämpfern« aufhebt, nimmt sie jedes beliebige Objekt unter Beschuß und erklärt es *post factum* zum Zentrum des terroristischen Widerstandes.

Mediale Schizophrenie

Die kardinale Differenz zwischen dem Tschetschenien- und dem Kosovo-Krieg besteht darin, daß jeder einzelne Angriffsschlag der NATO einer mehrfachen Kontrolle durch unabhängige Beobachtern unterlag, während es im gegenwärtigen Krieg auf dem Markt der Informationen keine solchen Beobachter gibt. Daraus ergeben sich die Konturen eines totalen Krieges, der um jeden Preis (mit Ausnahme der Anwendung von Atomwaffen) zum Sieg führen soll. Umso weniger nachvollziehbar ist das Argument, daß der Krieg von Rußland schließlich auf seinem eigenen Staatsgebiet geführt werde. Während man die Tschetschenen rhetorisch zu Bürgern Rußlands erklärt, springt man mit ihnen andererseits wie mit äußeren Erzfeinden um. Die Ähnlichkeit zwischen Tschetschenien und dem Kosovo ist, anders gesagt, rein äußerlich, da im letzteren Fall der russischen Öffentlichkeit jegliche kontrollierbare Information über die Handlungen der vorrückenden Armee fehlt. Auf dieselbe Weise wird ihr ein Vertrauensvorschuß gewährt, der jedoch von einer einzigen Bedingung eingeschränkt wird: In diesem Krieg darf es keine massiven Verluste für die russische Armee geben. Wenn sie sich für Aktionen entscheiden sollte, die mit großen eigenen Verlusten verbunden sein werden wie etwa ein Sturm auf Grosny, wird der Vertrauenskredit augenblicklich aufgezehrt sein. Dann wird man ihr sowohl wieder die Mißerfolge im ersten Tschetschenienkrieg vorhalten als auch jenes Informationsmonopol, durch das unweigerlich überzogene Erwartungen genährt werden. Die Folge könnte sein, daß eine Vielzahl von Regionen der Russischen Föderation sich weigern, weiter ihre Soldaten in die Föderationsarmee zu entsenden (Tatarstan, das stets führend ist, wenn es darum geht, dem Zentrum Verfassungsrechte abzuringen, hat bereits aufgehört, seine Rekruten in die Armee zu schicken).

In jedem Fall ist es eine unvermeidliche Folge des Informationsmonopols, daß es seine Inhaber demoralisiert, die anfangen, in jedem Blick von außen eine Bedrohung für ihre Handlungen zu erblicken.

Nichts ist mir ferner als eine Idealisierung des politischen Systems, das im Grunde in organisierter Gesetzlosigkeit und Willkür besteht und dessen Praktiken von Geiselnahme zu Angriffen auf benachbarte Gebiete und zum Diebstahl von Ölprodukten reichen. Dieses System hat selbst alles dazu beigetragen, um jenes Mitgefühl zu zerstören, das die Außenwelt gegenüber einem kleinen Volk empfindet, das gegen einen übermächtigen Gegner kämpft. Die Hinrichtungen von Geiseln, darunter auch ausländischen, hat eine Identifikation mit dem *de facto* unabhängigen Tschetschenien unmöglich gemacht. Die Journalisten bekamen schlicht Angst, dorthin zu reisen. Doch man darf es nicht zulassen, daß das ganze tschetschenische Volk für die offensichtlichen Unzulänglichkeiten des politischen Systems Tschetscheniens büßen muß.

Im Verlaufe der letzten Monate wurde deutlich, daß wir dabei sind, die einzige echte Errungenschaft der Jelzin-Periode einzubüßen – die Freiheit der Massenmedien (und wenn es auch nur eine relative gewesen ist, wie der Präsidentschaftswahlkampf von 1996 gezeigt hat). Die Zeitungen werden immer weniger infor-

Tschetschenien-Syndrom

mativ, und die Fernsehkanäle geraten in direkte Abhängigkeit von den politischen Zielen ihrer Besitzer. Jeweils am Sonntagabend vermitteln die beiden führenden TV-Stationen, Boris Beresowskis ORT und Wladimir Gusinskis NTW, zur gleichen Zeit diametral entgegengesetzte Versionen derselben Ereignisse, was bei ihrem Millionenpublikum eine schizophrene Spaltung erzeugt. Auf dem einen Kanal werden die der Korruption geziehen, die auf dem anderen über den grünen Klee gelobt werden, und umgekehrt. Am Vorabend der Parlamentswahlen zeigt die postsowjetische politische Elite sich vollständig unfähig zum Kompromiß. Sie befindet sich auf einem Weg, der letzten Endes zu ihrer Selbstvernichtung führt. Einig sind die streitenden Seiten bislang lediglich in bezug auf den Tschetschenienkrieg und die Informationssperre, an der sie gleichermaßen eifrig Anteil nehmen. Im heutigen Rußland herrscht ein so akuter Mangel an sozialem Zusammenhalt, daß es sich krampfhaft an dieses Phantom klammert. Je entschiedener sie Tschetschenien zu einem Teil Rußlands erklären, umso gnadenloser springen sie mit der Kaukasusrepublik wie mit einem äußeren Feind um. Stimmen aus Tschetschenien selbst sind fast nicht zu hören, etwa die Verlautbarungen des Präsidenten Maschadow darüber, daß die Tschetschenen nicht an den Explosionen in Moskau beteiligt gewesen seien oder daß die Telephongespräche und anderen Ausgaben der radikalsten tschetschenischen Anführer – beispielsweise Salman Radujews – noch bis vor kurzer Zeit vom schon erwähnten Moskauer Magnaten Boris Beresowski bezahlt wurden. Noch vor wenigen Jahren hätten derartige Aussagen zu journalistischen Nachforschungen führen können, doch jetzt ist das Medienimperium von Beresowski so riesig, daß es imstande ist, jegliche Vorwürfe gegen seinen Chef zum Verstummen zu bringen.

Wahlziele, Kriegspläne

Der Zusammenhang dieses Krieges mit den Wahlen in Rußland liegt offen zutage – insbesondere mit den Plänen des Kreml, seinen Kandidaten für das Präsidentenamt durchzusetzen, koste es, was es wolle; im Augenblick ist dies der amtierende Premierminister Wladimir Putin. Die Niederwerfung des aufmüpfigen Tschetschenien ist der Hauptteil seiner Wahlkampfkampagne; damit sammelt er politisch Punkte. Es gibt keinen anderen Weg, das Ziel der Präsidentschaft zu erreichen, weil das gegenwärtige Regime unfähig ist, die inneren Probleme Rußlands zu lösen. Aus früheren Erfahrungen wissen wir jedoch, wie derartige »kurze siegreiche Feldzüge« enden. Das Streben, nicht zu merken, was vor sich geht, diese Kapitulation vor der Strategie des Kremls wird für Millionen von Russen nicht ohne Auswirkungen bleiben. Hier wird faktisch auf einem Teilgebiet der Russischen Föderation der Ausnahmezustand geprobt; und zu einem Ausnahmezustand gehört die zeitweise Aufhebung der Menschenrechte. Obwohl man uns auf monotone Weise immer wieder versichert, daß man in keinem Gebiet der Russischen Föderation den Ausnahmezustand ausrufen werde, herrscht dieser Ausnahmezustand in der Praxis bereits in Ansätzen. Er äußert sich im Informationsmonopol in Sachen Kriegsgeschehen, in der fortschreitenden Privatisierung der Massenmedien durch zwei verfeindete Clans: den Kreml-Clan (Jelzin, Putin, Beresowski) und den Moskau-Clan (Luschkow, Primakow, Gusinski). Als der Westen begann, die Finanzmachinationen der postsowjetischen Elite aufzudecken, war dieser der Rückzugsweg abgeschnitten und blieb keine andere Wahl, als um jeden Preis die eigene Position in Rußland zu legitimieren. Im Falle eines »Sieges« im Tschetschenienkrieg, d.h. im Falle, daß bis zum Sommer des nächsten Jahres, wenn die Präsidentenwahlen stattfinden werden, der *Eindruck* eines Erfolgs erzeugt wird, werden die aktuellen Bewohner des Kreml in Person ihres neuen Vertreters eine Chance haben, an der Macht zu bleiben. Im Fall einer Niederlage oder bedeutender

Verluste jedoch wachsen die Chancen des Primakow-Luschkow-Blocks, der nicht gegen den Krieg Front macht, aber auch nicht für ihn verantwortlich ist. In beiden Fällen kann der Durchschnittsrusse nichts gewinnen, denn die Wirtschaftsprogramme der beiden konkurrierenden Mannschaften sind gleichermaßen nebulös und viele der Versprechungen uneinlösbar. Die Politik-Allergie, die in den acht Jahren von Jelzins Herrschaft entstand, ist der Haupttrumpf des herrschenden Regimes im politischen Überlebenskampf. Der russische Bürger muß schon völlig desorientiert werden, um im nächsten Sommer für den Nachfolger des von fast allen ungeliebten »gewählten Zaren« zu stimmen. Der Wahlkampf des Jahres 2000 wird, so wird schon jetzt versichert, ziemlich schmutzig, da in Rußland die Demokratie immer seltener als nachahmenswertes Beispiel erklärt wird.

Moskau, 10. November 1999

Am Nabel der Welt

»Die Provinz«, so ist in Moskau oft zu hören, – »das ist eine andere Welt«. Dem ist schwer zuzustimmen. Ja, es stimmt, die Provinz ist ärmer, ihre Bewohner sind weniger gut informiert, es gibt dort weniger Theater und Restaurants, doch das ist nicht das Wichtigste: In der Provinz ist ganz einfach deutlicher sichtbar, daß das sowjetische Kapitel der russischen Geschichte noch nicht abgeschlossen ist.
Vor kurzem war ich auf Vortragsreise in Perm und Solikamsk am Ural. Mich frappierte, in welchem Maße meine dortigen Gesprächspartner von der vorrevolutionären Vergangenheit dieser Orte und deren Niederschlag in der russischen Literatur besessen waren. Gleich in der ersten Stunde meines Aufenthalts in Perm zeigte man mir das Haus, in dem Doktor Schiwago, der Held des gleichnamigen Romans von Boris Pasternak, eine der Heldinnen dieses Romans, Lara, getroffen haben soll. Ich war im *Diaghilew-Museum*, das Teil eines Gymnasiums mit erweitertem Literatur-Unterricht ist und seinen Namen trägt. Im Roman *Doktor Schiwago* wird Perm Jurjatin genannt; so hieß auch die Gesellschaft, in der ich einige Vorträge hielt. Die Räumlichkeiten dieser Gesellschaft befinden sich in der Permer Stadtbibliothek, die wiederum den Namen des ehemaligen Besitzers dieses Gebäudes, des Kaufmanns und Kunstmäzens Smyschliajew trägt. Und in der Gemäldegalerie der Stadt werden Arbeiten von Künstlern, die auf irgendeine Weise mit Perm in Verbindung stehen, gesondert hervorgehoben – selbst wenn diese die meiste Zeit in Petersburg oder Paris lebten und in Perm nur eine Spirituosenfabrik besaßen.

Pathos der Vergangenheit

Während die alten Zeiten von einer Aura des Heiligen umgeben sind, ist das Verhältnis zur Gegenwart ein völlig anderes: So erfuhr ich von einem Taxifahrer und von Studenten, daß der aktuelle Bürgermeister der Stadt mit kriminellen Strukturen in Verbindung stehe und ein ehemaliger Komsomol-Funktionär, Sportler und Inhaber einer Kette von Lebensmittelgeschäften sei. Dabei tat der Taxifahrer kund, daß dieser Bürgermeister mehr für die Stadt getan habe als alle Abgeordneten des Stadtrates zusammengenommen.

Auffällig ist dabei die Kluft, die sich zwischen der Gegenwartswelt, in der die Menschen leben, und der Vergangenheitswelt auftut, die sie mit Nachdruck idealisieren. Zwischen beiden fehlt sichtlich jegliches Verbindungsglied: Die von der vorrevolutionären Vergangenheit träumen, sind gerade diejenigen Sowjetmenschen, die weiter nach den Gesetzen des alten Systems leben, das sie im Namen der großen weiten Welt (die sie lediglich vom Hörensagen kennen) abzulehnen vorgeben. Die Beziehung zur eigenen Vergangenheit nimmt deswegen eine derart pathetische Form an, weil diese über das Trauma der Gegenwart hinwegtäuscht. In Kulturen, in denen das Band zur Vergangenheit nicht so brutal abgerissen und auch nicht über so lange Zeit hinweg blieb wie in Rußland, in Ländern, wo die Vergangenheit stets in der Gegenwart präsent ist, besteht kein Bedarf, die Überbleibsel des Vergangenen mit einer solchen Ehrerbietung zu umgeben.

Die Reise von Perm nach Solikamsk dauert mehr als drei Stunden. Dort sollten meine Frau und ich in einen Salzstollen einfahren, vor Studierenden der dortigen Pädagogischen Hochschule auftreten und ein Museum besuchen. Der Direktor des Salzstollens empfing uns in einem geräumigen Arbeitszimmer an einem langen Tisch. Unsere besondere Aufmerksamkeit erregten eine Vitrine mit Mustern der zutage geförderten Gesteine sowie ein riesiger Monitor mit einem vollständig flachen Bildschirm. Das Bergwerk exportiert recht erfolgreich Kalidünger nach Indien,

China und Brasilien, bietet eine große Zahl von Arbeitsplätzen und bezahlt einen Großteil der Steuern, durch welche die lokale Infrastruktur aufrechterhalten wird. Das Stadtbudget hängt von dieser Zeche und noch zwei oder drei anderen Bergwerken ab. Diese spucken solche Gesteinsmengen an die Oberfläche, daß die gesamte Landschaft aus Abraumhalden besteht. Wir fuhren bis auf eine Tiefe von 400 Metern in den Schacht hinab, nachdem man uns vorsichtshalber Bergmannskleidung übergezogen, Schutzhelme aufgesetzt und mit speziellen Untertagelampen und Sauerstoffflaschen ausgerüstet hatte. Salzbergwerke sind ausnehmend schön; schon bei geringer Beleuchtung funkeln blaue, weiße, hellrote und gelbe Salzkristalle. Später besichtigten wir das Museum des Volksmalers Oleinikow, der alle seine Bilder aus kleinen Mosaiksteinen aus Glas zusammensetzt. All diese Bilder und Objekte stehen mit lokalen und globalen Ereignissen in Verbindung. Beispielsweise nahm eine große rote Blume mit einem grünen Stengel, eingerahmt von einer komplizierten Anordnung von Spiegeln und von unten beleuchtet, den Ehrenplatz in der Mitte eines der Ausstellungsräume ein. Diese Blume war durch die Weltrose von Daniil Andrejew, dem Sohn eines berühmten russischen Schriftstellers und GULag-Häftlings, inspiriert. Während der gesamten Besuchszeit erzählte uns der Abgeordnete die Geschichte von Solikamsk: Während der Stalinzeit war die heutige Stadt Teil eines GULags. Bis heute gibt es ein Gefängnis für Menschen, die von der Todesstrafe zu lebenslangem Verwahrsam begnadigt wurden; dieses Gefängnis trägt den poetischen Namen Weißer Schwan. Das Leitmotiv seiner Erzählungen war aber, daß Solikamsk das Zentrum der Welt sei, daß genau von hier aus nach dem Einschlag eines Meteoriten vor Millionen Jahren das Leben auf der Welt seinen Ausgang genommen habe. Während die Millionenstadt Perm auf ihren Platz in der Geschichte der russischen Kultur stolz ist, beansprucht das zehn mal kleinere Solikamsk für sich, der Nabel der Welt zu sein. Historische Ereignisse hat es in dieser Region wenige gegeben. Es ist ein Ort, wohin die Menschen nicht freiwillig kamen, wohin sie verbannt und unter Bewachung transportiert wurden. In der Siedlung Tscherdyn unweit von Solikamsk machte Ossip Mandelstam einen Selbstmordversuch. Und der Maler, der über universelle Themen arbeitet, war, wie sich herausstellte, ebenfalls einmal GULag-Häftling gewesen.

Zu meinem Vortrag kamen mehr Zuhörer, hauptsächlich Studierende, als dies in Moskau an der Tagesordnung ist. Ich hielt ihn unter völligem Schweigen der Zuhörerschaft. Schließlich wurde eine einzige Frage gestellt. Dagegen war die Reaktion auf die Gedichte, die meine Frau Anna Alchuk vortrug, begeistert: Der Saal hallte nach jedem einzelnen Gedicht von Beifall wieder.

Lyrik der Provinz

Nach Ende des Vortragsabends lud man uns ins Arbeitszimmer des Rektors, wo nahezu alle Teilnehmer des Festbanketts ihre eigenen Gedichte vortrugen. Bei unprätentiöser formaler Seite überwog in diesen Gedichten ein naiv-erleuchtetes Verhältnis zum Leben; es waren in der Mehrzahl Gedichte über die Liebe. Überhaupt scheint in der Luft des Provinzlebens ein lyrisches Moment zu liegen, wie das für die Sowjetzeit typisch war. Ungeachtet des Exports von Kalidünger und den Vorkommen von Erdöl, Diamanten und anderen Bodenschätzen leben die Menschen hier unter ärmlichen Bedingungen, wobei sie allerdings weniger aggressiv sind als die Moskauer.

Obgleich häufig die Treue zu den sogenannten ewigen Werten beschworen wird, lastet auf den Menschen, die in der Provinz leben, die jüngste sowjetische Vergangenheit. In Perm klärte man uns darüber auf, daß eine österreichische Firma Inhaberin der Schachtanlagen in Solikamsk sei. Eine Überschwemmung in China, eine Dürre in Brasilien oder ein Aktiensturz an den europäischen Börsen können hier Tausende Menschen den Arbeitsplatz kosten. Die Abhängigkeit von der äußeren Umwelt ist, kurz gesagt, groß, doch vorderhand fehlt es an einer Sprache für diese

Abhängigkeit. An deren Stelle steht das Epos vom Heimatland. In Solikamsk verehrte man uns einen Band mit Gedichten der lokalen Dichter, in Perm eine unter der Schirmherrschaft des Bürgermeisters der Stadt herausgegebene Broschüre mit dem Titel *Europa beginnt in Perm*. Jede Seite dieses Faltblatts war einer Zeile aus dem Gedicht eines hiesigen Dichters gewidmet, das auf der ersten Seite figurierte. Obwohl vieles in Perm Investoren aus Moskau oder dem Ausland gehört, wird die Einsicht in diesen Umstand wohl noch etwas brauchen. Es war gerade die Schlußphase des Wahlkampfes, und ganz Perm war mit Werbeplakaten zugehängt. Im Lokalfernsehen schimpfte man auf einen Ölmagnaten, der sich als Kandidat für die *Duma* hatte aufstellen lassen; man bezichtigte ihn, daß er Öl nach Tschetschenien liefere und so die nationalen Interessen Rußlands verrate. Umfragen ergaben, daß die Mehrheit der Bewohner der Stadt den Krieg unterstützte; verschwiegen wurde hingegen, wie wenig sie darüber wußten. Die Kehrseite des provinziellen Lyrismus ist die apolitische Einstellung der Menschen, d. h. ihre Gewohnheit, jedwede Handlung der Regierungsorgane zu billigen, gerade so, als ob deren Folgen jemand anders zu spüren bekäme. Die letzten zehn Jahre haben, so will es scheinen, alles dazu getan, um sie vom Gegenteil zu überzeugen, doch das ist nicht gelungen – zu alt ist in Rußland die Tradition, sich ohne zu murren den Erfüllungsgehilfen des Staates unterzuordnen, zu ungewohnt ist es bislang zu denken, daß die Staatsbeamten gegenüber den einfachen Bürgern gesetzliche Pflichten haben könnten.

Gegenüber den Gesetzen hat man in Perm ein nachlässigeres Verhältnis als in Moskau. Ein Beispiel: Im zentralen Fernsehen wird *Die Baracke* gezeigt, einer der besten Filme des Jahres 1999, während am unteren Bildschirmrand – die Dauer des gesamten Films hindurch – ununterbrochen ein Reklamestreifen lief, der lokale kommerzielle Werbung zeigt: Mäntel, Pelze, Hühner, Kaugummi etc. Irgend jemand verkauft da im Lokalfernsehen die Produktion des landesweiten Fernsehkanals und des nichtsahnenden Regisseurs, dessen Film dadurch nicht mehr rezipierbar ist, weiter. In Moskau oder Petersburg könnte man sich derartiges nicht einmal vorstellen.

Am 20. Dezember kam ich zurück nach Moskau. Durch den Ausgang der Wahlen zur Duma hatte sich das Land verändert: Die Hälfte der Wähler hatte für die Kommunisten und den Block *Einheit* gestimmt, der keinerlei Programm hatte, aber dafür mit dem Krieg in Tschetschenien assoziiert wurde. Warum haben Menschen, die Gedichte über die Liebe schreiben und sich für *Doktor Schiwago* und Diaghilew begeistern, *de facto* für eine »starke Hand« und die Unterwerfung Tschetscheniens gestimmt? Das Problem liegt darin, daß sich die Angst vor der Gegenwart leicht nicht nur zu einem Kult für die vorrevolutionäre Vergangenheit, sondern auch zur getreuen Fortsetzung der imperialen Tradition transformieren läßt. Die aktuelle Lage ist zu komplex für die Auffassungsgabe des durchschnittlichen russischen Bürgers: Das Eigentum gehört den Ausländern und »Oligarchen« aus Moskau, die Beamten nehmen Bestechungsgelder an und sind nicht selten mit der kriminellen Unterwelt verbunden, die lokalen Machthaber geben für alles dem Zentrum die Schuld usw. Entscheidend aber ist etwas anderes: Der Mehrheit der Bevölkerung sind diese Veränderungen nicht nur unverständlich, sondern sie gehen ganz klar auf ihre Kosten; wenn sie nun für eine »starke Hand« stimmen, so votieren die Menschen für die »guten alten Zeiten«, als es keine Arbeitslosigkeit gab, als die Löhne pünktlich gezahlt wurden und die Vertreter der Nomenklatura ihre Sonderration nicht vor aller Augen, sondern gut abgeschirmt verzehrten. Sie stimmen für das Unmögliche, doch dieses erscheint ihnen als möglich, denn infolge von Jelzins Reformen ist ihr Leben nur schlechter geworden.

Es ist nicht das erste Mal, daß in Rußland unter dem Deckmantel von Recht und Ordnung Unrecht geschieht: Vor aller Augen schwindet die (und sei es relative) Pressefreiheit dahin, die einzige Errungenschaft der Regierungszeit von »Zar Boris«; in der Politik finden immer häufiger Geheimdienstmethoden Verwendung, was eigentlich nicht weiter verwunderlich ist, ist doch in Putins

Am Nabel der Welt

Gefolge eine große Zahl von Offizieren des nationalen Geheimdienstes FSB an die Schalthebel der Macht gekommen. Doch das ist keine Rückkehr zu Sowjetzeiten: Die Preise steigen weiter, und die Ergebnisse der Privatisierung, so versichert man uns von allen Rednerbühnen aus, werden auf keinen Fall angetastet werden. Unter dem Mantel der Rückkehr zur Vergangenheit, die der Mehrheit der Russen, die von den Veränderungen benachteiligt wurden, so teuer ist, verschärft sich die gegenwärtige Situation nur weiter. Ein totalitäres Regime ist zwar nicht mehr möglich, aber die Perspektive einer autoritären Regierung wird jeden Tag realer.

Moskau, Januar 2000

Nach der Krönung

Im Glanz der eben zu diesem Anlaß neu aufgefrischten Vergoldung des Großen Saales im Kreml-Palast fand am 7. Mai die Amtseinführung von Präsident Wladimir Putin statt. Boris Jelzin übergab dem neuen Präsidenten die Amtskette und die Verfügung über das ihm unterstellte Regiment der Kreml-Garde. Über dem Kreml wurde die Präsidentenstandarte gehißt. In der Amtsübergabe-Zeremonie wurde mehrfach unterstrichen, daß erstmals in der tausendjährigen Geschichte Rußlands die Macht auf demokratischem, gesetzlichem Wege an einen Nachfolger übergeben werde, daß die in der Jelzin-Ära geschehenen Veränderungen unumkehrbar seien. Sieht man jedoch von dieser Rhetorik ab, so glich das Ritual eher einer Krönungszeremonie, der noch zu Lebenszeit des Vorgängers vollzogenen Übergabe der Macht an einen Erben und nicht an eine politisch selbständige Persönlichkeit. Die Verzierung mit Blattgold und Stuck, die Masse an Spiegeln und Leibgardisten in Uniformen vom Beginn des 19. Jahrhunderts verblüfften, wenn sie denn an sich noch nicht ungewöhnlich wären, zumindest durch den Kontrast zur materiellen Lage der Mehrheit der russischen Bürger. Nicht ausgeschlossen, daß viele Russen in dieser Demonstration des Luxus eine symbolische Kompensation ihrer ärmlichen Lage erblicken, wie auch ihre Vorfahren in den »Palästen« der Moskauer Metro-Stationen eine Kompensation für die Armut ihres eigenen Lebens sahen. Seine Abschieds- und Geleitrede für Putin schloß Boris Jelzin mit den Worten »Bewahren Sie Rußland«, worauf dieser in seiner Antwort entgegnete: »In Rußland ist der Präsident für alles verantwortlich.« Was aber ist dann, möchte man fragen, mit Parlament, Judikative und den übrigen staatlichen Strukturen, die über eigene Kompetenzen verfügen? Ja, sind wir denn zur absoluten Monarchie zurückgekehrt?

Der rote Teppich

Am folgenden Tag fuhr der neuernannte Präsident zur Feier des Jahrestages des Siegs über den Faschismus am 8. Mai 1945 nach Kursk. Dort war eine Ehrenformation angetreten und ein roter Teppich entrollt worden. Eine Musikkapelle schickte sich an, einen Ehrenmarsch anzustimmen. Putin wurde jede Minute erwartet ... Und da taucht plötzlich Boris Beresowski, der bekannte Geschäftsmann aus der nächsten Umgebung Boris Jelzins (der sogenannten »Familie«) auf und schreitet mit einem kleinen Gefolge über den Teppich an der Ehrenformation vorbei. Wie für Borodin interessiert sich die Schweizer Justiz auch für ihn. Was der Fernsehreporter erstaunt kommentierte: »Sein Name steht nicht auf der Einladungsliste.« In diesem Moment begriff ich den Unterschied zwischen der früheren und der neuen Regierung: Beresowski hätte es unter keinen Umständen in einer offiziellen Situation jemals wagen können, vor Jelzin vorbeizuschreiten, selbst wenn man diesen auf einer Tragbahre getragen oder in einem Rollstuhl gefahren hätte. Unter dem neuen Präsidenten hingegen ist das möglich geworden; ja, es wird nicht einmal mehr bemerkt. Jelzin war als selbständiger Politiker angetreten, der die Unterstützung der großen Mehrheit der russischen Bürger genoß. Und obwohl er in seine zweite Amtszeit mit Hilfe des Geldes der »Oligarchen« gewählt wurde, begleitete ihn der Abglanz seiner früheren Popularität bis zum Ende. Putin hat nichts dergleichen hinter sich. Premierminister war er auf Anraten der immer selben »Familie« geworden; im Moment seiner Ernennung besaß er keinerlei politische Erfahrung. Seine Popularität wuchs mit dem Tschetschenien-Krieg, der mit einer Phase ungewöhnlich günstiger Konjunktur auf dem Ölmarkt zusammenfiel. Und erst wenn man die praktisch monopolartige Unterstützung durch die staatlichen Massenmedien und das Medien-Imperium von Boris Beresowski hinzunimmt, ergibt sich ein zusammenhängendes Bild. In Putins Wahl wurde weit weniger Privatkapital investiert als im Wahlkampf von 1996. Seine Wahlkampfreserve waren die

Nach der Krönung

staatlichen Mittel, die für den Krieg aufgewendet wurden. Dank dem »Verzicht« von Präsident Jelzin zu Silvester konnte er seinen Präsidentschaftswahlkampf mit einem derart großen Bonus führen, daß seine Konkurrenten von einem eigenen Sieg nicht einmal träumen konnten. Indem er in seiner Person die beiden wichtigsten Staatsämter vereinigte, auf den Fernsehbildschirmen und Zeitungsseiten allzeit präsent war, den Gegensatz zur körperlichen Schwäche seines Vorgängers nutzte, ständig die Uniformen verschiedener Truppengattungen anlegte, mit Kampfflugzeugen flog oder mit U-Booten abtauchte, trat er eher als Thronerbe auf denn als Fortsetzer irgendeiner politischen Linie. Mit der scheinbaren Leichtigkeit seines Sieges gehen nunmehr jedoch riesige Probleme einher: Er hat bis zum heutigen Tag keinerlei politisches oder ökonomisches Programm präsentiert und so die Bevölkerung zum Spielball eines Experiments mit vielen Unbekannten gemacht. Manche meinen, da er aus dem Geheimdienst hervorgegangen sei, werde er die Korruption bekämpfen, welche den russischen Staatsorganismus durch und durch infiziert hat, wobei sie vergessen, daß er von ebenjener »Familie« an die Spitze des Staates gehoben wurde, gegen die sich die schwerwiegendsten Korruptionsvorwürfe richten.

Rußland ist heute ein Land himmelschreiender Widersprüche. Die »Familie« ist für die Mehrheit der russischen Menschen unsichtbar, während ihr Aufstiegskandidat gleich im ersten Wahlgang zum Präsidenten gewählt wird. Den Kampf gegen die Korruption könnte wohl jemand aufnehmen, der auf politischen Wegen an die Macht gekommen ist, die Kandidatur Putins aber wurde lanciert, um ebendiese Bekämpfung der Korruption auszuschließen.

Die Amtseinführung geschah unter dem Geklirre unzähliger Orden und Medaillen. Auf Kosten der Steuerzahler reisten Tausende von Veteranen des Zweiten Weltkrieges aus der gesamten ehemaligen Sowjetunion nach Moskau an. Am 9. Mai schritten sie dann als Parade über den Roten Platz, und Putin begann seine Ansprache an sie mit der berühmten Formel Stalins: »Liebe

Brüder und Schwestern!« Und wieder einige Tage später, bei einem Auftritt in Turkmenien in Anwesenheit des dortigen Diktators Nijasow, gab er kund, er sei stolz darauf, daß an der dortigen Universität Andrej Sacharow studiert habe. In welchem Fall er nun aufrichtig war, ist unklar. Es ist wohl eher so, daß Worte für den neuen Präsidenten keine besondere Rolle spielen. Es genügt, wenn sie den jeweiligen Umständen entsprechen. Die Taten hingegen folgen einer eigenen Logik. Putin begreift die Politik als ein bloß verbales Ritual, als Tarnung, hinter der sich das komplexe Netz von Geheimoperationen entspinnt. Aus der weichen Rhetorik folgen oft daraus in keiner Weise ableitbare harte Taten. Hinter dem Vorhang pompöser, an die zaristische Vergangenheit gemahnender Rituale geschieht eine Neuverteilung von Pfründen. In besonders krasser Weise wurde die neue Strategie Putins am Fall des Journalisten Andrej Babitzki deutlich. Nachdem Putin diese Angelegenheit zur Chefsache gemacht hatte, folgte eine ganze Serie illegaler Aktionen, in deren Folge sich Babitzki plötzlich in der Hauptstadt der Kaukasusrepublik Dagestan wiederfand mit einem ihm gegen seinen Willen in die Hand gedrückten Paß auf einen anderen Namen. Man kann lediglich hoffen, daß sich der neue Präsident, wenn er politische Erfahrung gesammelt haben wird, auf die Vorzüge der Aufrichtigkeit besinnen wird.

Ein Faktor, der dazu beitrug, daß ein Mitarbeiter des Geheimdienstes FSB an die Macht kommen konnte, war die NATO-Operation im Kosovo, die Millionen von Russen gegen den Westen und insbesondere gegen die USA aufbrachte. Dagegen wird in Rußland der zweite Tschetschenien-Krieg als innere Angelegenheit Rußlands angesehen und die Kritik des Westens als Heuchelei und Einmischung in innere Angelegenheiten eines souveränen Staates aufgefaßt, der einen Krieg auf seinem eigenen Territorium führt.

Ersatzpatrioten

Vorderhand setzt Putin auf Zentralisierung des Staates und Militarisierung der Gesellschaft. Das System von Reservistenübungen wird erneuert, in den Schulen wird wieder ein obligatorischer Wehrkunde-Unterricht eingeführt, alle Wehrpflichtigen werden neu erfaßt. Das Gesetz über eine alternative Dienstpflicht ist außer Kraft. Und noch ein Paradox: In einem Land, in dem die Mehrheit der Bevölkerung, den Umfragen zufolge, den Tschetschenien-Krieg unterstützt, werden außer Feldjägern auch massiv Polizei und Geheimdienst zur Einberufung von Wehrpflichtigen in die Armee eingesetzt. Im ganzen Land findet eine regelrechte Hetzjagd auf junge Männer statt, die sich der Einberufung zu entziehen versuchen. Es gedeiht ein Phänomen, das im Russischen mit dem aus deutschen Wortteilen zusammengesetzten Begriff *Ersatzpatriotismus* bezeichnet wird: Als Patrioten gerieren sich durchwegs Personen, die die Erfüllung der patriotischen Pflicht auf ihre weniger gut gestellten und sozial schlechter abgesicherten Mitbürger abwälzen. Die zynischsten aller Ersatzpatrioten, vorzugsweise aus den Reihen der Schirinowski-Partei LDPR, rufen dazu auf, die Kriegsverluste gar nicht zu beachten und einen Sieg um jeden Preis anzustreben. Dabei versichern sie mit betrügerischer Absicht, daß alle zivilisierten Länder so verführen. Für die Kriegsteilnehmer selbst ist das meistgenannte Motiv für die Rückkehr in die Kampfzone, Rache für umgekommene Kameraden nehmen zu wollen. Darüber rückt selbst der Sold in den Hintergrund. Die politischen Ziele dieses Krieges sind unklar; niemand vermag zu sagen, was ein »Sieg« in diesem Fall überhaupt bedeuten würde, wenn man einmal die völlige Vernichtung aller aufständischen Tschetschenen ausnimmt. Unter solchen Umständen begreift die Armee jede Form von Verhandlungen mit dem Gegner als Verrat, als Versuch, der Armee ein weiteres Mal den mit hohem Blutzoll bezahlten Sieg streitig zu machen, wie es im Jahr 1996 schon einmal geschehen sei.

Nach der Krönung

Unter allen Menschen, mit denen ich Umgang habe, gibt es extrem wenige den Krieg unterstützende Ersatzpatrioten. Dafür habe ich in den letzten Monaten bemerkt, daß eine Reihe von Bekannten, meine Frau und mich eingeschlossen, aufgehört haben, Fleisch zu essen. Das scheint eine spezifische Form von Buße und Schuldgefühl gegenüber den Tausenden von umgekommenen und verkrüppelten Opfern des Krieges zu sein. Menschen aus dem Westen werden uns zu Recht vorwerfen, daß unser Protest keine aktivere Form annimmt. Doch die Menschen in den posttotalitären Gesellschaften sind dermaßen isoliert, mit dem bloßen Überleben beschäftigt, von unbewältigten Traumata gezeichnet, daß sie sich bislang nicht wirksam im Interesse einer gemeinsamen Sache zusammenschließen können. Daher könnte anstelle eines zivilisierten, organisierten Protests mit der Zeit lediglich einmal eine »russische Revolte, sinnlos und gnadenlos« (Puschkin) losbrechen. Wir selbst sind schuld, doch es ist schwierig, diese Schuld einfach jemand Bestimmtem anzulasten. Ich habe an zwei Demonstrationen gegen den Tschetschenien-Krieg teilgenommen. Die erste fand am Marx-Denkmal statt und war zahlenmäßig so klein, daß ich einige der Umstehenden persönlich kannte. Noch weniger beeindruckend war die Demonstration auf dem Puschkin-Platz; hier stachen vor allem in Orange und Gelb gekleidete Buddhisten und die schwarzen Fahnen der Anarchisten hervor.

In Rußland leben und arbeiten viel zu viele Menschen im illegalen oder halblegalen Bereich, als daß ihnen der Gedanke an einen offenen, organisierten Protest auch nur in den Sinn kommen könnte. Um zu überleben, sind sie gezwungen, die Gesellschaft zu betrügen; sie verspüren unbewußt ein Schuldgefühl. Der Staat verstärkt dieses Schuldgefühl und überführt es auf eine politische Ebene (das Abstimmen für eine Partei ohne Programm, für einen anonymen Präsidenten). Wenn nun ein solcher sich außerhalb oder zumindest fast außerhalb der Sphäre des Legalen befindlicher Mensch seine persönlichen Probleme erfolgreich löst, zum Beispiel seinen Sohn von der Armee freikauft, dann ist er damit zufrieden. In »höhere Sphären« mischt er sich nicht ein und begnügt sich statt dessen mit Ersatzpatriotismus. So denken immer öfter auch Duma-Abgeordnete, Beamte, Geschäftemacher und Millionen andere Menschen, kleine Schräubchen im Getriebe, denen es gelungen ist, Zugang zu den Brotkrumen zu bekommen, die von der einen oder anderen halblegalen Einkommensquelle abfallen, wie es sie in Rußland zu Tausenden gibt. In der Jelzin-Ära trieb die Poetik des Illegalen üppige Blüten. Im Rahmen dieser Poetik des Illegalen werden jegliche Formen sozialer Solidarität angesichts des alles verschlingenden »Gesetzes des Dschungels« von vornherein unsinnig und lächerlich.

Schuld und Vaterkult

Die Ereignisse der letzten Zeit zeigen, daß die ärmsten Russen, ihrer Gewohnheit gemäß, ihre eigene Erniedrigung gegen die Größe des sie (mit dem Recht des gerechten Vaters) unterdrückenden Staates eintauschen möchten. Doch dieser Tauschmechanismus kann nicht funktionieren, da die aktiven Subjekte der heutigen Welt nicht nur an der Wiederherstellung eines starken Staates nicht interessiert, sondern mit einem solchen prinzipiell unvereinbar sind. So bleibt bloß die Imitation solcher Größe, was dann alle zufrieden stellt.

Vor nicht langer Zeit wurde eine Gruppe von Moskauer Kindern gefragt, was sie unter dem Guten verstünden, was das Gute sei. Die Mehrheit stimmte in folgender Definition überein: »Das ist, wenn man einen Menschen immer wieder und wieder schlägt, ihn dann aber tröstet und bedauert und aufhört, ihn zu schlagen.« Weswegen jemand geschlagen und anschließend bedauert wird, hat keine Bedeutung. Hauptsache, die Schläge haben aufgehört! Daß sich unsere Kinder kein Gutes ohne Schläge vorstellen können, ist unsere Schuld.

Moskau, 17.-21. Mai 2000

Sowjetismus-Phantom

In Rußland wurde der Kapitalismus in den letzten zwölf Jahren in vielem nach denselben Gesetzen errichtet wie zuvor der Kommunismus. Durch das Fehlen einer Zivilgesellschaft und aus dem Nichtvorhandensein eines von innen her gereiften Bedürfnisses nach eben diesen Veränderungen heraus mußte die neue Ordnung die Russen wie ein Gnadenakt von oben überkommen. Die Folgen liegen offen zutage: Es entstanden weitere Ruinen. Kürzlich las ich in der Zeitung einen Artikel über ein Dörfchen in der tiefsten Provinz von Wologda namens Schalotsch, das man vor fünf Jahren versuchte hatte, in ein »Dorf der Zukunft« zu verwandeln. Über die ganze Zeit der Sowjetmacht hinweg war es nicht gelungen, Elektrizität nach Schalotsch zu bringen; das Dorf lebte von Naturalwirtschaft. 1994 brachte man dann plötzlich Akkumulatoren für Solarbatterien, Flügelblätter für Windgeneratoren und anderes technische Gerät nach Schalotsch. Die »Gelehrten« aus Moskau versprachen, daß das Dorf ganz mit Sonnen- und Windenergie versorgt werden könne, daß es folglich keiner Überlandleitung bedürfe. Die von dieser Aussicht hellauf begeisterten Dorfbewohner gaben den »Gelehrten« ihre sämtlichen Ersparnisse; die Verwaltung des Rayons steuerte ihrerseits die für die Elektrifizierung des in den Sümpfen des Nordens verlorenen Dorfes bestimmte Geldsumme bei. Das technische Gerät hatte sich augenscheinlich noch zu Sowjetzeiten in Lagerhallen aufgehäuft, und man mußte es loswerden. Das vom Landwirtschaftsministerium entworfene Projekt »Dorf der Zukunft« – im Rahmen dieses Projekts sollten Akkumulatoren und Windgeneratoren bis in die abgelegenen Dörfer Sibiriens und des Gebietes von Archangelsk im hohen Norden am Weißen Meer gebracht werden – hätte dieses Problem ausgezeichnet gelöst. Binnen kurzer Zeit waren die »Gelehrten« verschwunden, und anstelle der versprochenen Fernseher, Waschmaschinen und Biotoiletten leuchtet an besonders sonnenreichen Tagen in einer der Hütten eine einzige verlorene Glühbirne. Darin besteht das gesamte Ergebnis der versprochenen epochalen Umwälzungen, dank derer das abgelegene Dorf mit einem Satz die Schwelle ins 21. Jahrhundert hätte überspringen sollen. Die einfachste Erklärung dafür lautet: Die Dorfbewohner sind von den Bürokraten vor Ort und in der Hauptstadt schlichtweg betrogen worden, die dazu von den sogenannten »Gelehrten« bestochen worden waren. Und die Dorfbewohner selbst? Ja wußten sie denn nicht, daß, damit die Batterien funktionieren können, wenigstens sengende Sonne und ein starker Wind vonnöten sind – was beides in diesen Breiten nur höchst selten vorkommt?

Jenes Bild des »Dorfes der Zukunft« ist charakteristisch für das heutige Rußland, das Land der nicht zuende gebauten Supermärkte und teuren Geschäfte fast ohne Käufer. Die russischen Menschen erwarteten vom Kapitalismus die Einlösung ihrer eigenen Phantasien, und als dies sich nicht bewahrheitete, waren sie zutiefst beleidigt. Im Grunde waren sie über sich selbst gekränkt, und was sie Kapitalismus nannten, war nichts als ihre eigene Allergie gegen den Kapitalismus. Die Parodie schien in ihren Augen echter als das Original und wurde entschieden abgelehnt. Doch die beleidigten Menschen merken nicht, daß sie sich in den vergangenen zwölf Jahren selbst verändert haben, daß die Rückkehr zum früheren, zum sowjetischen Zustand für sie längst unmöglich geworden ist. Präsident Putin verkörpert diese Hoffnungen; er füllt das wiederauferstandene Gespenst des Sowjetismus mit neuem Inhalt. Er erteilt Reformen selbstverständlich keine Absage, weil dies auf die Gläubiger Rußlands einen nachteiligen Eindruck machen würde. Wo sich aber auch nur die Gelegenheit bietet, dem allgemeinen Ressentiment gegen den Kapitalismus Ausdruck zu verleihen, nutzt er sie: Er empfängt die letzten Mohikaner des Totalitarismus, die Emissäre von Diktatoren und spielt die populäre antiamerikanische Karte. Was wir erleben, ist die genaue Umkehrung der russischen Außenpolitik der 90er Jahre: Stimmten damals die Interessen des Landes scheinbar in allen Punkten mit den Interessen des Westens überein, so überschneiden sie sich jetzt in gar nichts mehr. Um sich ein Alibi für das von ihnen Angerichtete zu verschaffen, bemühen die postsowjetischen Eliten die überkommenen Schreckbilder vom inneren und äußeren Feind. Wäre die Unvereinbarkeit dieser Eliten mit vielen Facetten des modernen Kapitalismus wenigstens reflektiert, so könnten sie im Bereich der Wirklichkeit einen Ausweg suchen, eine Politik hervorbringen, die ohne die Dämonisierung eines Feindes auskäme. Vorderhand ist aber diese Unvereinbarkeit so unermeßlich, und sie geht mit einer derart großen Abhängigkeit von der äußeren Welt einher, daß sie sich zur Lösung ihrer Probleme an den Bereich des Lacanschen »Realen« halten, wo alles ambivalent ist – wo man haßt, was man nicht umgehen kann, und zu lieben vorgibt, was man nicht ertragen kann. Zwischen dem, was der jetzige Präsident Rußlands als sein Programm deklariert, und dem, was durch ihn auf der Ebene des Unbewußten realisiert wird, klafft ein Abgrund. Die Gefährlichkeit von Politikern vom Schlage Wladimir Putins besteht darin, daß sie sich nicht auf Programme stützen, sondern sich auf die Fügung der Umstände verlassen, daß sie keine Überzeugungen verfolgen (die Kräfte, die sie an die Macht gebracht haben, sind so heterogen, daß Überzeugungen für sie ein verbotener Luxus sind), sondern sich dem im jeweiligen Moment stärksten Impuls und der Improvisation überlassen, deren Folgen manchmal unabsehbar sind. Das gibt ihm die Möglichkeit, autoritäre Methoden mit liberaler Rhetorik zu verknüpfen, Zentralismus mit der Unterstützung der Oligarchen, die zu der sogenannten Jelzin-Familie gehören, zu verbinden, Vorwürfe an die Adresse des Westens, den Zerfall Rußlands betreffend, mit Bitten um Erlaß der Schulden einhergehen zu lassen und den Kult der Armee mit Gleichgültigkeit gegenüber dem Schicksal konkreter Soldaten zu vereinbaren. Selbst Putins Neigung zu international geächteten Paria-Führern wird dem Westen als Akt der Vermittlung und der Bändigung des Extremismus verkauft.

Die postsowjetische Gesellschaft kann man mit den anderen Ländern Ost- und Ostmitteleuropas, in die das sowjetische Modell in den meisten Fällen lediglich exportiert worden war, nicht vergleichen. In seiner Originalversion bestand dieses sowjetische Modell nur in der UdSSR, weswegen die Versuche, sich davon loszumachen, hier auf unvergleichlich viel größere Schwierigkeiten stoßen als in anderen Ländern. Rußland ist in eine Phase der Entsublimierung eingetreten, in der ohne Angabe von Gründen abgelehnt wird, was noch vor kurzem genauso grundlos begrüßt worden war. Die Rolle Rußlands – und insbesondere seiner Räuberelite – bei der Zerstörung des »kapitalistischen« Experiments wird dabei nicht nur untertrieben, sondern oft gänzlich bestritten.

Die große Illusion

Worin unterscheidet sich Rußland unter Putin von dem unter Jelzin? Boris Jelzin war noch ein in solch hohem Maße sowjetischer Politiker, daß er ständig die theatralische Drohung der Revanche der Kommunisten beschwor, es also jemand anderem gestattete, die sowjetische Karte zu spielen; im Kampf gegen dieses ander, bewahrte er mit angeblich »übermenschlichen Anstrengungen« die Demokratie – selbstverständlich im russischen Verständnis dieses Wortes. Putin hingegen spielt selbst die sowjetische Karte, wodurch der Oppositionsführer Sjuganow anscheinend endgültig seine politische Nische eingebüßt hat. Allein die Tatsache, daß ein so unerfahrener Politiker wie Wladimir Putin an die Spitze der Macht im Staate gespült wurde, bezeugt jenes kolossale Machtvakuum, das sich in der Jelzin-Ära herausgebildet hat, und die Politik des neuen Führer kann gar nichts anderes sein als eine Folge von unwillkürlichen Reaktionen auf die Umstände seiner Wahl. Die Popularität, die Putin im blutigen Krieg in Tschetschenien erreichte, einem Krieg ohne Ende, ist unzuverlässig, weil es zur Aufrechterhaltung der Popularität der Mobilisierung von immer größeren menschlichen und anderen Ressourcen bedarf. Die Besonderheit dieser Art von negativer Popularität besteht darin, daß sie zwar schnell zu erreichen, aber extrem schwer auf hinreichend hohem Niveau zu stabilisieren ist. Wer eine solche Popularität besitzt, gleicht einem Schachspieler, der zwar eine wichtige Figur seines Gegners erbeutet, bei diesem Materialgewinn aber die Manövrierfähigkeit seiner eigenen Figuren stark eingeschränkt hat.

Die Russen mußten über Jahrhunderte ihr Opfer auf dem Altar des sich beständig erweiternden Staates bringen. Wenn man nun an diesen uralten Instinkt appelliert, kann man die Gesellschaft für eine gewisse Zeit mobilisieren, doch es ist schwierig, sie über längere Zeit in diesem Zustand zu halten, weil dafür enorme Ressourcen nötig sind, wie sie die Gesellschaft nicht besitzt. Dazu kommt, daß der Lebensstandard des russischen Durchschnittsbürgers heute so niedrig ist, daß selbst die geringste zusätzliche Verschlechterung als äußerst schmerzhaft wahrgenommen werden müßte, von welchen populistischen Parolen sie auch ummäntelt würde.

Und dann wird die große Illusion sich zerstreuen – die Illusion der Rückkehr zu den Zeiten der »großen und mächtigen« Sowjetunion. Schon jetzt ähnelt dieses Sowjetismus-Phantom seinem historischen Prototyp nur wenig. Kürzlich ereignete sich bekanntlich in einer U-Bahn-Station im Zentrum Moskaus eine Explosion, und direkt vom Ort des Geschehens zeigte das Fernsehen Millionen von Fernsehzuschauern Bilder davon, wie aus der Unterführung Menschen mit blutenden Wunden und Verbrennungen und in zerrissener Kleidung herauskamen, wie sie sich, auf Hilfe wartend, auf dem Asphalt wälzten. In sowjetischen Zeiten wäre Derartiges nie gezeigt worden. Die Gefährlichkeit der heutigen Führung Rußlands besteht darin, daß sie die Archaisierung längst nicht mit archaischen, sondern mit durchaus modernen Mitteln zu erreichen sucht. Jelzin war noch zu nah an der sowjetischen Erfahrung, um sie zu verehren; der vergleichsweise junge Putin hingegen versucht, aus den enttäuschten

Erwartungen der Massen und, was noch wichtiger ist, der Eliten Profit zu schlagen, indem er auf traditionelle Großmacht-Manier die Stärke des Staates mit der Vollständigkeit seiner Kontrolle über die Untertanen identifiziert. Dieser kollektiven Größe einer Supermacht versucht man die Interessen einzelner Bürger und gesellschaftlicher Gruppen zum Opfer zu bringen, was aber im heutigen Rußland, das den Geschmack der Freiheit einmal gekostet hat, nicht mehr so ohne weiteres möglich ist. Die Menschen haben es nicht nur verlernt zu schweigen; ihr Leben hängt von der Offenheit des Landes, von der modernen Technik und von ihrem eigenen Beitrag in weit höherem Maße ab, als sie selbst geneigt sind anzunehmen. In den eigenen Händen die gesamte Machtfülle zu konzentrieren, für deren konkrete Erscheinungsformen aber keine Verantwortung zu tragen, den höchsten Richter im Streit zwischen verschiedenen Kategorien von Angeklagten zu spielen – davon hatte Jelzin als Präsident geträumt, und danach strebt auch sein Erbe –, ist schwierig. Noch schwieriger aber ist es, diese Machtfülle zu konservieren.

Boris Jelzin war seinerzeit auf einer Welle der Euphorie aufgrund der begonnenen Reformen an die Macht gekommen und hatte in den Jahren 1996 bis 1999 dank der in seine Wahl investierten Gelder der Oligarchen weiterregieren können. Wladimir Putin brachte die Enttäuschung über die Ergebnisse der Reformen an die Macht – eine Enttäuschung, die nach dem August 1998 sogar jene erfaßte, die ökonomisch davon profitiert hatten. Diese neuen Reichen erkannten die Marginalität ihrer Lage. Oberwasser bekamen jetzt die Militärs, hauptsächlich die Offiziere der Geheimdienste, die in all diesen Jahren Dossiers gegen die Allerreichsten und ihre Gönner (Gouverneure und andere Bürokraten) gesammelt hatten und die jetzt, mit kompromittierendem Material, dem so genannten Kompromat bewaffnet, von einer neuen Drehung der Privatisierungsschraube zu profitieren bereit stehen. Selbstverständlich wird das kompromittierende Material nur selektiv genutzt werden, doch allein sein Vorhandensein muß die noch gestern allmächtigen Privatleute zutiefst beunruhigen.

Sowjetismus-Phantom

Das Vertrauen zur Macht wird in einer postterroristischen Gesellschaft, wie sie das heutige Rußland darstellt, weniger von direkten Meinungsumfragen – etwa: »Wie stehen Sie zum Präsidenten?« – bestimmt als von mittelbaren Anzeichen. So war ich frappiert von den Ergebnissen einer Umfrage, die direkt nach dem letzten Terror-Anschlag in Moskau von einem Moskauer Fernesehkanal durchgeführt wurde: Es wurden drei Antwortmöglichkeiten auf die Frage vorgegeben, wer dem Terrorismus effektiv Paroli bieten könnte: 1) »die öffentliche Meinung im Westen«, 2) »die russische Regierung«, 3) »wir selbst«. Die Geheimdienste wurden dabei aus irgendeinem Grund gar nicht erwähnt. Fast drei Viertel der Fernsehzuschauer antworten, daß sie selbst dem Terrorismus wirksam Widerstand leisten könnten. Diese Antwort zeugt von einem tief sitzenden Mißtrauen gegenüber der Staatsmacht. Man kann sie kaum anders einstufen als eine Geste der Verzweiflung, weil völlig unklar ist, wie normale Bürger denn gegen den Terrorismus kämpfen sollen und warum ihnen dieser Kampf wirksamer erscheint als Anstrengungen ihrer eigenen Regierung. Die Tragödie um das untergegangene U-Boot »Kursk« brachte offensichtlich die Emotionen, die sich im Jahr des zweiten Tschetschenien-Kriegs angesammelt hatten, zum Ausbruch. Man kann sich des Eindrucks nicht erwehren, daß dieselbe Gesellschaft, die sich in eine Kriegshysterie hat treiben lassen, sich nun für ihre eigene Erniedrigung rächt. Ein beträchtlicher Teil der Bevölkerung verzeiht es der Militärführung und dem Präsidenten nicht, daß diese es zunächst abgelehnt hatten, westliche Länder um Hilfe zu bitten. Sie verzeihen ihr das leichtfertige Umgehen mit dem Leben der Seeleute und ihre Geheimhaltungsmanie nicht.

Der Zynismus, mit dem der Oberkommandierende der Flotte seine Untergebenen »abschrieb«, als einige von ihnen vermutlich noch am Leben waren, ist himmelschreiend. Eklatant ist auch, daß der Präsident schon von Trauer sprach, bevor der Tod der Bootsbesatzung offiziell verkündet worden war. Es hat auch diejenigen erschüttert, die den Tschetschenienkrieg und die völlige

Anonymität der in Rußland im Verlauf des letzten Jahres geschehenen Anschläge hingenommen hatten. Das belegt, daß Zynismus in der Politik nur bis zu einem gewissen Grad wirksam ist; daß man desorientierte Menschen zwar betrügen kann, aber nicht indem man eine Hexenjagd großen Stils veranstaltet; über lange Zeit kann man sie nicht täuschen. Auf die Entrüstung der Öffentlichkeit antworteten die Militärs mit der Schaffung eines weiteren imperialen Phantoms, indem sie behaupteten, daß angeblich ein Zusammenstoß der »Kursk« mit einem U-Boot der Nato stattgefunden habe. Damit demonstrierten sie augenfällig ihren Bedarf an einem Feindbild. Wäre eine solche Kollision wirklich geschehen, wäre es für sie natürlich um vieles einfacher, den Verwandten der U-Boot-Fahrer den Grund für den Tod der Besatzung zu erklären. Angesichts dieses Wunsches versagte der gesunde Menschenversand, doch glauben an diese Version offenbar nicht einmal diejenigen, die sie als Haupterklärungsvariante propagieren.

Ich ziehe einige Schlüsse: Natürlich ist eine herkömmliche Stromversorgung – in Rußland nennt man sie nach Lenins Vatersnamen die »Iljitsch-Birne« – besser als eine einzige Glühbirne, die an den wenigen Sonnentagen im Dorf Schalotsch aus Akkumulatoren von Solarzellen betrieben wird. Klar, daß die Mehrheit der Russen da für die »Iljitsch-Birne« und nicht für das »Dorf der Zukunft« stimmte. Doch allein der Wunsch, in sowjetische Zeiten zurückzukehren, reicht nicht aus. Ja mehr als das, man kann die Prophezeiung wagen, daß das Sowjetismus-Phantom selbst an allen Beschwerden der postsowjetischen Gesellschaft kranken wird – aber ohne jene bescheidenen Freiheiten, die zu nutzen sich die Mehrheit der Bevölkerung längst angewöhnt hat, ohne es noch zu bemerken. Die russische Gesellschaft ist näher am Sozialismus, als die »Marktwirtschaftler« meinen, und weiter davon entfernt, als es die neuen Verehrer der UdSSR glauben. Die heutige russische Gesellschaft ist ein Abziehbild aller kommunistischen Regime der Nachkriegszeit, doch sie hängt auf dramatische Weise von der Außenwelt und der Eigenaktivität ihrer Bürger ab. Man kann sie, wie die Tragödie der »Kursk« zeigt, nicht in die Vergangenheit zurück werfen, ohne die Empörung eines Großteils ihrer handlungsfähigsten Mitglieder heraufzubeschwören. Und sei es auch langsam und in Zick-Zack-Bewegungen – diese Gesellschaft wird doch vorwärts schreiten.

Moskau, 23. August 2000

Der Mustertod

Vor zwei Wochen rief ich den Klempner, um einen tropfenden Wasserhahn im Badezimmer reparieren zu lassen. Im Fernsehen liefen die Nachrichten. Als der Klempner gerade ging, hörte er aus dem Fernsehen von dem Plan, die Leichen der Seeleute des U-Bootes »Kursk« zu bergen, und meinte: »Die Wahrheit werden wir so bald nicht erfahren.« Sein politisches Interesse und seine Skepsis erstaunten mich, sind aber kein Einzelfall.
In den letzten Monaten bemühen sich die russischen Massenmedien darum, das Bild eines mustergültigen Todes zu erzeugen. Eben weil der Tod im heutigen Rußland zu einer allgegenwärtigen Erscheinung geworden ist, wird aus der Masse von Todesfällen ein einziger herausgehoben, der, mit besonderer Werthaftigkeit versehen, für mustergültig erklärt wird. Um diesen einen Tod herum wird eine Aura von außergewöhnlichem Pathos erzeugt. Infolgedessen ist es mittlerweile völlig ausgeschlossen, den banalen technischen Grund für diesen Tod zu nennen – schließlich haben wir es mit der neuesten Spielart des Todes fürs Vaterland zu tun, *idealiter* gar des Todes für den Zaren. Es wird ein Mythos im Sinne Roland Barthes' geschaffen: eine aus dem Kontext herausgelöste, radikal entpolitisierte Sprechweise. Dieser Mythos ist auf seine Weise wirksam, weil durch ihn die Tatsache vertuscht wird, daß die so exaltiert besungene Heimat für die an Bord der »Kursk« untergegangenen U-Boot-Fahrer wie für die Zivilbevölkerung Tschetscheniens, für die dort Krieg führende Armee, für die infolge von Schikanen älterer Soldaten umkommenden Wehrdienstleistenden, für die Straßenkinder, die von ihren Eltern nicht ernährt werden konnten, wie für viele andere Kategorien russischer Bürger gleichermaßen lebensbedrohlich ist. Eine einzige Tragödie, der Untergang des U-Bootes »Kursk« wird willkürlich aus der Unmenge analoger Tragödien herausgehoben und zur Tragödie *par excellence* erklärt. Im Ver-

gleich mit einem Ereignis so mythischen Ausmaßes erscheinen dann alle übrigen Ereignisse – obgleich es um viele Hunderttausende, ja Millionen Menschen geht – als unbedeutend, als eingestandenermaßen bedauerliche Vorkommnisse, mit denen man sich aber nicht weiter aufzuhalten braucht. Der Zusammenhang zwischen den Ereignissen löst sich auf, und die Menschen verneigen sich vor dem nächsten Großmachtsymbol, vor der »imperialen Größe« an sich, die in diesem Symbol eingeschlossen ist. Es wird die Illusion erzeugt, daß, wenn erst alle U-Boote sicherer geworden sein werden – das aber würde mit dem Triumphzug des starken Staates schon geschehen –, daß dann alle übrigen Probleme sich von selbst lösen. Ein weiteres Mal wird der Tod instrumentalisiert.

Der Tod der Seeleute auf der »Kursk« tragisch, aber er ist nicht präzedenzlos wie etwa der Tod friedlicher Bürger von Moskau, Wolgodonsk, Bujnaksk, die im August und September 1999 von Unbekannten in ihren eigenen Wohnungen in die Luft gesprengt wurden. Nach einem Maßstab, der sich an Menschen und nicht an der Großmacht orientiert, müßte man gerade sie herausheben. Doch an sie erinnert sich kaum noch jemand.

Für mich allerdings ist der Wechsel in der politischen Führung Rußlands nicht vonstatten gegangen, als Boris Jelzin am Silvesterabend die Macht an Wladimir Putin übergab, sondern am 13. September 1999, als ich erfuhr, daß in Moskau ein weiteres Wohnhaus auf der Kaschirskoje-Chaussee in die Luft gesprengt worden sei. In diesem Augenblick beschlich mich das Gefühl, daß ich plötzlich in einem anderen Land lebe. Wir werden vielleicht nie erfahren, wer diese Explosionen organisiert hat. Aber wir wissen, daß sie den zweiten Tschetschenien-Krieg erst möglich gemacht haben, der für den damaligen Premierminister Wladimir Putin im Präsidentschaftswahlkampf zur Trumpfkarte wurde. Niemals im 20. Jahrhundert zuvor hatten Terroranschläge derart unmittelbaren und eindeutigen Einfluß auf den Meinungsbildungsprozeß gehabt. Verglichen mit dieser Katastrophe nationalen Ausmaßes sind alle übrigen Tragödien erstens längst nicht so präzedenzlos (U-Boote sind auch früher gesunken, wenn es auch in der UdSSR verboten war, davon zu sprechen, und auch der erste Tschetschenien-Krieg war hinreichend grausam), und zweitens haben sie nicht so schnell und grundstürzend das gesamte soziale Klima im Land verändert. Ich betone es nochmals: Das menschliche Moment und der Großmachtaspekt fanden sich wieder einmal an den entgegengesetzten Enden des Spektrums. Ich glaube nicht, daß sich die Situation in Rußland bessern wird – und stiegen die Ölpreise noch so hoch – solange der menschlichen Dimension nicht vor der Großmachtattitüde Vorrang eingeräumt wird.

Medienmagnaten, Namenlose

Seit Kriegsbeginn nimmt der Druck auf Presse und Fernsehen kein Ende. In dieser Atmosphäre kommt die Wiedergeburt der sowjetischen, ja teilweise stalinistischen Rhetorik nicht von ungefähr. Die Kommunisten stehen auf verlorenem Posten, und die ihnen einst zugedachte »patriotische« Rolle spielen nun Leute aus der neuen Mannschaft. Für die russische Staatsmacht bedeutet die mit Nationalismus versetzte sowjetische Rhetorik eine Atempause im Schwall von Enthüllungen, der seit August 1998 auf sie hernieder geht. Der feierlich erklärte Krieg gegen die Oligarchen betrifft nur zwei Medien-Magnaten, Gusinski und Beresowski, während andere analoge Figuren ihre Positionen gestärkt sehen und sich anschicken, ganz offen eine politische Rolle zu spielen (eine Vorreiterrolle spielt hier der Minister für Pressewesen, Radio und Fernsehen Lesin, der direkt aus dem Staatsapparat heraus für Interessen einer von ihm geschaffenen Holding »Video International« Lobby-Arbeit betreibt. Erst kürzlich hat einer der reichsten Oligarchen überhaupt, Roman Abramowitsch, seine Kandidatur für den Posten des Gouverneurs von Tschukotka angekündigt. Die Zentralisierung Rußlands verheißt ihm und seinesgleichen zusätzliche Vorteile, wenn es ihnen ge-

Der Mustertod

lingt, Macht und Geld in einer Hand zu versammeln. Jene, die wie Gusinski mit Informationshandel Geld verdienen und Informationen im Interesse von Konkurrenten in Umlauf bringen, stehen ihnen dabei im Weg. Presse und Fernsehen werden unter Druck gesetzt, weil ein freier Handel mit Informationen nicht mit den Angriffen Maskierter und anderen Erscheinungsformen des neuen Faustrechts vereinbar sind. In diesem Sinne ist die jüngste Verlautbarung von Präsident Putin in der Zeitung »Le Figaro« bezeichnend: »Der Staat hat einen Knüppel, mit dem er nur ein einziges Mal zuschlägt. Aber auf den Kopf [...]. Wenn man uns provoziert, zögern wir nicht, ihn einzusetzen [...].« Da die Zahl derer, die eins mit dem Knüppel übergezogen bekommen möchten, naturgemäß gering ist und weil die versprochene »Diktatur des Gesetzes« bereits mehrfach ihre Unzulänglichkeit bewiesen hat, läßt sich der weitere Ablauf der Ereignisse vorhersagen: Die Mehrheit der Bürger wird sich fügen und den brutalen Spielregeln unterordnen, während eine Minderheit eins mit dem Knüppel übergezogen bekommt. Die jedoch, deren Köpfe vom staatlichen Knüppelschlag nicht gleich zerspringen, werden möglicherweise keine Salonopposition mehr sein wie im Falle Beresowskis, sondern zu einer realen Protestbewegung werden.

Keine andere europäische Gesellschaft hat im 20. Jahrhundert so lange unter den Bedingungen des Terrors gelebt wie die sowjetische. Die dabei im Laufe von drei Generationen herausgebildeten Instinkte verschwinden nicht in wenigen Jahren. Daher rührt es, daß das Sterben namenloser Menschen schnell »vergessen« (d.h. ins Unbewußte verdrängt) wird. Gerade deshalb, weil sie an ihnen achtlos vorübergehen, reagieren dieselben Menschen so exaltiert auf einige wenige Todesarten, die für mustergültig erklärt werden. Als ob sie nicht die Tatsache des Todes selbst berühren würde, sondern nur seine ideologische Verbrämung.

Vor kurzem las ich einen Artikel über einen 19-jährigen jungen Mann, der in Tschetschenien beide Beine verlor: Er klagte über Einsamkeit, darüber, daß sein bester Freund aufgehört habe, mit ihm Kontakt zu halten. Ich bin überzeugt, daß dieser Junge sich nicht weniger als andere darüber aufregt, wie das Oberste Flottenkommando man mit den Seeleuten der »Kursk« umging. Nicht von ungefähr habe ich den Tage der Explosion in der Kaschirskoje-Chaussee den Anfang einer neuen Epoche genannt; dies gilt auch psychologisch: Unter dem Einfluß einer aggressiveren Atmosphäre begannen menschliche Beziehungen zu zerbrechen. Die Anlässe dafür sind oftmals geringfügig, und über die tiefer liegenden Gründe ist sich kaum jemand im Klaren. Mein Bekanntenkreis ist in dieser Zeit wesentlich geschrumpft; es fällt schwer, mit Menschen Umgang aufrecht zu erhalten, die Blutvergießen unterstützen oder plötzlich ohne ersichtlichen Grund aggressiv werden. Auf den Ruinen menschlicher Beziehungen ertönt Mediengetöse. Immer mehr Menschen, die sich in einem emotional leeren Raum wiederfinden, reagieren nur noch auf dieses Getöse der elektronischen oder gedruckten Medien. Deswegen tobt im heutigen Rußland ein so erbitterter Kampf um die Kontrolle über die Massenmedien – mit den Mitteln der Medien versucht man, die Willensbekundungen, ja die Gedanken der Bürger zu kontrollieren.

Das Verhalten der Moskauer Bevölkerung gegenüber dem Tschetschenienkrieg ist schizophren gespalten: Einerseits nehmen sie extrem ungern daran teil (nach den Angaben des Komitees der Soldatenmütter sind von den 5000 Gefallenen des zweiten Tschetschenienkrieges nur etwa 40 aus Moskau, während heute jeder siebzehnte Russe in Moskau wohnt).

Früchte der Demokratie

Die »Kursk« ist nun vor fast vier Monaten gesunken. Das Land wurde von einem Schrei der Empörung erfaßt, ein Flut von Kritik ergoß sich über den Präsidenten, der erst mit großer Verspätung am Ort der Katastrophe eintraf, sowie über die Führungspersönlichkeiten der Marine, die offensichtlich logen, um ihre Epauletten zu retten. Nach und nach aber kristallisierte sich

Der Mustertod

aus all dieser Entrüstung ein neuer Großmachtmythos heraus, in dem die wirklichen Leiden konkreter Menschen und Familien untergehen. Über die Gründe für den Untergang des Atom-U-Boots wissen wir dabei genauso wenig wie im August: Ein bekannter Reporter wertete die Entscheidung des Oberkommandierenden der Russischen Flotte, der Öffentlichkeit einige wenige Sätze aus dem Abschiedsbrief eines Offiziers der »Kursk« preiszugeben, aus dem hervorging, daß nach der Explosion ein Teil der Besatzung noch am Leben war, als Schritt von außerordentlicher Zivilcourage. Wovon in diesem Abschiedsbrief weiter die Rede ist, bleibt ein Geheimnis. Nicht einmal die Ehefrau des Verstorbenen, an die dieser Brief adressiert war, wurde davon in Kenntnis gesetzt. Zur Erzeugung lebensfähiger Mythen muß man Informationen genau sortieren und portionieren. Die Steuerzahler, auf deren Kosten die Bergungsoperation durchgeführt wurde, haben kein geringeres Recht als die Admiräle, die Ursachen des Untergangs zu erfahren; hier jedoch wird bereits die Paraphrasierung einiger Sätze aus einem Abschiedsbrief als heroischer Schritt dargestellt – und dies von einem oppositionell eingestellten Journalisten.

Als vor einiger Zeit die englische Schauspielerin Vanessa Redgrave nach Moskau kam, brachte sie Geld für die Angehörigen der umgekommenen Seeleute mit. Danach sagte einer der Witwen bei einem Interview: »Viele in der gesperrten Garnison beneiden uns, weil sei meinen, daß wir unsere Vergünstigungen unverdientermaßen bekommen haben. Vielleicht werden wir von hier wegziehen müssen.« Da sind sie, die Früchte der Demokratie! Hätte jemand zu Sowjetzeiten gewagt, offen seinen Neid gegenüber der Witwe eines offiziell anerkannten Helden zu äußern, wäre man mit ihm sicher hart ins Gericht gegangen. Mit Gewalt aufrechterhalten, konnten die sowjetischen Mythen lange überleben. Jetzt aber beginnen die menschlichen Leidenschaften wieder zu sprudeln. Seine Gefühle auszudrücken – und seien es so wenig vorzeigbare wie Neid – ist immer noch besser, als sie aus Furcht vor Repressionen gezwungenermaßen zu verbergen. Die

Der Mustertod

Propagandisten im Kreml würden diesen sowjetischen Mechanismus gerne erneut in Gang setzen, doch nach einem Jahrzehnt ziemlicher Offenheit ist das unmöglich. Die Kontrolle über die Massenmedien kann zwar formale Gefügigkeit und Apathie gewährleisten, aber keinen Enthusiasmus mehr entfachen.

Einer der einflußreichsten Polit-Technologen der neuen Regierungsmannschaft, Gleb Pawlowski, hat kürzlich gesagt, daß die Machtübernahme von Wladimir Putin einen Sieg des gesunden Menschenverstandes über die rauschhafte Verblendung darstelle, die dieser vorausging. Aber das Gerede vom »Knüppel« oder die Behauptung, daß die Kritiker des jetzigen Präsidenten, nach den Worten Pawlowskis, ein »Haufen von Schurken« seien, lassen es wenig angelegen erscheinen, der These vom gesunden Menschenverstand Glauben zu schenken. Auf einer einzigen Seite gebraucht der Polit-Technologe, wenn er über den Präsidenten spricht, zig Mal das Wort »russisch« und spielt die nationalistische Karte. Die Gesellschaft jedoch kritisiert den Präsidenten für dieselben Eigenschaften, die zu seiner Wahl beigetragen haben, und wird ihn weiter kritisieren: Das Fehlen an Talent für öffentliche Auftritte, Verzögerungstaktik in schwierigen Situationen, die Neigung zu einfachen Lösungen für verwickelte Probleme, all das sind, kurz gesagt, die Eigenschaften eines Menschen, der sein Handwerk praktisch von der Pike auf erlernen muß.

Moskau, 13.11.2000

Die Illusion zu überleben

Den Anstoß zu dieser Korrespondenz gab eine Begebenheit, die meiner Tochter unlängst widerfuhr. Im vierten Schwangerschaftsmonat wandte sie sich an eine gynäkologische Privatpraxis. Dort untersuchte man sie, doch bevor man ihr die Untersuchungsergebnisse mitteilte, schickte sie der Arzt zu einer Produktpräsentation, bei der kostspielige ausländische Tabletten zum Schwangerschaftsabbruch angepriesen wurden. Man legte ihr praktisch nahe, einen Schwangerschaftsabbruch vornehmen zu lassen, wobei die Ärzte kommerzielle Vertreiber eben der besagten Tabletten waren. Und erst als der behandelnde Arzt eingesehen hatte, daß an diesem Falle partout nichts weiter zu verdienen war, händigte er ihr die Untersuchungsergebnisse aus, die besagten, daß keinerlei Mißbildung des Kindes vorliege. Das der Patientin zugefügte psychische Trauma blieb dabei selbstredend außer Betracht.

Bei der staatlichen Schwangerschaftsberatung fragte die Ärztin meine Tochter dann vor allem anderen danach, welche Vitamine sie einnähme. Als sie eine recht bekannte Firma nannte, rief die Dame aus: »Auf keinen Fall!« und empfahl kategorisch das Vitaminpräparat eines anderen Pharmaproduzenten, weil einzig diese Vitamine »natürlich« seien. Danach stellte sie einige Rezepte für Untersuchungen aus, die sich als ziemlich teuer herausstellten, und sagte, daß sie für einen Betrag von etwa 1000 Dollar die Entbindung in einer »guten« Geburtsklinik organisieren könne. Diese Ärztin bekam offensichtlich Profitbeteiligungen vom Verkauf bestimmter Vitaminpräparate, für die Durchführung gewisser Analysen (an deren Notwendigkeit berechtigte Zweifel bestanden) und die Reklame für kommerzielle Geburtskliniken. Auch ihr Verhalten stellte eine indirekte Nötigung zur Abtreibung dar und läßt sich folgendermaßen interpretieren: »Wenn deine Familie nicht über hinreichende Mittel verfügt, dann gebäre nicht!« Und weil es der großen Mehrzahl aller Russen an eben diesen Mitteln fehlt, nimmt sich diese Propaganda besonders überzeugend aus. Die Ärztin fügte, vorsätzlich gegen den Eid des Hippokrates verstoßend, der psychischen Gesundheit der werdenden Mutter um schnöden materiellen Vorteils willen Schaden zu.

Wollten sich beide behandelnden Ärzte auf diese Weise am Staat für ihre armselige Bezahlung rächen, so erreichten sie damit das gerade Gegenteil. Sie rächten sich an einem konkreten Menschen, während der Staat, der davor diskret die Augen verschließt und so diese Art von Käuflichkeit sanktioniert, sich zu ihrem Komplizen macht.

Als ich einmal im amerikanischen Fernsehen die Reklame »*Life – what a beautiful choice!*« sah, wurde mir klar, daß dahinter aggressive weltanschauliche Gruppen stehen, die die Meinung vertreten, daß ein Kind ein Geschenk Gottes sei und daß eine Frau nicht das Recht habe, selbst zu entscheiden, ob sie das Kind zur Welt bringen wolle oder nicht (besagte Reklame wurde von der Bewegung »Pro Life« lanciert, der wiederum eine Gegenbewegung, »Pro Choice«, entgegenstand). Daß aber ein Gynäkologe Abtreibung propagiert, das ist in der zivilisierten Welt bislang nicht vorgekommen.

Vergleichbare Prozesse laufen in Rußland heute auch auf anderen Ebenen ab: Unter dem Trommelfeuer beschwörender Reden über die Größe Rußlands nahm das russische Parlament ohne Abhaltung eines Referendums ein Gesetz an, das die Entsorgung radioaktiver Abfälle von Drittländern auf russischem Staatsgebiet erlaubt. Die gar nicht so fernen Auswirkungen der Umsetzung dieses Gesetzes sind unschwer vorauszusehen: Hunderttausende Russen werden dadurch erkranken und vorzeitig versterben. Mir scheint, das sind Erscheinungen, die derselben Kategorie angehören.

Auf Moskaus Straßen wird dem Passanten auf Schritt und Tritt etwas zum Kauf angeboten. Einem meiner Bekannten wurde etwa eine Rabattkarte aufgeschwätzt, die er bislang noch kein einziges Mal einsetzen konnte: Alle Preissenkungen wurden entweder nur in superteuren Restaurants und Geschäften gewährt, oder sie stellten sich als pure Werbetricks heraus; zum Beispiel steht da geschrieben: »30 % Rabatt auf Möbel« – und erst beim Kauf kommt heraus, daß sich die Rabattierung nur auf die *Lieferung* der Möbel bezieht.

Die russischen Arbeiter nehmen private Bestellungen entgegen, erfüllen sie mithilfe technischer Gerätschaften, die dem Staat gehören, und verschleißen so die wichtigsten, aus Zeiten der Sowjetunion überkommenen Produktionsgrundlagen; die russischen Lehrer und Professoren leben von Privatstunden und sehen in ihrer eigentlichen beruflichen Tätigkeit nicht mehr als einen Nebenerwerb; im Empfangszimmer seines luxuriösen Vorstadthauses gesteht der Eigentümer zum Scherz, daß sein Gehalt gerade einmal 1000 Rubel beträgt (weniger als hundert Mark) – sein offizielles Einkommen eben, für das er Steuern entrichtet.

Der lateinische Begriff *religio* bezeichnet in erster Linie nicht *religiones publicae* (Gottesdienstrituale), sondern bedeutet schlicht Gewissenhaftigkeit und Anstand (*religio vitae*) und kommt vom Verb *religare*, das soviel bedeutet wie *binden, anbinden, eine Verbindung knüpfen*. Diese »Verbindung« aber ist es, die im heutigen Rußland extrem, ja pathologisch schwach ausgebildet ist; an die Stelle mangelnden Anstands tritt ein mehr oder weniger erstarrtes religiöses Ritual. Alle – Ärzte wie Arbeiter, Firmenvertreter, Geschäftsleute und Abgeordnete – rechtfertigen ihre Handlungsweisen mit der Notwendigkeit schieren Überlebens. Das aber ist eine unwürdige Rechtfertigung – insbesondere in den Fällen, wo die unabdingbare Voraussetzung für dieses eigene »Überleben« darin besteht, das Leben anderer Menschen zu zerstören.

Das religiöse Moment besteht in einem solchen Fall in der Erfüllung eines äußeren Rituals, in der Ausübung der formalen Seiten des Kultes. Wenn sie in die Kirche gehen, bekreuzigen sich der Arzt, der soeben Tabletten zum Schwangerschaftsabbruch verkauft hat, der Volksdeputierte, der gerade dafür gestimmt hat, das Land zu einem Friedhof für nukleare Abfälle zu machen, und all die anderen und murmeln ein hülsenhaftes Gebet vor sich hin, eine Reihe von für sie gänzlich bedeutungslosen Lauten. Schließlich lassen sie sich nicht die Möglichkeit wegnehmen, das von ihnen Angerichtete auch noch zu bereuen, indem sie fälschlich davon überzeugt sind, daß ihr ach so teures »Überleben« auch in Zukunft stets aufs Neue davon abhängen wird, daß sie Derartiges tun.

Im postsowjetischen Raum fehlt es auf geradezu tragische Weise an Menschen (Laien wie Klerikern), die an etwas anderes als an das »Überleben« glauben. Indem sie ständig auf Kosten anderer überleben, zerreißen sie ihr Band mit diesen anderen; so verstümmeln sie letztlich auch sich selbst. Indem sie eine unübersehbare Zahl von strafrechtlich nicht geahndeten, jedoch himmelschreiend inhumanen Dingen tun, zerstören sie ihr eigenes Leben in nicht geringerem Maße als das Leben derjenigen, gegen die ihre Taten gerichtet sind.

Die in Moskauer Restaurants herrschende ausschweifende Fröhlichkeit, das ekstatische Konsumverhalten der Neureichen, ihre oftmals monströsen familiären Beziehungen, die voranschreitende Durchsetzung der Gesellschaft mit illegalen Drogen – was sind das alles, wenn nicht pervertierte Formen von Reue und Buße, die ihrerseits – eben aufgrund ihrer Pervertierung – die Fortsetzung ein und desselben Verhaltensmusters *ad infinitum* ermöglichen? Eine so große Dichte von sozial aktiven Psychotikern wie im postsowjetischen Raum wird man an keinem anderen Ort sonst je zu Gesicht bekommen.

Als Reaktion auf die Verhaftung von Pawel Borodin in New York schlugen einige Duma-Abgeordnete vor, einige Dutzend amerikanischer Bürger oder gar Präsident Clinton selbst zu inhaftieren (d.h. *de facto* als Geiseln zu nehmen). Erst kürzlich verkündete einer der Führer der Fraktion der Liberaldemokraten von Wladimir Schirinowski: »Schulden zahlen doch bloß Dummköpfe zurück«. Menschen wie menschliche Beziehungen werden gleichermaßen zum Verkauf feil geboten, so als ob es sich um ordinäre

Waren handele. Eine eigene Menschenwürde wird ihnen geradeheraus abgesprochen.

Vor einiger Zeit schlug während einer populären Talk-Show eine junge Frau einer anderen, reicheren ganz im Ernst und ohne jede Spur von humoristischem Einschlag, vor, ihr ihren Mann, den Vater ihrer drei Kinder, für 10.000 Dollar abzukaufen. Was dazu noch mit seinem Einverständnis erfolgte. Sie beschrieb detailliert seine physiologischen Parameter und seine Qualitäten als Mann und rechtfertigte ihren Wunsch, ihn loszuwerden, damit, daß er nicht genug Geld nach Hause bringe und sie nicht bei der Erziehung der Kinder unterstütze. Den Erlös aus dem Verkauf ihres Mannes wollte die wohltätige Mutter dazu einsetzen, ihren Kindern eine Ausbildung zu ermöglichen. Eine Woche später bot eine andere Frau an, ihren Mann für umsonst in »gute Hände« zu geben – einzig damit er Wohnfläche freimache.

Der russische Dichter Nikolai Nekrassow konnte seinerzeit auf die Frage »Wem lebt sich's gut in Rußland?« keine Antwort geben. Im heutigen Rußland ist das noch weniger möglich. Obgleich der Sozialneid sehr weit verbreitet ist, gründet er auf einem Irrtum: Es ist genauso schlecht, Geschäftsmann zu sein wie Staatsbediensteter, Schuster nicht besser als kleiner Angestellter. Die Neider, die sich für schändlich übervorteilt halten, haben kaum eine Vorstellung davon, was sich hinter dem Schaufenster eines fremden Lebens wirklich verbirgt, wie viel Selbstentsagung, Verzweiflung und seelische Verwahrlosung darin verborgen liegen. Die neuen Reichen selbst hingegen (die nur *de facto* reich sind, nicht aber *de jure*, nicht vor dem Gesetz, nach dem es in Rußland so gut wie keine Reichen gibt) reagieren auf diesen Neid mit nur unzulänglich verborgenem Haß. Sie erblicken den Grund aller Übel, die das Land heimsuchen, den Grund seiner Rückständigkeit in der riesigen Zahl ihrer armen Mitbürger, an deren angenommener »Trägheit« und fehlenden Fähigkeit, sich den neuen Bedingungen anzupassen. Ihren eigenen Anteil an diesem Prozeß ziehen sie jedoch vor, nicht zu bemerken; das wäre allzu traumatisierend für sie. Wenn dieser Haß aber auf einen äußeren Feind trifft, nimmt er eigenartiger Weise die Form von »Patriotismus« an.

Ungeachtet der größeren Verbreitung äußerlicher Rituale als in sowjetischen Zeiten ist das postsowjetische Rußland eines der irreligiösesten Länder der Erde, denn nur wenige Bürger Rußlands können sich den Luxus eines reinen Gewissens leisten, dieses aber ist das *sine qua non* jeglichen religiösen Glaubens.

Exotische Formen von Dienstleistungen florieren allenthalben. Da wäre beispielsweise der »Extremtourismus« in Tschetschenien: Für horrende Geldsummen zeigen Soldaten wohlhabenden Personen, meistens Ausländern, das vom Krieg verwüstete Land vom Hubschrauber aus. Viele dieser »Touristen« sind Journalisten, die auf anderen Wegen nicht an Informationen gelangen können. Darin verbünden sich ein weiteres Mal autoritäre Politik und Kommerz. Denn wären nicht alle anderen Informationsquellen von vornherein blockiert, so würde auch der »Extremtourismus« nicht gedeihen – und folglich könnten auch die russischen Soldaten in Tschetschenien nicht an dieser »Dienstleistung« verdienen. Das Phänomen der Kommerzialisierung des Verbots ist in Rußland praktisch allgegenwärtig, so daß man sich *post festum* des Eindruckes nicht erwehren kann, daß das Verbot bloß zum Zweck seiner nachfolgenden Kommerzialisierung ergangen ist oder daß das Verbot selbst sogar von Anfang an bloß eine pervertierte Form darstellt, »Dienstleistungen« anzubieten. Das Ergebnis ist, daß nahezu alles käuflich ist, obgleich die Zahl der Verbote ununterbrochen wächst.

Ein zur Zeit in Moskau populärer Witz, der diese Logik treffend illustriert, lautet: »Ruft bei Putin der Vorstandsvorsitzende von Coca-Cola an und fragt: ›Wladimir Wladimirowitsch, sie haben vor, die Landeshymne zu wechseln und vielleicht auch die Flagge durch die frühere, rote zu ersetzen, nicht wahr? Wie wäre es denn, wenn man so mit kleinen weißen Buchstaben in einer Ecke Coca-Cola draufdruckte, dann würden wir all ihre finanziellen Probleme mit den Pensionen, den Gehältern für die Staatsbediensteten usw. für einige Jahre im voraus lösen...‹ Wladimir Putin bedeckt den Telefonhörer mit der Hand und fragt seinen Premierminister Kasjanow: ›Mit Aqua Fresh[1] – wann läuft unser Vertrag mit denen aus?‹

Man mag einwenden, daß an dem von mir gezeichneten Bild nichts Originelles sei, daß ähnliche Phänomene auch in anderen, vergleichsweise armen Ländern an der Tagesordnung seien. Aber ist dem wirklich so? Sind solche Erscheinungen wahrhaftig so universell? Unlängst sah ich im Kino den Film des iranischen Regisseurs Abbas Kirostami »A Taste of Cherry«. Da er vorhat, Selbstmord zu begehen, bittet der Hauptheld des Filmes nacheinander drei sehr, sehr arme Zeitgenossen (einen Kurden, einen Afghanen und einen Türken), im Morgengrauen mit einer Schaufel zur Stelle des Selbstmordes zu kommen und seine Leiche mit Erde zuzudecken. Er bietet dafür enorme Geldbeträge, doch aus religiösen Erwägungen heraus akzeptiert keiner der drei. Der Protagonist versucht sie davon zu überzeugen, daß er seine Entscheidung aus zutiefst persönlichen Gründen heraus getroffen hat, daß ihre Hilfe nichts als ein barmherziger Akt sein würde und nicht etwa eine Art Mittäterschaft. Nichtsdestotrotz raten sie ihm alle beharrlich vom Selbstmord ab (und dieser Selbstmord stellt sich am Ende des Filmes als bloße Imitation und Inszenierung eines Selbstmords zu künstlerischen Zwecken heraus).

Als ich diesen insgesamt unprätentiösen Film anschaute, dachte ich über den Unterschied nach, der zwischen einer traditionalen Gesellschaft, die sich ihre religiösen Normen und ihre Clan-Werte bewahrt hat, und einer postkommunistischen Gesellschaft besteht, in der alle Werte von Grund auf zerstört sind. Deshalb glaube ich nicht, daß irgend eine unüberwindliche Macht äußerer Umstände die Menschen, die gebetsmühlenhaft vom »Überleben« reden, zur *aktiven und täglich wiederholten* Unmenschlichkeit zwingt. Das Inhumane hat einen viel tieferen Grund in dem, der es vollzieht, als das bloße »Überleben« (das nicht mehr ist als ein

---

1. Produzent von Zahnpasta. Verwendet in seiner Reklame, der Flagge der Russischen Föderation entsprechend, die Farben Rot, Weiß und Blau. (A. d. Ü.)

Alibi). Die Bande eines solchen Menschen zu anderen Menschen sind von Grund auf zerrissen, so daß die Zerstörung von Leben – einem Leben, das ein derartiger Mensch nur aus Unwissenheit für ein *fremdes* Leben hält (im Grunde ist es sein eigenes Leben, das er zerstört) – für ihn nicht nur erträglich, sondern sogar wünschenswert wird – und zwar als Beweis für Macht, Erfolg und Zugehörigkeit zur »Elite«. Das Dilemma des heutigen Rußland ist ganz einfach: Entweder muß es in diesem Land weniger auf Kosten anderer großer, mittlerer und kleiner Raubtiere »Überlebende« geben, oder die Grundlagen des Lebens werden in den eurasischen Räumen durch ihr Tun rundweg untergraben werden... Dann könnte es zum »Überleben« bald keinen Ort mehr geben – und auch keinen Menschen mehr.

Moskau, Februar 2001

Das Leben ist härter

Seit etwa sechs Jahren schreibe ich regelmäßig diese Korrespondenzen für »Lettre International«; seit ungefähr elf Jahren publiziere ich in Deutschland, Österreich, den USA, Kanada, Frankreich und anderen Ländern, halte Vorträge und nehme an Konferenzen teil usw. Nun habe ich mir die eigentlich banale Frage gestellt, was sich in dieser Zeit an meiner Situation als in Moskau lebender Autor verändert hat.

Doch es kam eine paradoxe Antwort heraus: Wenn in Rußland geschehen wäre, wovon man meint (wenigstens bis vor kurzem meinte), daß es geschehen sei, daß Rußland nämlich den Weg der Entwicklung zur Marktwirtschaft eingeschlagen hätte, dann müßte sich die Lage von Schriftstellern, Künstlern und Intellektuellen, deren Ideen, Texte und Werke im Westen Anklang finden, in dieser Zeit eigentlich merklich konsolidiert haben. Doch entgegen dem ersten Anschein ist meine Arbeit in Moskau jetzt weniger gefragt, als sie es in der Vergangenheit, zu Beginn der Perestroika und in der ersten Hälfte der 90er Jahre, war.

Der in den letzten Jahren abgelaufene Mechanismus der Marginalisierung ist recht einfach. Angenommen, eine neue Zeitschrift wird gegründet: Man lädt dich ein, mit den Gründern dieser Zeitschrift zu besprechen, womit du den Herausgebern nützlich sein könntest. Du äußerst eine Meinung, die sich von der Meinung des Redaktionsleiters (in der Regel ist das die Person, die Geld für die Herausgabe der Zeitschrift bekommt) unterscheidet, und damit ist die Zusammenarbeit beendet. Dabei treten zwei verschiedene Logiken miteinander in Konflikt: Du bietest deine Mitarbeit an, während man dir im Gegenzug die Vorbedingung stellt, einem neuen Kollektiv beizutreten und dabei insbesondere die unbestreitbare intellektuelle Autorität des Redaktionsleiters (oder *de facto* die Priorität seiner Entscheidungen) anzuerkennen. Man will mit anderen Worten deine Arbeit im Paket mit deiner

Anerkennung kaufen, dem Leiter untergeben und ihm zu Diensten zu sein. Wenn die Eingangsbedingung nicht erfüllt ist, besitzt deine Arbeit selbst in den Augen der Mitglieder des Kollektivs keinerlei Wert mehr.

Ich war nach westlicher Manier davon ausgegangen, daß man auch ungeachtet bestimmter Meinungsunterschiede zusammenarbeiten könne, ja daß dies die Zusammenarbeit gar bereichern könnte. In Rußland aber ist das Geld noch immer dermaßen personengebunden, daß seine Besitzer ihre Bedingungen geradeheraus diktieren. Und die wichtigste dieser Bedingungen ist, daß der neue Mitarbeiter oder die neue Mitarbeiterin sich dem (oftmals höchst kapriziösen) Willen des Besitzers oder der Besitzerin unterwirft. Diejenigen, die über das Geld verfügen, sind außerstande, sich vorzustellen, daß jemand, der ihnen persönlich unsympathisch ist, trotzdem ein wertvollerer Mitarbeiter sein könnte als ihre persönlichen Verehrer. Anders gesagt, ihnen ist der Reiz freier geistiger Produktion vorderhand noch unbekannt. Umgekehrt sind denen, die, da sie im Westen gearbeitet haben, diese Prinzipien kennengelernt haben, jene Vorstellungen von Hierarchie zutiefst fremd. Meine Erfahrung mag deshalb aufschlußreich sein, weil sie ganz und gar keinen Einzelfall darstellt. Sie ist vielmehr typisch.

Häufig beschreiben sich die Mitglieder solcher Kollektive selbst als Demokraten, die bereit seien, Freiheiten verschiedener Art zu verteidigen; in der Vergangenheit waren einige von ihnen Dissidenten gewesen. Unfrei ist aber gerade die Organisationsstruktur, mithilfe derer sie sich daran machen, die Freiheit zu verteidigen: das einem Chefredakteur sklavisch unterworfene Kollektiv. Schließlich wurde das, was mir schweigend untersagt wurde – nämlich frei meine Meinung zu äußern –, jedem der Kollektivmitglieder umso mehr verboten. Was aber, wenn derjenige, der dem Leiter des Redaktionskollektivs das Geld gegeben hat, um die Freiheit zu verteidigen als einen integralen Bestandteil seines Privatinteresses – wenn dieser Jemand plötzlich seine Meinung ändert und ihm nun Geld für etwas ganz anderes gibt (weil sich

beispielsweise auch dieses Privatinteresse geändert hat)? Wird sich dann nicht dasselbe Kollektiv um dieselbe Leitungsperson, aber um eines anderen Zieles willen scharen? Können Personen, die persönlich unfrei sind, deren Arbeit nur unter der Bedingung absoluter Unterwerfung gekauft wird, an sich selbst aber keinen Wert besitzt – können solche Menschen die Freiheit verteidigen? Ich habe keine fertige Antwort auf diese Fragen; ich weiß lediglich, daß es sich um ernste Fragen handelt und daß sie nicht nur mich allein umtreiben. Das System intellektueller Produktion, wie es heute in Rußland besteht, gemahnt eher an den Feudalismus, ein System, bei dem der Souverän das Recht besitzt, von seinen Vasallen Ergebenheit zu fordern – unabhängig davon, von welchen Motiven er sich selbst leiten läßt –, als an eine postindustrielle Gesellschaft, wo ein hohes Maß an Konkurrenz eine derartige Willkür vor allem anderen schon extrem unvorteilhaft macht. Der einzige Unterschied besteht darin, daß der Verhaltenscode der heutigen postsowjetischen Feudalherren von keinem System religiöser Grenzen mehr beschränkt wird und daß sich ihre Interessen auf bizarre Weise äußern und häufig ändern. Kürzlich konnte ich mich am eigenen Leib davon überzeugen, daß es in Rußland keinen Begriff von geistigem Eigentum gibt. Etwa zehn Jahre lang hatte ich mit einem kleinen Verlag zusammengearbeitet, der sich auf dem Markt für philosophische und kulturwissenschaftliche Literatur behauptete und hauptsächlich Übersetzungen von Foucault, Deleuze, Derrida, Heidegger, Canetti und anderen westlichen Autoren herausbrachte, die in der Regel von internationalen Stiftungen und Förderprogrammen subventioniert wurden. In diesem Verlag gab es auch eine kleine Reihe, in der die Bücher Moskauer Philosophen, Kultur- und Kunstwissenschaftler sowie konzeptualistischer Schriftsteller erschienen.
Plötzlich begann der Inhaber kommerzielle Literatur von nach meiner Auffassung sehr niedrigem Niveau herauszugeben. Auf meine befremdete Nachfrage entgegnete er mir, daß sich diese Bücher gut verkauften und beim Moskauer Publikum, das des in-

tellektuellen Snobismus überdrüssig sei, auf Anklang stießen. Meine Geduld wurde auf eine harte Probe gestellt, als der Verlag ein Buch herausbrachte, das man nicht anders nennen kann als Propaganda für Drogen. Als Autor wurde ein gewisser Bajan Schirjanow genannt – »bajan« bedeutet im Fixerjargon »Spritze«, das Verb »schirjatsja« »sich einen Schutz setzen«. Ich stand vor der Wahl: die Verbreitung von Drogensucht im Lande zu unterstützen, in dem ohnehin massenhaft zur Spritze gegriffen wird, also das im Laufe der Jahre angesammelte intellektuelle Kapital des Verlags in den Dienst einer ganz dunklen Sache zu stellen, oder aus dem Spiel auszuscheiden. Und obwohl fast die Hälfte aller Projekte des Verlags unter meiner Mitwirkung realisiert worden war, hatte ich, wie sich jetzt herausstellte, keinerlei Mitspracherecht. Mir blieb nichts anderes übrig, als meine Mitarbeit niederzulegen. Als Antwort mußte ich mir dann aus dem Mund meines langjährigen Freundes den schmerzlich bekannten Satz anhören: »Na dann werden wir auch ohne Sie auskommen!«

In Moskauer intellektuellen Kreisen gibt es zur Zeit eine sehr populäre Formulierung: »Das Leben ist härter«; man hört diesen Satz oft in Restaurants, auf Buchvorstellungen oder Vernissagen. Er läßt sich folgendermaßen aufschlüsseln: Das Reale unseres Begehrens ist etwas derart Brutales, daß im Vergleich damit jegliche Grausamkeiten des wirklichen Lebens (etwa das bestialische Geschehen in Tschetschenien, der Kampf gegen unbotmäßige Journalisten oder der Spionagewahn), verblassen. Dieselben Personen, die das Reale ihres Begehrens mittels Drogen und Alkohol inszenieren, dürsten nach einem starken Staat, der sie vor dem asozialen Verhalten anderer, das sich in nichts von ihrem eigenen Verhalten unterscheidet, beschützt. Es ist dieser Teufelskreis, der dem Putin-Regime den Boden bereitet hat.

Diese Situation illustriert eine Begebenheit, die mir jüngst ein junger und erfolgreicher Konzept-Künstler erzählte. Er hatte sich mit dem ehemaligen Inhaber einer Galerie unterhalten, die im August 1998 in Konkurs gegangen war. Plötzlich begann sein

Gesprächspartner (der übrigens drogenabhängig ist) hysterisch herumzuschreien, daß die Juden Rußland »bis an den Rand des Abgrunds« gebracht hätten, daß er und seine Gesinnungsgenossen bald mit diesen »Bastarden« abrechnen würden. Das Bemerkenswerteste an dieser Geschichte ist, daß der Schreihals selbst zur Hälfte Jude ist und daß die Folgen antisemitischer Progrome auch für ihn aller Wahrscheinlichkeit nach fatal wären. Er inszenierte das Reale seines Begehrens, ohne zu begreifen, daß es auch gegen ihn selbst gerichtet ist: Im Moment der Hysterie war er jener Andere, der Ordnung herstellt, sein Ich aber existierte einfach nicht; es verschwand angesichts des Bewußtseins, daß das »Leben härter« ist als seine brutalsten Erscheinungsformen.

Es ist ganz klar, warum vor einiger Zeit einige Dutzend Abgeordnete der russischen Duma sich weigerten aufzustehen, um den Opfern des Holocausts die Ehre zu erweisen: »Gebt uns erst Kredite, erlaßt uns einen Teil unserer Schulden«, – wollten sie damit gleichsam sagen –, »und erst dann dürft ihr von uns Ergebenheitsbezeugungen fordern!« Für diese Parlamentarier war das Leben so grausam, daß sie diese Humanitätsbekundung für unter ihrer Würde ansahen. Es gäbe so viele Opfer, daß man keines davon privilegiert nennen könnte, und schon gar nicht dieses eine, das ihnen, wie sie meinen, der Westen aufzwingt.

Die Maxime »das Leben ist härter« hält auch in anderen Fällen als Ablaßbrief her. Ein Bekannter von mir, ein Kunstkritiker kaufte sich einen teuren Computer, den er schon lange hatte kaufen wollen, dazu aber finanziell außerstande war. Zwar hatte ihm eine Stiftung Geld nicht für den Kauf eines Computers, sondern für die Drucklegung eines Buches gegeben, und jetzt fehlt ihm das Geld, um sein Buch herauszubringen. »Aber was soll's«, erklärte er mir, »schließlich gab es keine andere Möglichkeit, den Computer zu kaufen.« Nun soll man nicht denken, daß dieser Künstler eine Ausnahme von der Regel darstellte. Zufällig geriet mir einmal eine Liste derjenigen Stipendienempfänger der Soros-Stiftung in die Finger, die über die empfangenen Gelder nicht ordnungsgemäß Rechenschaft abgelegt haben, d.h. die sie für anderes zweckentfremdet haben. Darunter waren Dutzende mir vertrauter Namen. Wenn man die betreffenden Empfänger fragte, warum sie das getan hätten, würden sie sich wahrscheinlich auf die Notwendigkeit zu überleben (eine weitere Spielart der Formel »das Leben ist härter«), auf niedrige Löhne usw. berufen. Darüber hinaus war in sowjetischen Zeiten die Formel »alles gehört der Kolchose, also gehört alles mir« im Umlauf, d.h. den Staat zu bestehlen erregte keinen Anstoß, da ja dieser Staat selbst sich erst infolge einer gigantischen Enteignung von Hunderttausenden von Grundeigentümern hatte etablieren können. Diese Logik wird jetzt unbewußt auf die Mittel gemeinnütziger Stiftungen übertragen, die ja ganz andere Herkunftsquellen haben. Menschen, die so etwas tun, sind damit praktisch an der Zerstörung des Begriffs der Reputation selbst interessiert; ihnen ist es wichtig, sich selbst zu beweisen, daß auch andere an ihrer Stelle ganz gleich vorgegangen wären. So ergibt sich eine total perverse Situation: Den Ausruf »Haltet den Dieb« bringen meistens gerade die hervor, die selbst auch einen Diebstahl auf dem Gewissen haben. Sie wollen quasi nicht, daß andere ihnen gleich sind. Genauer gesagt: Für sich selbst finden sie mildernde Umstände, für andere hingegen nicht. Die Losung »das Leben ist härter« kann nicht universell sein, denn in diesem Falle würde das Leben an sich unmöglich. Der »Privatisator« (so ein heute in Rußland verbreiteter Euphemismus) verbirgt die Tatsache des Diebstahls vor allem vor sich selbst, und erst dann beschuldigt er andere. Die anderen aber machen genau dasselbe, und der Teufelskreis schließt sich.

Etwas Vergleichbares vollzieht sich im russischen Universitätssystem. Für einen Kurs zur Gegenwartsphilosophie, den ich im Laufe eines Semesters gehalten hatte, zahlte man mir knapp über 30 Dollar. Als ich mich vor einiger Zeit in Deutschland aufhielt, erfuhr ich dann von einer gleichfalls dort weilenden Dekanin dieser russischen Universität, daß die Leitung dieser Universität selbst nach westlichen Maßstäben ein hohes Salär bezieht. Ich fühlte mich gekränkt: Ja, ich bin bereit, für Groschen zu arbeiten, aber unter der Bedingung, daß diejenigen, die mich dazu auffordern, ihrerseits wenigstens auch ein bißchen Idealismus an den Tag zu legen und nicht bloß mich und andere Lehrende ausbeuten. Danach habe ich zweimal ein Angebot dieser Universität abgelehnt.

Im Vergleich mit der Sowjetunion ist das heutige Rußland zweifellos ein freies Land; seine Grenzen sind offen, der Rubel ist in harte Währungen konvertierbar und umgekehrt, das Internet funktioniert, es wird weit mehr Ware zum Verkauf angeboten als die Mehrheit imstande ist zu kaufen, es erscheinen Bücher, die früher verboten gewesen wären, die Jugend hat bereits nur noch eine verschwommene Vorstellung von den sowjetischen Zeiten usw. All das ist unbestritten. Nichtsdestotrotz aber bewegen sich Rußland und der Westen auf sich voneinander entfernenden Umlaufbahnen; mit denselben Worten (Freiheit, Markt, Gesetz) werden hier und dort ganz unterschiedliche Dinge bezeichnet. Im Gegensatz zur Sowjetunion beharrt Rußland nicht auf der Besonderheit seiner Umlaufbahn, darauf, daß es das Land der Zukunft sei, dessen Weg früher oder später alle zivilisierten Ländern würden folgen müssen. Ja, wenn es angezeigt erscheint, bekennen die russischen Polit-Technologen, daß sich Rußland qualitativ nicht von anderen Ländern unterscheide, sondern bloß im Augenblick noch ökonomisch hinter ihnen herhinke. Übrigens ertönen im Putin-Rußland solche Stimmen immer seltener. Immer häufiger führt man Losungen von einem eigenen russischen Weg, von Eurasiertum, geistiger Kultur usw. im Munde.

Paradoxerweise bestehen die Vorzüge des Lebens in Moskau heute gerade in dem, was seine Hauptnachteile ausmacht: in dem Defizit an Gebraucht-Werden, im Zustand freien Falls, der nun schon viele Jahre andauert, und in einem Übermaß an freier Zeit. Jede dieser Besonderheiten kann auch als Vorzug betrachtet werden, aber nur unter einer Bedingung – solange das Land offen ist, solange Ideen und Menschen frei zirkulieren können. In Moskau komme ich in den letzten Jahren weit mehr zum Schreiben als in jedem westlichen Land, in dem ich in den letzten zehn Jahren für längere Zeit gelebt habe. Und das insbesondere deswegen, weil sich meine beruflichen Verpflichtungen – übrigens, nicht aus freien Stücken meinerseits – auf ein Minimum reduziert haben. Wenn aber das Schicksal der freien Presse im Putin-Rußland auch den freien Gedanken erreicht, dann bleibt kein einziger dieser Vorzüge mehr übrig. So kann man nur darauf hoffen, daß wir in einer so stark miteinander verflochtenen und wechselseitig abhängigen Welt leben, daß Autarkie selbst für ein so großes Land wie Rußland unerreichbar ist – ungeachtet all der sowjetischen Rhetorik seiner Führer und des traditionalistischen Denkens der Mehrheit der russischen Bevölkerung.

Die Hoffnung stirbt bekanntlich als letzte. Deshalb stirbt sie oft zu spät.

Moskau, 2. Mai 2001

Brüderliche Untaten

In den letzten Jahren haben russische Regisseure wie German, Sokurow, Balabanow und andere bemerkenswerte Filme gedreht. Filme wie *Moloch, Chrustaljow, meinen Wagen!, Moskau* und *Über Menschen und Krüppel* zielen auf ein Publikum ab, das die Sprache des Kinos beherrscht, über ein großes Arsenal von Assoziationen aus der Filmgeschichte verfügt und ein Faible für klassische Musik und anspruchsvolle Soundtracks hat. Diese Filme bringen kaum etwas ein, für die Kenner aber sind sie ein Ereignis. Daß sie keine Kassenschlager sind, machen sie mit Festivalpreisen wett.
Dann kommt im Jahr 2000 ein Film in die russischen Kinos, der in drei Monaten mehr als eine Million Dollar einspielt. Er setzt sich an die Spitze des Verleihrankings und übertrifft sogar den mit riesigem Aufwand vermarkteten *Barbier von Sibirien* von Nikita Michalkow. Bemerkenswert daran ist auch, daß der Regisseur dieses Filmes, *Bruder 2*, Alexei Balabanow, zuvor erfolgreich mit einem avantgardistisch-anspruchsvollen Film debütiert hatte. Der Held von *Bruder 2*, Danila Bagrow (gespielt von Sergei Bodrow), ist zu einer Kultfigur, zum Jugendidol avanciert; er hat eine Website, einen Fanclub und andere Starattribute.
Die Filmhandlung ist vergleichsweise simpel: Drei Freunde, Veteranen des ersten Tschetschenienkrieges, treffen sich im Fernsehen wieder, als einer von ihnen nachträglich mit einem Orden für eine Heldentat im Krieg ausgezeichnet wird. Der Zwillingsbruder des Geehrten, ein Eishockeyspieler, der in der amerikanischen *National Hockey League* für die *Chicago Blackhawks* spielt, hat mit einem amerikanischen Mafioso, einem »neuen Al Capone«, einen für ihn selbst unvorteilhaften Vertrag geschlossen, der es dem Gangster erlaubt, sich das von jenem verdiente Geld unter den Nagel zu reißen. Der Bruder des Eishockeyspielers, der als Wachmann bei einer Bank arbeitet, deren Boß wie-

derum illegale Geschäfte mit besagtem Amerikaner macht, bittet seinen Boß, sich für seinen Bruder einzusetzen. Statt dessen aber befiehlt der Banker dem Chef seiner Leibwache, diesen Bruder umzulegen. Interessant ist nun, daß der Protagonist des Films nicht wegen des Mordes an seinem Freund Rache nimmt, sondern wegen des vorangegangenen Betrugs an dessen Bruder; er rächt sich nämlich nicht an dem Banker, sondern an dessen amerikanischem Partner. Dazu fliegt er mit seinem eigenen Bruder, einem professionellen Killer, nach Amerika, um Vergeltung zu üben.

Abziehbilder

Der Film setzt eine Reihe von kleinen, aber für das heutige Rußland höchst bezeichnenden Akzenten: Die schlimmste Mafia ist die amerikanische, während die russischen Banditen dieser bloß zuarbeiten, im besten Falle deren Juniorpartner sind. Die Amerikaner erscheinen von Geld besessen und darum zu allem bereit, doch die brüderliche russische »Gerechtigkeit« triumphiert mittels einer Serie von Morden, und der Held gibt schließlich dem Eishockeyspieler das dem »neuen Al Capone« mit Gewalt abgenommene Geld (900.000 Dollar) zurück. Alle Helden dieses Films stehen – ein Merkmal aller Propaganda-Filme der Sowjetzeit und des Nationalsozialismus – nicht allein für sich selbst, sondern stellvertretend für ganze Völker und Gesellschaftsschichten. Der Jude aus Brighton Beach in New York verkauft dem Helden ein Auto, das auf dem Weg nach Chicago den Geist aufgibt, nachdem er versichert hat, daß es in ausgezeichnetem Zustand sei. »*Wir Russen betrügen einander doch nicht*«, sagt er mit dem klassischem Akzent der Juden aus Odessa. Die Moral dieser Episode ist schlicht: Die Juden kennen keine wahre Brüderlichkeit, deswegen kann man ihnen nicht trauen. Im selben Stil werden ukrainische Mafiosi, weiße und schwarze Amerikaner und die Moskauer Schickeria dargestellt. Jeder Ukrainer steht für alle

Brüderliche Untaten

Ukrainer, jeder Reiche für alle Reichen, jeder Fernsehstar für alle Fernsehstars, jeder Bruder für alle Brüder. Im Einklang mit einem Prinzip, das Goebbels wie dem stalinistischen Demagogen Wyschinski vertraut war, müssen durch jeden Feind alle Feinde hindurchscheinen, durch jeden Freund alle Freunde. *»Erstmals in der Geschichte des russischen Kinos«*, so ein Filmkritiker, *»werden quasi en passant rassistische Ideen verbraten.«*[1] Anhand einiger untersetzter und dümmlicher ukrainischer Banditen sollen wir uns eine Vorstellung vom gesamten ukrainischen Volk machen. Dafür zeigt sich die russische Prostituierte, die von einem dunkelhäutigen Zuhälter brutal ausgebeutet wird, als aufopferungsvolle Natur. Die Brüderlichkeit steht unendlich viel höher als das Gesetz, so viel höher, daß in ihrem Namen alle Verbrechen geheiligt werden. Und je willkürlicher und unmotivierter das Verbrechen, desto stärker der Geist von Brüderlichkeit. Der Bruder steht jenseits von Gut und Böse; er ist immer schon positiv belegt. *»Es ist doch sein Bruder«*, wiederholt der Held des Filmes mit einem seligen Lächeln im Stile der Gottesnarren des russischen Mittelalters. Wahrhafte Brüderlichkeit gibt es – natürlich! – nur in Rußland. Am Lagerfeuer auf einer Chicagoer Industriebrache erinnert sich die russische Hure, daß sie sich zum letzten Mal in ihrer Jugend so geborgen gefühlt hat, in Rußland. Leider stellt sich einmal mehr heraus, daß solcher Brüderlichkeitskult ohne Xenophobie und Rassismus nicht möglich ist; die »brüderliche Natur« spricht ihr Urteil und vollstreckt es unverzüglich; bestimmte Kategorien von Menschen besitzen für sie nicht den geringsten Wert.

Das Paradox von *Bruder 2* liegt darin, daß der Held nicht allein um der von ihm verkündeten Brüderlichkeit willen mordet, sondern auch für Geld. Nachdem er mit dem »neuen Al Capone« abgerechnet hat, gibt er dem Eishockeyspieler sein Geld zurück – und behält die Zinsen für sich. So handelt er – ungeachtet aller Rhetorik – auch als professioneller Killer, der seinen Preis hat. Gemeinsam mit der Prostituierten verläßt der Held Amerika,

---

1. Iskusstwo kino 11 (2000)

sitzt im teuren Anzug in der ersten Klasse des Flugzeugs und bestellt einen Tisch zum Abendessen im Metropol. Die »Gerechtigkeit« ist materieller Belohnung nicht abhold, obgleich die Filmautoren darum bemüht sind, diesen Umstand zu kaschieren. Die Brüderlichkeit siegt über die amerikanische Geldgier dank einer Kombination aus Gottesnarrentum und Unmenschlichkeit. Wenn der Film vielen Zuschauern gefallen hat, dann, weil er Ströme unbewußter Aggression kanalisiert, wie sie die postsowjetischen Massen auszeichnen. Zugleich zeigt er den Einfluß von amerikanischem Kino, Computer-Spielen und dem Internet. Am Schluß drückt der Held den Abzug seines Maschinengewehrs wie eine Maustaste, und die anonymen Feinde der Brüderlichkeit fallen tot um. Der Zuschauer soll sich mit der entrealisierten und durchweg straffreien Anwendung von Gewalt identifizieren, seine eigenen unterdrückten Aggressionen gegen die Vielzahl der Feinde offen zeigen. Dieses Prinzip in Reinform vorzuführen (wie das früher Dostojewski machte), geht schon nicht mehr an. Sonst würde Danila Bagrow nicht in der ersten Klasse eines Flugzeugs Wodka trinken. Das Geld hat den Mechanismus der Brüderlichkeit infiziert, obwohl es für diese Art der Ansteckung bislang noch keine Ausdrucksform gibt. Die Infektion schwärt als eine stumme, aber unverzichtbare Kraft. In *Bruder 2* besteht die Brüderlichkeit in »rechten« Worten über Patriotismus und die Liebe zur Heimat und zu den übrigen Brüdern. Die Ebenen des Gesprochenen und der Handlung sind klar voneinander getrennt: Die Handlungen des Helden sind allesamt unverhältnismäßig, und der Übergang von sentimentalen Worten zu brutalen Taten geschieht unvermittelt. Alle scheinbar von innerer Unbeteiligtheit zeugenden Gesten des Helden schreiben sich in eine brutale Logik des Verbrechens ein: Aus der deklarierten Uneigennützigkeit schlägt er enormen Profit. Bei all seiner Gutherzigkeit ist der neue »Heilige« gänzlich unreligiös und läßt sich bei seinen Handlungen von bloßer Berechnung leiten. Der russischen Hure möchte er uneigennützig helfen, doch benutzt er sie, indem er sie zur Komplizin des Verbrechens um der »Brüderlichkeit« willen macht. Das Kalkül des Helden besteht im zur Schau gestellten Fehlen jeglichen Kalküls, wie das seit Jahrhunderten im russischen Märchen bei den gutherzigen Narren der Fall ist. Vor allem aber ist dem Helden selbst das Brüderlichkeitsprinzip zutiefst fremd: Die von ihm beschworene Brüderlichkeit besteht ausschließlich in der Vernichtung der Nicht-Brüder.

Neuer nationaler Film

Der Erfolg dieses Films belegt, daß das propagandistische Kalkül der Autoren aufgegangen ist und es ihnen gelungen ist, ein psychisches Bedürfnis des Publikums zu bedienen: Auf der Leinwand wollen die Zuschauer einen berechnenden und brutalen Helden sehen, der zur Untermauerung seiner (unter anderem auch ökonomisch) höchst effektiven Vorgehen zur Rhetorik der Brüderlichkeit greift. Herausgekommen ist eine neue Spielart der »russischen Idee« – eine bizarre, innerlich zerrissene und widersprüchliche. Der Held ist ein Psychopath, der ein Problem erfolgreich gelöst hat, das viele Russen heute haben: Wie kann ich illegale Handlungen begehen (Mord ist davon die radikalste), ohne dabei Gewissensbisse zu haben und nicht depressiv, sondern im Gegenteil nur noch »heiliger« zu werden?
Das Rezept ist so einfach wie verläßlich: Man muß nur Sprechen und Handeln radikal trennen, einzig in der Dimension der Gerechtigkeitsrhetorik leben und dabei zugleich mit maximaler Effizienz handeln, ohne auf irgendeine gesetzliche Vorschrift Rücksicht zu nehmen. Während es aber früher die christliche Gemeinschaft (Dostojewski) oder die Partei (Lenin) waren, welche die Brüderlichkeit sanktionierten, so erteilt sich der Held jetzt selbst Absolution. Die »Brüderlichkeit« gerät so in totale Abhängigkeit von der Figur des Feindes. Der Zuschauer soll sich mit der völligen Trennung der verschiedenen Ebenen des Visuellen, des Rhetorischen und des Impliziten (des Unausgesprochenen) identifizieren. Er soll sowohl das Ausgesprochene wie auch das Mitge-

meinte heraushören, gleichzeitig das Gezeigte und das Verborgene sehen. Und im Unterschied zum Filmkritiker sieht der durchschnittliche postsowjetische Zuschauer das alles aufgrund seiner langen Gewöhnung an alle möglichen Formen der Geheimhaltung auch wirklich. In der neuen russischen Idee ist kein Platz für den gemeinschaftlichen Kollektivismus noch für den imperialen Internationalismus vergangener Zeiten. Denn wenn die Welt der neuen Brüder nicht von allen Seiten durch die von ihnen erfundenen Feinde bedroht würde, so verschwände ihre einzige Existenzberechtigung. Schließlich ist das ungenannte Motiv der Taten der neuen Brüder der elementare Haß auf das Gesetz, auf dasjenige, was das dauerhafte Zusammenleben von Menschen auf einer zivilisierten Grundlage ermöglicht. Das einzige Gesetz, das für eine solche Brüderlichkeit gilt, ist dann, wie schon der Marquis de Sade wußte, eine lange Kette von Verbrechen – Verbrechen, die in der wechselseitigen Auslöschung der Verbrechensromantiker gipfeln.

In der russischen Gesellschaft hat sich in den letzten Jahren ein negativer Konsens herausgebildet, der aus dem Deutschland der Weimarer Republik bekannt ist, als Menschen verschiedenster politischer Ansichten und sozialer Schichten einzig die ablehnende Wahrnehmung des Versailler Vertrags als einer nationalen Schmach und Erniedrigung verband. Im heutigen Rußland zeichnen sich nun, wenn man vom enormen Erfolg solcher Filme wie Bruder und *Bruder 2* ausgeht, die Umrisse eines vergleichbaren negativen Konsenses ab. Die neue Mythologie soll Reiche und Arme, Starke und Schwache, Erniedrigte und Erniedriger vereinen. Im Gegensatz zur Ideologie des proletarischen Internationalismus appelliert die neue Mythologie an nichts Universales, nicht an die Menschheit insgesamt. Sie ist scheu und zerbrechlich; jede gesetzliche Vorschrift flößt ihr Schrecken ein und wird als unerträgliche Einschränkung von »Freiheit« erlebt. Die Produzenten des Films waren, wie ein Filmkritiker schreibt, *»nicht die ersten, die ihren Profit mit dem kollektiven Unbewußten der Russen machen wollten. An jener Stelle, an der jetzt die Kino-Visionäre stehen, standen früher* *namenlose Polit-Propheten, die Putin den Weg bereiteten.«*[1] Vor kurzem noch verkündete in der Moskauer U-Bahn ein Plakat: *»Putin ist unser Präsident, Danila unser Bruder und Plisetzkaja unser Stolz.«* Daß Bagrow dort neben Putin steht, kommt nicht von ungefähr. Bagrow ist genauso Teil des neuen Rußlands wie der Präsident. Die neue Elite wünscht, daß ein starker Staat sie vor ausländischer Konkurrenz und internationalen Rechtsnormen schützt, denen ihre ökonomischen Aktivitäten oft nicht entsprechen. Um ihren Geschäften aber weiter nachgehen zu können, braucht diese Elite einen schwachen Staat. Der »neue nationale Film« erteilt verschiedenen Schichten mit vergleichbaren Ängsten Generalabsolution. Dafür lieben sie ihn, und der Held ist ihr Götze geworden.

Moskau, August 2001

---

1. Iskusstvo kino 3 (2001)

Schwerkraftparabel

Anfang Oktober diesen Jahres hatte ich gemeinsam mit einigen englischen Wissenschaftlern, Künstlern und Musikern die Gelegenheit, am einem Projekt namens »Zero Gravity« teilzunehmen. Dadurch gehöre ich jetzt zur kleinen Gemeinde unter den Philosophen (wenn es denn schon welche gegeben hat), die den Zustand der Schwerelosigkeit am eigenen Leib erfahren haben. Dabei ist es schon für sich genommen interessant, im bei Moskau gelegenen Swjosdny Gorodok (»Sternenstädtchen«) zu weilen, wo Kosmonauten ausgebildet werden und Zentrifugen, Unterwassermodule sowie ein Planetarium zum praktischen Einsatz kommen.

Der Höhepunkt des Programms aber war zweifellos ein parabelförmiger Flug: Zehn Runden in einem Flugzeug *Iljuschin 76* mit je zwei Phasen unter den Bedingungen von doppelter Schwerkraft, die zusammen etwa zehn Minuten andauerten, und je einer Phase unter Schwerelosigkeit (zehn Mal bis ungefähr zu einer halben Minute Dauer, insgesamt etwa fünf Minuten). An dem Flug nahmen auch Kosmonauten teil, die dabei ein Element ihres Trainingsprogramms absolvierten. Alle Teilnehmer hatten zuvor eine medizinische Untersuchung über sich ergehen lassen müssen und Instruktionen für den Notfall erhalten.

Jeder bekam einen auf seine Größe abgestimmten Fallschirm, zog einen in England gefertigten Anzug mit der Aufschrift »Microgravity Interdisciplinary Research« an – und schon flogen wir.

Die Mehrheit der Teilnehmer wollte eigene Projekte realisieren. Meine Aufgabenstellung war die einfachste und die am wenigsten faßbare. Während die übrigen Teilnehmer lange im voraus künstlerische Aktionen geplant hatten (die Schwerelosigkeit erweitert bekanntlich die Bewegungsmöglichkeiten des menschlichen Körpers), wissenschaftliche Experimente zur Durchführung brachten oder Privatphantasien verwirklichten, bestand meine Aufgabe schlicht und einfach darin, meine eigene Befindlichkeit während der verschiedenen Phasen des Fluges zu reflektieren und den schwerelosen Zustand mit den übrigen Schwerezuständen zu korrelieren. Vor dem Flug waren alle etwas nervös gewesen, weil man uns vorab gewarnt hatte, daß man die eine oder andere körperliche Unpäßlichkeit erleiden könne.

Schweben in der Zeit

Als die ersten beiden Phasen von Schwerelosigkeit begannen, bemerkte ich es fast gar nicht. Sie waren zu schnell vorbei, als daß das Bewußtsein sich an diesen ungewöhnlichen Zustand hätte adaptieren können. Es sabotierte gewissermaßen das Ungewohnte. Doch nach und nach, ab dem dritten Mal, gewann das Empfinden von Schwerelosigkeit an Dauer und wurde wahrnehmbar. Nach einem Warnsignal »Schwerelosigkeitsphase« begannen die Körper in der Luft zu schweben. Einige der Teilnehmer erfaßte Euphorie angesichts der Möglichkeit, in der Schwerelosigkeit schwierige Sprünge zu machen, Pirouetten zu beschreiben und Dinge in der Luft fliegen zu sehen. Mich beschlich ein seltsames Gefühl, als ich selbst flog und dabei sah, wie in einer Abteilung des Flugzeugs (es war durch Netze in drei Abschnitte unterteilt), rechts von mir, eine professionelle Tänzerin unwahrscheinliche Tanzschritte vollführte, wie links von mir auf zwei »fliegenden Teppichen« zwei als Zauberer aus orientalischen Märchen Verkleidete in orangefarbenen Turbanen und roten Pluderhosen schaukelten und wie direkt neben mir ein anderer Teilnehmer die Stiefelchen seiner kleinen Tochter in die Höhe warf. Ich hatte das Gefühl, mich gleichzeitig in einer ganzen Reihe von miteinander unvereinbaren Halluzinationen zu befinden. All das leuchtete wie vereinzelte Farbtupfer vor mir auf, und ich bemühte mich, ihnen nicht mehr Aufmerksamkeit zu schenken als allem anderen und dabei die gewohnte Geistesgegenwart zu wahren.

Schwerkraftparabel

Wichtig war, den sekundenschnellen Übergang aus dem Zustand der Schwerelosigkeit in den der doppelten Schwerkraft abzupassen. Diese doppelte Last schien mir nicht weniger interessant als die Schwerelosigkeit selbst. In jener bemerkt man, insbesondere am Anfang, wie Brustkorb und Rückgrat mit einem Mal ein verdoppeltes Körpergewicht zu spüren bekommen. Schon das schlichte Anheben des Armes stellt in diesem Zustand eine erhebliche physische Anstrengung dar, und der Körper wird buchstäblich in die Sprungfedermatten hineingepreßt, mit denen der Boden des Flugzeuges ausgelegt ist. Dazu kommt, daß beide Phasen miteinander verknüpft sind: In die Schwerelosigkeit gelangten wir erst nach dem Durchgang durch die doppelte Schwerkraft hindurch und kehrten auf diesem Wege auch aus ihr zurück.

In dem veränderten Bewußtseinszustand erlebte ich mich selbst unmittelbar als Teil eines neu geschaffenen kollektiven Körpers. Ich habe versucht, die Zahl der geflogenen Parabeln zu zählen, war dazu aber nicht imstande, weil sich die Fähigkeit zu zählen nicht sofort einstellen wollte. Als mir schien, daß noch mindestens zwei Runden bevorstanden, bemerkte ich voller Erstaunen, daß sich Flugteilnehmer, Kosmonauten und Einweiser (auf zwei Teilnehmer kam je ein Einweiser, der für ihre Sicherheit verantwortlich war) im vorderen Abschnitt der Maschine zu einem Gruppenfoto versammelten. Anfangs meinte ich, daß da eine weitere künstlerische Aktion vorbereitet würde, und erst einige Zeit später begriff ich, daß die zehn Runden bereits vorbei waren und wir uns im Anflug auf die Landebahn befanden.

Später kam ich mit den Mitgliedern der Londoner Künstlergruppe »Slow Motion« über unsere Eindrücke vom Flug ins Gespräch. Ich blickte auf die Uhr und war wie vor den Kopf geschlagen. Es war mehr als eine Stunde vergangen, und ich war felsenfest überzeugt gewesen, daß alles zusammen nicht länger als 20 Minuten gedauert habe. Auch die übrigen Teilnehmer bekundeten ihren Eindruck, daß der Flug »zu schnell« vorbei war; sie hatten es nicht geschafft, alle Punkte ihres jeweiligen Programms zu realisieren. Veränderter Schwerezustand und Zusammenschrumpfen der Zeit – das scheint im Grunde ein und dasselbe zu sein. Ich meinerseits hatte mir nicht zum Ziel gesetzt, im Zustand der Schwerelosigkeit irgend etwas Spezielles auszuprobieren; beim Hochfliegen hielt ich mich an waagrechten Geländern fest, die durch den gesamten Rumpf des Flugzeugs verliefen; nur einmal flog ich mit den Beinen nach oben an die Decke und machte in der Luft einen einfachen Salto.

Bei einem solchen Flug bekommt man besonders nachdrücklich die Relativität des eigenen Körpers zu spüren: Gerade noch war man luftig und leicht geflogen, und schon liegt oder – was deutlich belastender ist – sitzt man und spürt, wie das eigene Gewicht unbarmherzig anwächst. Wenn man solche Zustände lange genug durchlebt, beginnt man, sein gewöhnliches Körpergewicht für nur eine von mehreren Daseinsmöglichkeiten seines Körpers zu halten. Das gewohnte Körpergewicht hört auf, etwas Natürliches und Normales zu sein; es ist nicht einmal mehr die Regel, der gegenüber die übrigen Zustände die Ausnahme bilden. Schon das kürzeste Verweilen im Zustand von Schwerelosigkeit und Überdruck verändert für eine bestimmte Zeit das Verhältnis zu seinem eigenen Körper und seinen irdischen Möglichkeiten.

Zwischen Schwebezustand und Überdruck lagen zehn mal drei Minuten normalen Flugs. Nachdem das Bewußtsein aber einmal begonnen hatte, unter veränderten Bedingungen zu funktionieren, kehrte es in keiner der drei Phasen zur Normalität zurück, wenngleich während der Schwerelosigkeit eine euphorische Stimmung vorherrschte und unter doppelter Schwerkraftlast eine eher depressive.

In solch außerordentlichem Zustand knüpfen sich leicht Bande mit anderen Menschen: Die individuelle Abgesondertheit wird dann zweifelhaft, was vermutlich ebenfalls mit dem Zusammenschrumpfen von Zeit zusammen hängt. Daraus kann man den Schluß ziehen, daß wir uns selbst nur unter eng umrissenen Bedingungen des zeitlichen Verlaufs als Individuen erkennen – lediglich die Gewohnheit läßt uns diese Bedingungen als für uns zuträglich wahrnehmen. Es genügt, diese Bedingungen zu verändern, und schon ergeben sich Verbindungen mit anderen Menschen, welche die Grenzen unseres gewohnten »Ichs« überschreiten. Und mir scheint, daß sich dabei auch die beträchtliche Verlangsamung der Zeit (um die Hälfte und noch mehr) gleichfalls auf das Erleben seiner selbst als Individuum auswirkt: Als ontologisch und konstant erscheint uns dieses Individualgefühl lediglich infolge einer festen Gewohnheit.

Ist man bestrebt, in der Schwerelosigkeit Bewegungen auszuführen, die unter den gewohnten Bedingungen unmöglich sind (etwa in der Luft nacheinander gleich mehrere Purzelbäume zu schlagen), zerstört man damit das Ganze des Erlebens, das zu erhalten mir wichtig war. Diese Erfahrung verhilft dazu, eine intuitive, nonverbale Komponente unseres Bewußtseins weiterzuentwickeln.

Heiliger Gagarin

Hinter dem gesamten Unterfangen der russisch-sowjetischen Raumfahrt stand eine eigenartige romantische, kollektivistische Ideologie: die Vorstellung, die Erde sei nicht der günstigste aller Orte für das menschliche Leben; sie sei ein Ort, den man bei Gelegenheit für eine möglichst lange Zeit verlassen sollte. Nachdem sie den ersten Sputnik-Satelliten auf eine Umlaufbahn gebracht und auch den ersten Kosmonauten in den Weltraum geschossen hatte, steckte die Sowjetunion den Westen mit dieser romantischen Vision an. Selbst wenn der Westen stets skeptischer war im Hinblick auf die Möglichkeit eines längeren Aufenthalts des Menschen außerhalb der Erde, war der Weltraum fortan für beide mehr als bloß ein Feld der Konkurrenz im Bereich militärischer Technologien. In der Sowjetunion ging diese Romantik der Eroberung des Weltraums mit der herrschenden Ideologie einher, die durch das Kommerzdenken auch in Rußland bis auf den heutigen Tag nur teilweise abgelöst werden konnte. Flüge wie der, an dem ich die Gelegenheit hatte teilzunehmen, werden in Swjosdny Gorodok im Durchschnitt einmal im Monat unternommen; sie sind ein außerordentliches Element im Trainingsablauf professioneller Kosmonauten (eine Ausbildung, die übrigens insgesamt neun Jahre dauert). Auch amerikanische Kosmonauten trainieren in Swjosdny Gorodok bei Moskau.

In einigem Abstand von den typisch sowjetischen neunstöckigen Mehrfamilienhäusern waren zwei amerikanische Blockhütten auszumachen. Die dortige Cafeteria unterscheidet sich nur geringfügig von den Kantinen der Sowjetzeit; das Speisenangebot ist beschränkt, und gekocht wird schlecht. Im Souvenirladen von Swjosdny Gorodok waren unzählige Ostereier mit Raumfahrtmotiven zu sehen – ein weiterer Beleg für die These, daß die russische Raumfahrt, der russische »Kosmismus« eine Art Religion darstellt – eine Religion, die man als Ergänzung zur russischen Orthodoxie ansehen kann, die aber auch in einem Konkurrenzverhältnis zu ihr steht.

Über die Lebensumstände in Swjosdny Gorodok waren zu Sowjetzeiten verschiedene Legenden im Umlauf: Dort lebten angeblich mustergültige Menschen, dort sollte es Sonderversorgung mit Lebensmitteln und Waren in einem Überfluß geben, wie er für Normalsterbliche unzugänglich war. Inzwischen ist allerdings sichtbar geworden, wie bescheiden die Ansprüche der sowjetischen Menschen gewesen waren und welche Revolution im Konsumbereich wir in den letzten zehn bis fünfzehn Jahren erlebt haben. Swjosdny Gorodok dagegen ist geblieben, was es in den sechziger und siebziger Jahren war. Fast alles darin ist dem Andenken Juri Gagarins gewidmet – ein Juri-Gagarin-Kulturhaus, eine ganze Reihe von Gagarin-Denkmälern und zahllose Stellwände mit Fotografien des Kosmonauten.

Die Diskurse über die Eroberung des Kosmos waren zur Sowjetzeit von derselben Euphorie durchdrungen, die auch heute einige Menschen erfaßt, wenn sie in den Zustand der Schwerelosigkeit eintreten; Phasen doppelten Schwerkraftdrucks erscheinen dann lediglich als unumgängliche Aufwendungen für dieses »jubilierende« Schweben.

Schwerkraftparabel

Meine eigene Erfahrung war in dieser Hinsicht dagegen eher ernüchternd: Ohne doppelten Schwerkraftdruck gibt es keine Schwerelosigkeit, so wie es auch keine Euphorie ohne Depression gibt. Und wenn auch Leben unter Bedingungen von Schwerelosigkeit möglich ist, so kann man dieses Leben dem gewöhnlichen nicht als echte Alternative gegenüberstellen; ein Leben in Schwerelosigkeit löst gerade so viele Probleme, wie es neue schafft.

Moskau, November 2001

Die Entdeckung Amerikas

Nach den Terroranschlägen vom 11. September ist das Verhältnis der Russen zu Amerika und den Amerikanern ein grundlegend anderes als davor. Einige der Gründe dafür versuche ich in diesem Brief zu analysieren.
Zum einen rufen die Amerikaner mit einem Mal Mitgefühl hervor. »Jetzt können sie«, so kann man allerorten vernehmen, »erstmals wirklich nachvollziehen, wie es uns geht, die wir in den letzten Jahrzehnten eine enorme Erfahrung angehäuft haben, wenn es um Terrorismus geht.« Zum zweiten lassen die Ereignisse vom 11. September, so scheint es jetzt vielen in Moskau, die Explosionen von Wohnhäusern in Rußland im Frühherbst 1999 in einem anderen Licht erscheinen. Unbewußt ist das Bedürfnis nach einer solchen Analogie offenbar ausgesprochen groß. Unmittelbar nach dem 11. September ließen die russischen Geheimdienste gleich mehrfach verlautbaren, daß die Terroranschläge in Rußland und die in den USA von ein und derselben Terrororganisation vorbereitet und »gesponsort« worden seien, die ihr Hauptquartier in Afghanistan hätte und Filialen in den Arabischen Emiraten, in Saudi-Arabien und Pakistan unterhielte (man beachte, daß Irak und Iran auf dieser Liste nicht vorkommen). Außer äußerster Brutalität lasse sich, so stellt es der russische Inlandsgeheimdienst FSB dar, »in beiden Fällen der Versuch von Terroristen beobachten, Gesellschaft und Staat zu ihren politischen Zwecken einzuschüchtern«.[1] Wobei keinerlei Beweise zur Stützung dieser These erbracht werden.
Der Rechtfertigungsbedarf für den zweiten Tschetschenien-Krieg war und ist groß, und ohne die Anschläge auf Wohnhäuser in Moskau, Wolgodonsk und in der Republik Dagestan wäre es unmöglich gewesen, ihn überhaupt zu beginnen. So würde, wenn

---

1. *11 sentiabria 2001. Perwyj den nowoj ery*, Moskau 2001, S. 110.

hinter ihm keine »tschetschenische Spur« dieser Terroranschläge stünde, dieser lang andauernde, blutige und kostspielige Krieg noch unsinniger, um nicht zu sagen absurder. Und da kommt die Analogie mit Amerika mehr als gut zupaß. So ist man bemüht, einen möglichst vollständigen Analogiecharakter zu erzeugen: *Idealiter* würden die russischen Ereignisse von 1999 und die amerikanischen von 2001 völlig miteinander koinzidieren, würden sie identisch werden. »Jetzt«, so die Implikation –, »jetzt könnt ihr Amerikaner endlich mal sehen, warum im September 1999 Hunderttausende von Moskauer Bürgern in ihren Hauseingängen Wache standen, warum sie voller Verzweiflung ihr Einverständnis zu einem neuen Krieg gaben – all das geschah aus genau denselben Gründen, aus denen ihr seit dem 11. September nachts schlechter schlaft, euch vor dem Fliegen fürchtet und fast einmütig die Vergeltungsaktion in Afghanistan befürwortet habt, ohne erst einen juristisch unanfechtbaren Beweis für jemandes konkrete Schuld abzuwarten. Und da wir beide Opfer desselben Übels wurden, ist erstmals der Grund bereitet für ein wirkliches wechselseitiges Verstehen.« Kurz gesagt, es geht um eine starke Affektprojektion, deren Struktur ziemlich anarchisch ist, während ihre Empfänglichkeit für rationale Argumente minimal ist.
Die Mehrheit der Russen ist der Meinung, daß sich die politische Lage ihres Landes nach dem 11. September verbessert habe: Von jetzt an müsse man wieder mit Rußland rechnen. Die sich dahinter verbergende Logik ist klar: Wenn es eine kleine Gruppe von Fanatikern vermochte, der einzigen verbliebenen Supermacht einen kolossalen materiellen und moralischen Schaden zuzufügen, welche Alternative kann es dann noch zur strategischen Zusammenarbeit mit einem Land geben, das über das größte Arsenal an atomaren, biologischen und chemischen Waffen verfügt? Schließlich wäre selbst die Vergeltungsaktion in Afghanistan ohne die Hilfe Rußlands und seiner mittelasiatischen Verbündeten unmöglich gewesen.
Von Rußland aus, das seinen Status als Supermacht eingebüßt und diesen Verlust mit einem dramatischen Absinken des

Die Entdeckung Amerikas

Lebensstandards für die große Mehrheit seiner Bürger noch schmerzhafter erlebt hat, erschien Amerika als beneidenswertes Konsumparadies, an dessen Tür die Russen klopften, ohne daß ihnen aufgemacht wurde. Und so stellte sich heraus, daß auch für den Status einer Supermacht ein enormer Preis zu zahlen ist, daß auch die Bewohner des »Paradieses« nicht weniger schutzlos ausgeliefert sind als diejenigen, welche noch vor kurzem ihre strategischen Gegner waren. Erstmals gibt es so eine Situation, in der die Bündelung der Kräfte für beide Seiten von Vorteil ist.

Paul Virilio meint, daß die Ereignisse vom 11. September den »Krach der Netz-Strategie« des Pentagons bedeute[1] und den Anfang eines »akzidentiellen Krieges« von globalen Ausmaßen anzeige;[2] Jean Baudrillard verknüpft damit den Anfang des Vierten Weltkrieges, den eine unumkehrbar globalisierte Welt ihrer eigenen Globalisierung erklärt;[3] Slavoj Žižek schreibt von der Rückkehr der USA in die »Wüste des Realen«. Jeder der drei hat auf seine Weise recht, doch aus Moskau nehmen sich die Ereignisse nochmals etwas anders aus (ohne daß die Moskauer Perspektive damit den angeführten Diagnosen widersprechen würde). Aus Moskau stellen sich die Terroranschläge vom 11. September als dicker Schlußstrich unter den Kalten Krieg der Sowjetzeiten und den nicht wenigen »Kalten Frieden« des letzten Jahrzehnts dar, der die blasse und heuchlerische Fortsetzung des Kalten Krieges war. Und wenn auch das Konfliktfeld vorderhand noch unklar ist, so könne es doch an einem keinen Zweifel geben: Die Konfrontation alten Typs habe endgültig ihren Sinn eingebüßt. Das hätten der Westen wie Rußland gleichermaßen begriffen: Daher die vergleichsweise gelassene Reaktion Rußlands auf die Kündigung des ABM-Vertrages durch die amerikanische Seite; daher die Unterstützung der Militäraktion in Afghanistan; daher auch die Einladung des russischen Präsi-

---

1. Vom Terror zur Apokalypse, in: *Lettre International 54*, S. 7.
2. Ebd., S. 6.
3. Der Geist des Terrorismus, in : *Lettre International 55*, S. 11.

denten auf die Privatranch von George W. Bush; daher die Aussicht auf eine Änderung des Jackson-Vanik-Amendments und schließlich und vor allem die Verhandlungen mit dem russischen Premierminister über die Erhöhung der Einfuhren von russischem Erdöl auf den amerikanischen Markt (was angesichts eines wahrscheinlichen Angriffs auf den Irak und die absehbare Reaktion der arabischen Verbündeten Amerikas nur logisch ist). Es ist nicht lange her, als all das so undenkbar war, wie jetzt eine Alternative zum neuen Lauf der Dinge undenkbar ist.

Aber es gibt einen wesentlichen Unterschied in der Interpretation der Ereignisse vom 11. September und ihrer Konsequenzen durch westliche und russische Intellektuelle. Für die westlichen Intellektuellen belegen diese Ereignisse die unhintergehbare Immanenz der globalisierten Welt, einer Welt, in der Grenzen nicht mehr funktionieren, in der es unmöglich ist, den Feind irgendwo außen festzumachen, ihn von sich selbst abzuspalten. Fast alle westlichen Vertreter verweisen darauf, daß die Möglichkeit bestehe, daß als Antwort auf diese Ereignisse die Kontrolle über die Bürger verstärkt werde, und bewerten dies im Großen und Ganzen negativ – im besten Falle als ein notwendiges und vorübergehendes Übel.

Ganz anders wird dies aus Moskauer Perspektive reflektiert. Um die bestehenden Unterschiede zu analysieren, greife ich als Beispiel die Position des bekannten Soziologen Alexander Oslon heraus, seines Zeichens Vorsitzender der Stiftung »Öffentliche Meinung«. Und das erstens, weil seine Position typisch ist, und zweitens, weil der Autor seine Schlußfolgerungen und Prognosen auf die Daten von demoskopischen Erhebungen stützt. Die Ereignisse des 11. Septembers vergleicht Oslon mit der biblischen Sintflut, nach der eine neue Weltordnung mit einem neuen Koordinatensystem unumgänglich war. Die Bedingungen für den Eintritt in eine neue Weltordnung würden wie gehabt die USA diktieren, »weil sie stärker sind als alle anderen und diese neue Ordnung dringender brauchen als alle anderen«.[1]

Die Entdeckung Amerikas

Einerseits zeichneten sich die Konturen der neuen Ordnung noch nicht ab, andererseits könne man sie voraussehen. Wie also soll, nach Oslons Meinung, die Welt nach der »Sintflut« aussehen? »Grundlegend revidiert«, so prophezeit er, »wird die Vorstellung von der symbolischen Grenze der Lebenswelt der USA werden, um neu zu bestimmen, wer ›unsere Leute‹ und wer ›die anderen‹ sind. Gegenüber den ›Fremden‹ wird eine tiefgreifende Ab- und Ausgrenzung stattfinden«.[1] Gleichzeitig mit der Phase des Kalten Krieges, so will es Oslon scheinen, seien auch die Vorstellungen von allgemein-menschlichen Werten, von Toleranz und »Einer Welt« veraltet. Die Welt werde in drei Blöcke geteilt sein: in die »zivilisierte Welt« mit Amerika an der Spitze, die »andere Welt« und die »barbarische Welt«. Die Geltung der Gesetze werde sich nur auf »die eigene, zivilisierte Welt« erstrecken; die »andere Welt« werde man auf verschiedenste Weise zu destabilisieren, die »barbarische« gnadenlos zu vernichten versuchen. Der »Lebenssinn« und »mächtige Impuls« der neuen Welt, ihre »Ideologie« werde die Sicherung, die Bewachung und Kultivierung der Grenze zwischen dieser Welt und allem Übrigen werden (Zensur, totale Kontrolle, Smartcards und eine nie da gewesene Xenophobie würden an der Tagesordnung sein). Dieses Szenario sei »am allerwahrscheinlichsten«, weil das den USA zugefügte Trauma mildere Varianten ausschlösse. »Im Kriegszustand wird die Wirklichkeit schwarz-weiß…«.[2] Doch wie soll sich Rußland in dieser neuen Lage verhalten?

Rußland stünden, so Oslon, zwei Wege offen: Der eine führe in die »zivilisierte Welt« und der zweite in die »andere Welt« (in die »barbarische Welt« kann Rußland für Oslon offenbar aus irgendeinem nicht genannten Grund nicht geraten). Richtig aber sei nur ein einziger Weg: Rußland müsse »die Eintrittskarte in die

---

1. *Amerika: wsgliad is Rossii. Do i posle 11 sentiabria,* Moskau 2001, S. 13.
1. Ebd., S. 14.
2. Ebd., S. 28.

Zivilisation« erwerben,[1] sich »seinen Platz ausbedingen« und »seine Eintrittsbedingungen diktieren«.[2]

Ja mehr als das: Rußland habe schon im Herbst 1999 diesen Weg gewählt, als es angefangen habe, einen entschiedenen Kampf gegen den Terrorismus zu führen – und das lange bevor die USA dies unternommen hätten. (Wir haben es mit einer fast wortgetreuen Paraphrase einer Äußerung von Präsident Putin am 24. September 2001 zu tun; dieser hatte gesagt: »Die Russische Föderation führt seit langem und ganz auf sich selbst gestellt den Kampf gegen den internationalen Terrorismus«).[3] So daß Amerika mit zweijähriger Verspätung dem russischen Beispiel lediglich gefolgt wäre. Vor der Terrorwelle habe Putins Beliebtheit in Meinungsumfragen im Bereich von zwei Prozent nach oben und unten geschwankt, während danach ein Anstieg von vier bis fünf Prozent pro Woche zu verzeichnen gewesen sei, wodurch die Zustimmung zu seiner Politik im Januar 2000 den unerhörten Wert von 57 Prozent erreicht habe. Unter analogen Umständen sei auch der Zustimmungswert für Präsident Bush in die Höhe geschnellt. Mit anderen Worten: Rußland habe sich schon zwei Jahre vor den USA und ihren westlichen Verbündeten für die »Zivilisation« entschieden, so daß der Eintritt Rußlands in die neue Koalition nur natürlich sei. Jede Alternative dazu würde für Rußland nach Meinung des Soziologen katastrophale Folgen haben: Dann drohten Rußland Verwilderung und Zerfall. Das aber würde zum Glück dank »den gemeinsamen Erfahrungen« und durch das Auftreten eines »gemeinsamen Feindes« nicht geschehen. »Die Menschen spüren, daß unser Land die Chance bekommen hat [...], diese Situation zur Lösung seiner eigenen Probleme auszunützen«.[4]

---

1. Ebd., S. 18.
2. Ebd., S. 19.
3. *11 sentiabria 2001. Perwyj den nowoj ery*, S. 101.
4. *Amerika: wsgliad is Rossii*, S. 20.

Die Entdeckung Amerikas

Der erste Punkt, der an Oslons Szenario schwer nachzuvollziehen ist, ist folgender: Wodurch soll sich die von ihm beschriebene »zivilisierte Welt« eigentlich noch von einer Orwellschen Ordnung totaler Kontrolle unterscheiden, deren unvollkommene Realisierungen das nationalsozialistische Deutschland, die Sowjetunion der Stalinzeit, Pol Pots Kambodscha usw. waren? Wer würde in die »andere« und wer in die »barbarische Welt« gehören? Warum wird angenommen, daß die dem Autor vorschwebende »zivilisierte Welt« florieren und reich sein würde? Weiß er nicht, was diese Welt jedes der von ihr eingeführten Verbote kosten würde? Ist ihm als Soziologen nicht bekannt, wie instabil Resultate von Meinungsumfragen sind, die auf Angst, Krieg und Terrorismus beruhen?

Oslon empfiehlt, politische und ökonomische Dividende zu schlagen aus dem neuen Schutzlosigkeitsgefühl der Amerikaner, an das sich die Russen schon lange gewöhnt haben. Dazu bläht er die Analogie zwischen den russischen Ereignissen vom Herbst 1999, die einen bis dato völlig unbekannten Wladimir Putin zum Präsidenten machten, und den Ereignissen in den USA, die die Umfragewerte von Busch erhöhten, der auf zwar nicht unumstrittenem, aber gesetzlichem Wege zum Präsidenten gewählt worden war, auf. Bei Oslon läuft es darauf hinaus, daß die Ereignisse des letzten Jahres in den USA nicht die erste Erfahrung mit dem Terrorismus neuen Typs waren, sondern im besten Falle das zweite einschlägige Ereignis – nach dem russischen. An Präsident Putin wird appelliert, diese Analogie (die als Identität verkauft wird) dazu auszuschlachten, in die neue Weltordnung auf der Seite der Sieger einzutreten.

Die Verfechter einer solchen Analogie sind sich der Gefahren, die diese in sich birgt, sichtlich nicht bewußt. Falls hinter den Anschlägen auf Wohnhäuser in Rußland denn wirklich, so wie es die offizielle Version behauptet, Tschetschenen stecken, dann ist daran lediglich die Kontraproduktivität dieser Terroranschläge für diejenigen, die sie verübten, wirklich präzedenzlos: Indem sie Terrorismus gegen die russische Zivilbevölkerung entfesselten, hätten sie im Gegenzug einen neuen, noch viel blutigeren und verheerenderen Krieg zurückbekommen. In allen anderen Hinsichten aber wäre es ein nach Methoden und Zielen ganz traditioneller terroristischer Akt gewesen. Um diese Explosionen in dem Sinne als präzedenzlos auszugeben, wie es die Ereignisse von New York und Washington waren, müßte man paradoxer Weise die »tschetschenische Spur« tilgen und weitere Alternativversionen in Betracht ziehen. Ausgeschlossen aber ist es, gleichzeitig auf der »tschetschenischen Spur« zu beharren und auf der Präzedenzlosigkeit der Terroranschläge von Rußland 1999 zu bestehen; hier muß man sich für eins von beiden entscheiden.

Einer der Gründe des Strebens der heutigen russischen Staatsmacht, in der Außenpolitik maximal zu punkten, ist das Fehlen von neuen Ideen in der Innenpolitik. Da wird einmal Ehrerbietung vor den Symbolen des russischen Staates gepredigt (unter anderen werden zynischer Weise Kaviar, die Matrioschka-Puppen und die russischen Bären genannt); dann wird der Sport als Allheilmittel verkauft oder eine militärisch-patriotische Erziehung in der Schule propagiert. Für die Verwirklichung dieser alten sowjetischen Ideen werden aber keine neuen finanziellen Mittel bereit gestellt, so daß sie auf dem Papier bleiben. Die Gesellschaft jedoch leidet an Apathie; hatte noch vor kurzer Zeit die Schließung der Fernsehkanals NTW echte leidenschaftliche Reaktionen ausgelöst, so wurde die Vertreibung derselben Journalisten vom Kanal 6 nur noch von einigen wenigen ihrer Kollegen registriert.

Auch die im Grunde begrüßenswerte Annäherung an die USA wird an dieser Situation in absehbarer Zeit kaum etwas ändern.

Moskau, Februar 2002

Rotes Blut auf weißen Kleidern

Vor einiger Zeit kam ein neuer Film von Alexej Balabanow (dem Regisseur von »*Bruder 2*«, dem einer meiner früheren »Briefe aus Moskau« gewidmet war) in die russischen Kinos. Er trägt den Titel »*Krieg*« und dreht sich um ein aktuelles Thema – um den im Herbst 1999 begonnen und bis heute andauernden zweiten Tschetschenienkrieg.

Der Protagonist des Films, der russische Soldat Iwan, befindet sich in der Gewalt des tschetschenischen Feldkommandeurs Aslan Bugajew. Tschetschenische Kinder treten die russischen Gefangenen, Aslan hat einen pathologischen Haß auf alle Russen, flucht auf abstoßende Weise, rühmt sich, in Moskau drei Restaurants zu unterhalten, und gibt an, daß seine vier »Brigaden« (Verbrecherbanden) durch ganz Rußland zögen, um für ihn Geld zu beschaffen. Es wird gezeigt, wie Tschetschenen zwei russischen Gefangenen die Kehle durchschneiden. Iwan geht per Satellitenleitung ins Internet und sammelt dort Informationen für Aslan, weswegen er weniger geschlagen wird als die anderen Gefangenen.

Alle Gefangenen zusammen werden in einem schmutzigen Erdloch gehalten. Dort lernt Iwan einen verletzten Offizier kennen, der sich als »ganzer Mann« herausstellt, als ein Held, der sich durch nichts unterzukriegen läßt. Er wird Iwans Idol.

Die Tschetschenen nehmen dann zwei Engländer gefangen, John und seine Verlobte Margaret. Darauf lassen sie Iwan und John frei und behalten Margaret als Geisel. Wenn John nicht binnen zwei Monaten zwei Millionen englische Pfund beschafft, werden sie Margaret vergewaltigen und töten. John gelingt es, indem er alles verkauft, was er hat, gerade mal ein Viertel des geforderten Lösegeldes zusammen zu bringen. Mit diesem Geld kehrt er nach Moskau zurück, um Margaret zu befreien. Noch in London waren ihm 200.000 Pfund angeboten worden, um eine Reportage über seine Reise nach Tschetschenien zu drehen, worauf er sofort einging. Er fährt zu Iwan nach Sibirien, und beide tauchen zusammen in Tschetschenien auf, wo der russische Rambo Iwan tschetschenische Kämpfer und friedliche Zivilisten, darunter Frauen und alte Männer, umbringt. Er nimmt einen tschetschenischen »Hirten« als Geisel, den er prügelt und als »Lasttier« benutzt. Er gelangt zu Aslans Dorf, befreit Margaret und den heldenhaften Offizier und kehrt siegreich zu den Seinen zurück, nachdem er noch eine Menge anderer Großtaten vollbracht hat und selbst unversehrt geblieben ist, wie es sich für einen Rambo-Helden gehört. Über all dem vergißt er nicht, von John sein »Honorar« in Höhe von 35.000 Pfund einzufordern, die er großmütig spendet, damit der von ihm gerettete Offizier operiert werden kann.

John seinerseits dreht seinen Reportage-Film und wird berühmt und reich, doch bekommt Iwan deswegen Probleme, denn in Johns Reportage ist dokumentiert, wie Iwan tschetschenische Frauen, Alte und Kinder tötet, wie er seine Geisel prügelt usw. Der ganze Film ist aufgebaut wie ein Bericht, den Iwan, gegen den eine Untersuchung läuft, einem Journalisten über das Geschehene gibt. Iwan hofft darauf, daß er doch nicht ins Gefängnis muß, doch, wie er sich ausdrückt, »weiß der Geier« (d.h., es kann auch sein, daß er doch hinter Gitter muß). John erklärt Iwan, daß im Englischen »to shoot« sowohl »schießen« wie auch »einen Film drehen« bedeutet. Während Iwan also »schießt«, »dreht« John seinen Film, der später zum Beweis von Iwans Schuld an der Ermordung von tschetschenischen Zivilisten dienen wird.

Der Film ist im Amateurvideo-Stil gedreht, mit oftmals wackliger Kameraführung, um den Eindruck des Dokumentarischen zu erzeugen. Die zweite Hälfte – Iwans und Johns Rückkehr nach Tschetschenien, die Rache an Aslan, die Befreiung von Margaret und dem Offizier – wird quasi zweimal aufgenommen: vom Regisseur Balabanow, der dabei das Genre der Dokumentaraufnahme imitiert, und von dem Engländer John, der einen Dokumentarfilm dreht. Wir sehen im Grunde nur den ersten Film, doch wissen wir, daß es auch noch den zweiten gibt, in dem Iwan zahlreicher Morde beschuldigt wird. Der Verteidigungsfilm wird dazu angefertigt, um den Anklagefilm zu entkräften. Wobei beide Filme paradoxer Weise Dokumentarcharakter beanspruchen und, indem sie das Geschehen aufzeichnen, scheinbar ein und dasselbe festhalten.

Roland Barthes hat in den »Mythologies« den Mythos als »gestohlene« und zurückgegebene Sprache definiert. Ihm zufolge besteht die Funktionsweise des Mythos darin, daß er dann aber nicht jene Sprache zurückerstattet, die zuvor gestohlen worden war, sondern eine ideologisch annehmbare, gleichsam verwandelte. Der Film »*Krieg*« ist in diesem Sinne wie ein Mythos aufgebaut: Der Zweck dieses Propaganda-Werks besteht darin, eine Sache völlig anders darzustellen, eine wahrscheinliche Lüge, an die viele gerne glauben möchten, als reales Geschehen auszugeben. Im wirklichen Krieg gehen Russen und Tschetschenen gleichermaßen brutal vor – mit dem Unterschied, daß die Tschetschenen keine Luftwaffe haben und über keine Artillerie verfügen. Im Film hingegen werden diese Spielarten von Brutalität als ganz und gar unterschiedliche präsentiert. »Alle Tschetschenen sind Banditen«, verkündet ein aus der Gefangenschaft befreiter russischer Soldat. Der ganze Film ist letzlich als Illustration zu dieser These konzipiert. Wenn schließlich alle Tschetschenen Banditen sind, dann erscheint noch die schlimmste Grausamkeit gegen sie als normale Notwehrreaktion. Da aber die »eigenen Leute« dasselbe tun wie »die anderen« auch, ist es wichtig, eine zutiefst künstliche, aber »wahrscheinliche« Situation zu kreieren, in der nur eine Seite als grausam erscheint, während die andere nur auf die Bestialitäten der ersteren reagiert.

Der Regisseur erfüllt einen sozialen Auftrag, wenn er sich mit dem Imaginären der einen, der russischen Seite des Konflikts identifiziert. Ungeachtet des vorgeblichen Dokumentarcharakters interessiert ihn nicht, was wirklich vor sich geht, sondern wie vom Krieg traumatisierte Menschen sich selbst gerne sehen möchten. So greift Balabanow ganz offen die Stereotype auf, mit der die Traumatisierten ihre eigenen Taten sehen. Und wenn eine jede Filmkamera auch immer und überall lügt, gar nicht anders kann als zu lügen, dann soll es doch eine richtige Lüge geben (den Film »Krieg«) und eine falsche Lüge (den Film, welchen John dreht und welcher ihn im Westen berühmt macht). Damit verkehrt sich die Ausgangslage in ihr Gegenteil: Während die Teilnehmer von »Säuberungen« in Tschetschenen nur äußerst selten vor Gericht gestellt und noch seltener verurteilt werden, fallen die von Iwan im Film begangenen, unter den Umständen offenbar unumgänglichen Morde (die Tschetschenen werden von Anfang an als solche Bestien dargestellt, daß man mit ihnen einfach gar nicht anders umgehen kann) nichtsdestotrotz möglicherweise unter einen Artikel des Strafgesetzbuches der Russischen Föderation. Die Lehre daraus ist leicht zu ziehen: Seht her, was wir doch in Wirklichkeit für ein Rechtsstaat sind, seht her, wie bei uns selbst Verbrechen verfolgt werden, die einzig und allein aus edelsten Motiven heraus begangen werden.

»Blickt nicht wie John, mit dem kalten Auge des Objektivs auf uns«, warnen die Autoren des Films die ausländischen Beobachter. »Ihr versteht ja gar nicht, wie das mit dem Kaukasus eigentlich ist, ihr versteht Rußland nicht, ihr wißt nicht, was diese Tschetschenen für Leute sind und was da für ein Krieg geführt wird. Und ihr werdet das auch nie verstehen, wie viele Filme ihr auch dreht!«

»War is not shooting, but shooting!« Nicht Filme-Drehen, sondern Schießen. »War is bloodshed…« schreit Iwan John an. Schlußendlich gesteht John beschämt ein, daß er sich nur deshalb über Iwans Taten empört, weil er selbst nicht zu kämpfen imstande ist.

Die Themenkomplexe Krieg und »ganzer Mann« kommen in Alexei Balabanows Film in der Szene zusammen, als Iwan, nach Sibirien zurückgekehrt, seinen im Krankenhaus liegenden Vater besucht, der ebenfalls Kriegsteilnehmer war, und dieser ihm gleichsam den Stab weiterreicht: »Gut, daß du im Krieg warst; der Krieg macht aus Knaben Männer. Ein ganzer Mann, so muß es sein: Ein Mann hat Kraft, und alles hängt an ihm... Ach, jetzt aufstehen und in den Krieg ziehen, Iwanuschka...« In diesen Sätzen liegt so viel Zynismus, daß der Regisseur ihn schon nicht mehr wahrnimmt. Darin wird die Tragödie von Menschen, die gezwungen wurden zu töten, fast als Leistungssport ausgegeben, in dem man nach bestimmten Spielregeln den Sieg davonträgt. Iwan ist nicht freiwillig in den Tschetschenienkrieg hineingeraten: Er wurde zum Wehrdienst eingezogen und nach Tschetschenien geschickt. Aber nachdem er den väterlichen Segen empfangen hat, benimmt er sich wie ein Profi und bringt ein gehöriges Moment Lust an seiner Kraft und Unverwundbarkeit in den Akt des Tötens ein. Außerdem tötet er für Geld, das ihm der Engländer am Schluß des Filmes auszahlt. Die Grausamkeit wird als natürliches Wesen des Krieges als solchen erklärt (»wenn du den Feind nicht tötest, dann tötet er dich« – schärft Iwan seinem englischen Sponsor gebetsmühlenartig ein); in Wirklichkeit aber besteht das Problem der Rambo-Filme darin, daß ihre Autoren gerade nicht imstande sind, die Grausamkeit des Krieges zu zeigen. Sie nehmen dem Krieg so sehr die Wirklichkeit, daß der Zuschauer ausschließlich von der Unverletzlichkeit des Helden berauscht wird. Rambo-Filme sind die Pornographie des Krieges; sie sind vorhersagbar, und gleichzeitig fehlt es ihnen an der Einfachheit und Unmittelbarkeit, welche das gewöhnliche Leben auszeichnen. Die breiten Massen einfacher Menschen lieben diese Filme im Grunde gerade wegen des Fehlens jener Einfachheit, die sie schon in ihrem Alltag nicht ertragen können. Die Macher von Rambo-Filmen wissen das nur allzu gut und spielen dem Massenpublikum zu, das ihnen mit Anerkennung und klingender Münze entgilt.

Rambo-Filme sind mechanistisch: Bestialitäten der Tschetschenen werden nach Möglichkeit in Großaufnahme gezeigt, Iwans Bestialitäten aus der Ferne. Deswegen sieht ein und dasselbe im einen Fall schrecklich und unerträglich aus, im anderen ganz normal, gewöhnlich und alltäglich. Man müßte nur diese Szenen

umstellen, schon würde Iwan zu Aslan, und man könnte den Film einem anderen Publikum zeigen.
Die Szene am Krankenbett des Vaters, der dem Sohn die Stafette des Krieges weitergibt, ist ein Versatzstück vieler sowjetischer Filme, die den Sieg der Väter im Zweiten Weltkrieg verherrlichen. Iwans Vater ist zu jung, um noch am Zweiten Weltkrieg teilgenommen zu haben, doch versucht das Propaganda-Kino diesen Krieg zum x-ten Male zu politischen Zwecken zu instrumentalisieren, diesmal zur Rechtfertigung eines ganz anders gelagerten Krieges. Der Krieg wird als Initiation präsentiert (»er macht aus Knaben Männer«), zu der man freiwillig sein Einverständnis geben muß. Ganz im Gegensatz dazu hatte das Pathos zu Zeiten des Zweiten Weltkrieges darin bestanden, daß man an ihm nicht freiwillig, sondern aus der Notwendigkeit heraus teilnahm.
Nach den Ereignissen vom 11. September prägte Paul Virilio das Wort vom »akzidentiellen Krieg« im Weltmaßstab, einem Krieg ohne Armee, ohne Verhandlungspartner und ohne Kenntnis der Strategie des Gegners. Im selben Kontext schrieb Jean Baudrillard vom Vierten Weltkrieg, den die globalisierte Welt sich praktisch selbst erklärt hätte, einem Krieg gegen einen Gegner, der nicht in ein Außen projizierbar sei. Davon, daß man die Verantwortung für die Ereignisse vom 11. September nicht lokalisieren könne, sprach auch Jacques Derrida anläßlich der Verleihung des Adorno-Preises in Frankfurt am Main.
In Rußland dagegen wurden diese Ereignisse völlig anders aufgenommen (dazu mehr im letzten »Brief aus Moskau«): Dort meinte man, die Grenzen, welche die »zivilisierte« Welt von der »anderen« und um wie viel mehr von der »barbarischen« trennten, würden noch ausgeprägter, mit den Menschenrechten würde es ein Ende haben, und die »barbarische« Welt würde gnadenlos ausgelöscht werden. Eine derartige Überzeugtheit von der Produktivität von Gewalt ist symptomatisch für eine Gesellschaft, die schon im dritten Jahr einen grausamen Krieg führt un-

ter der Bezeichnung einer »Anti-Terror-Aktion« – einen Krieg, dessen Ende nicht absehbar ist.

Diesem Krieg gingen bekanntermaßen die Hexogen-Explosionen voraus, die Rußland im Herbst 1999 erschütterten. Ihnen ist der kürzlich in Moskau erschienene Roman von Alexander Prochanow »Herr Hexogen« (Ad Marginem 2002), ein offen antisemitisches Werk, gewidmet. Der Protagonist des Romans, ein russischer Patriot, nimmt an den Verschwörungen zweier russischer Geheimdienste teil, die einen »mystischen« Sinn haben und sich einer zionistischen Weltverschwörung entgegenstellen, die im Stille der »Protokolle der Weisen von Zion« begriffen wird. Der Autor vergleicht die Explosionen in Moskauer Wohnhäusern mit einem »für Rußland heilsamen Schock« und fährt fort: »Was du [russischer Patriot, MR] von diesem Dach aus wirst sehen müssen, sind keine Explosionen von Hexogen-Sprengstoff, kein Anlaß, einen zweiten Tschetschenienkrieg zu entfesseln, ja nicht einmal ein Mittel, einen Auserwählten [Präsident Putin, MR] in den Kreml zu bringen, sondern [...] der Anfang einer neuen Weltordnung...«

Der »Mystizismus« steht heute in Rußland nicht weniger in Blüte als in Deutschland zur Zeit der Weimarer Republik: Weltverschwörungen, Geheimorden, heldenhafte Retter und unverwundbare Killer erfreuen sich höchster Popularität. In einer ausgedachten psychotischen Welt von Supermännern, Auserwählten und als Raubtiere dargestellten Feinden lebend, haben die Menschen immer größere Angst vor einem Blick von außen, vor dem, was sie da geschehen lassen; sie verdrängen das Trauma in »höhere« Sphären und kapitulieren auf dadurch vor dem Imaginären.

Vor einiger Zeit bekam ich einen Brief von einer Moskauer Jüdischen Gemeinde, in dem dazu aufgerufen wurde, die Position Israels im Konflikt mit den Palästinensern zu unterstützen. Das Hauptargument war eine Analogie mit dem Tschetschenienkrieg: Wie Rußland im Kaukasus Krieg gegen den Terror führe, so kämpfe Israel in den palästinensischen Gebieten *gegen denselben*

Terrorismus. Im gleichen Sinne hatten russische Geheimdienste nach dem 11. September wiederholt behauptet, daß die Explosionen in Rußland auf das Konto *derselben* Leute gehe, die New York angegriffen hätten.

Nach dem Beginn des »akzidentiellen Krieges« hat die Unbestimmtheit in der Welt derart zugenommen, daß Distanzen aufhören, sichtbar zu sein, und Unterschiede sich in zweifelhaften Identitäten auflösen. Während die Selbstmordattentäter in Israel unbestrittenermaßen aus den palästinensischen Autonomiegebieten kommen, um Israelis in die Luft zu sprengen, ist die Beteiligung von Tschetschenen an den Explosionen in Rußland genauso wenig bewiesen wie die These, daß Moskau und New York von ein und denselben Leuten angegriffen worden seien.

Die Autoren des Aufrufs der Jüdischen Gemeinde hielten meine Unterstützung für den zweiten Tschetschenienkrieg offenbar für etwas völlig Selbstverständliches und wollten diese in ihrem eigenen Sinne ausnützen. Das ist genauso zynisch wie die Instrumentalisierung des Holocausts zur Legitimierung eigener Fehler. Ich durchschaue längst nicht alles im Teufelskreis der Gewalt, die den Nahen Osten seit nunmehr anderthalb Jahren heimsucht, doch würde ich nicht nach demselben Merkmal des Blutes, dem vor nicht so langer Zeit die Juden zum Opfer fielen, entscheiden wollen, wer recht hat.

Das ist meine Art, das Andenken der in jenen Jahren Umgekommenen zu ehren: nicht eine Tragödie zur Rechtfertigung einer anderen zu benutzen; in einer Welt der Differenzen zu bleiben; dem mir wie jedem anderen Menschen eigenen Bestreben zu wehren, die Wurzel des eigenen Traumas zu mystifizieren.

Moskau, 5.-10. Mai 2002

Polittechnologen

Künftige Entwicklungen vorherzusehen, gehört nicht zu den Stärken von Intellektuellen. Diese pflegen eher, der Eule der Minerva vergleichbar, ihren Flug in der Abenddämmerung zu beginnen, wenn der Zenit eines Ereignisses überschritten ist und dieses nur noch kommentiert zu werden braucht. Ich bilde da keine Ausnahme.

Ich hatte nicht geglaubt, daß ich Zeuge einer Zeit werden würde, wie sie Rußland heute durchlebt. Mein engerer Freundeskreis hat sich vor etwa 20 Jahren herausgebildet, und bis vor kurzer Zeit hatte es geschienen, daß dieser sich konsolidiert hätte und keine wesentlichen Veränderungen mehr erfahren würde: Freunde würden Freunde bleiben, Bekannte Bekannte.

Jetzt kann ich mit voller Sicherheit behaupten: Diese Erwartung hat sich nicht erfüllt; in den letzten paar Jahren ist ein tiefer Riß durch unseren Kreis gegangen, und das, was die Zeit der Stagnation unter Breschnew, die »Perestroika« und die stürmischen Jahre des Jelzinschen »wilden Kapitalismus« überdauert hatte, begann erst in der äußerlich ruhigen Putin-Ära auseinander zu brechen und zu zerfallen. Das erinnert an einen Schwelbrand im Torf, wie es jetzt viele rund um Moskau gibt: Über lange Zeit qualmt da bloß etwas, glimmt vor sich hin, doch dann zerfrißt das tief im Inneren schwelende Feuer den Rasen darüber, und dem Betrachter bietet sich ein völlig verändertes Bild dar. Wenn mir jemand vor zwei Jahren gesagt hätte, daß der philosophische Verlag, zu dessen Mitbegründern ich Anfang der 90er Jahre gehörte, das Buch eines »Rotbraunen« herausbringen würde (»Rotbraune« nennt man in Rußland Personen, die es fertig bringen, gleichzeitig mit Stalinismus, Orthodoxie und Nationalsozialismus zu kokettieren), des eingeschworenen Antisemiten Alexander Prochanow, dann hätte ich gedacht, derjenige sei nicht ganz bei Sinnen.

Jetzt hingegen beginne ich die Stalinzeit besser zu verstehen, – jene Zeit, als die intimsten, bewährtesten zwischenmenschlichen Beziehungen unter dem Druck einer ungeheuren sozialen Zerrüttung, »Kollektivierung« genannt, in wenigen Tagen, Wochen oder Monaten in Scherben gingen. Natürlich sind heute in Rußland andere Zeiten, alles ist weit weniger »episch«, doch der Mechanismus ist in beiden Fällen derselbe: Der Verrat, die brutale Lossagung von der eigenen Vergangenheit wird zur Eintrittskarte für ein neues kulturelles Milieu, zur Voraussetzung für sozialen Erfolg.

Da sagt sich ein junger Literaturkritiker öffentlich von seinen noch jüngst vertretenen liberalen Ansichten los und bekommt dafür einen Arbeitsplatz bei einer »patriotischen« Zeitschrift. Da verrät jemand seinen Lehrer, seinen Freund. Da bietet ein dritter die jüngste politische Verfolgung, der er ausgesetzt war, als Tauschware feil und trennt sich von seinen Freunden von gestern. Da bringt wieder ein anderer intellektuelles Eigentum in Umlauf, das gar nicht ihm gehört. Hinter all dem stehen konkrete Menschen, die aus der Lossagung von ihrer eigenen Vergangenheit kurzfristige Vorteile ziehen und sich auf Fernsehbildschirmen und Titelseiten der Boulevardpresse in ihrem neu erworbenen »Star-Ruhm« sonnen. Dabei begreifen sie wohl kaum, daß die Euphorie, die sie empfinden, nichts anderes ist als eine Form, genau die Art von Schuld zu erleben, die schon auf Generationen unserer Vorfahren gelastet hatte. Indem sie sich ihrer vermeintlich für die umgebende Welt unzugänglichen »russischen Spezifik« brüsten, trumpfen sie im Grunde nur mit ihrer Schuld auf und erteilen den Übrigen eine Lektion, wie man daraus ein eigenartiges (und sei es auch nur kurzfristiges) Vergnügen ziehen kann. Andere nicht weniger frustrierte, aber weniger erfolgreiche Menschen bewundern die neuen »Helden der Kultur« und setzen damit einen Kompensationsmechanismus in Gang, der die »Helden« von ihrer Normalität und Unbescholtenheit überzeugen soll.

Polittechnologen

Fand solches in der Jelzin-Ära nur in einer vergleichsweise dünnen Schicht statt, die aus Beamten, Berufsverbrechern, der Miliz und den »neuen Russen« bestand, so hat sich dieses Phänomen in den letzten Jahren auf die gesamte Gesellschaft ausgeweitet, sodaß dem selbst noch der unpolitischste Mensch nur schwer entgehen kann. Der neue Held der postsowjetischen Kultur ist der Polittechnologe, der Spezialist für die Politisierung des Kommerzes und die Kommerzialisierung der Politik, der über erhebliche Finanzreserven verfügt und sich breiter institutioneller Unterstützung sicher weiß. Die polittechnologischen Schemata selbst sind mitunter dergestalt raffiniert, daß sie einen unbeteiligten Betrachter leicht in die Irre führen können.
Nehmen wir als Beispiel dafür den viel Aufsehen erregenden »Prozeß gegen den Schriftsteller Wladimir Sorokin«, der im letzten Monat zum Dauerthema im Radio und Fernsehen und in den Zeitungen geworden ist und viele ausländische Journalisten ausgiebig beschäftigt. Es geht um den Vorwurf der Pornographie, der gegen Sorokin von den »Zusammen-Gehenden«, der von einem ehemaligen Mitarbeiter der Präsidialadministration geleiteten pro-putinschen Jugendorganisation erhoben wird. Scheinbar ein klares Rezidiv der Sowjetzeit... Wer aber im »Sorokin-Prozeß« die Wiedergeburt des Breschnewschen Szenarios der Verfolgung eines Dissidenz-Schriftstellers seiner unbotmäßigen Werke halber erblickt, der irrt. Man stelle sich einmal vor, daß zur Verteidigung der Sowjetdissidenten Andrei Sinjawski und Juli Daniel der Sekretär der ZK der KPdSS, Michail Suslow, aufgestanden wäre! Was natürlich undenkbar ist, denn dann hätte es gar keinen Prozeß gegeben. Doch für Sorokin ergreifen die mächtigsten Moskauer Propagandisten Partei: Sergei Jastrschembski und der führende Polittechnologe Gleb Pawlowski. Kann man sich vorstellen, daß ein sowjetischer Staatsanwalt Sinjawski gebeten hätte, sein »antisowjetisches Pamphlet« zu signieren? Wogegen der erste Auftritt Sorokins vor der Staatsanwaltschaft damit endete, daß deren Mitarbeiter ihn baten, die von ihnen erworbenen Exemplare des Romans »Himmelblauer Speck«

zu signieren – eben jenes Buches, dessenthalben der Vorwurf der Pornographie erhoben wird. Zufrieden ist auch der Direktor der Verlags Ad Marginem, Alexander Iwanow, der auf den Fernsehbildschirmen und Zeitungsseiten und in den Radiomeldungen omnipräsent ist; die Auflagen von »Himmelblauer Speck« und den übrigen Sorokin-Büchern schnellten um ein Vielfaches in die Höhe. Und das kurz nachdem ein anderes Buch des Verlages, »Herr Hexogen« von Alexander Prochanow, eines bekannten Streiters gegen eine weltweite »jüdisch-freimaurerische Verschwörung«, mit dem Preis »Nationaler Bestseller« ausgezeichnet wurde. Viele (und längst nicht die unbedarftesten) Beobachter glauben, daß die Polittechnologen den Verlag Ad Marginem für ihre eigenen Ziele benutzen, wobei sie ihm im Gegenzug ermöglichen, aus der Inszenierung politischer Verfolgung kommerziellen Gewinn zu schlagen.

Wozu aber, fragt man sich, brauchen die Polittechnologen selbst, diese Ideologen der neuen Generation, derart jesuitisch komplizierte Inszenierungen? Am wahrscheinlichsten ist, daß künstlich erzeugte und mit viel Werbung flankierte Ereignisse in der Art des »Sorokin-Prozesses« als eine Art Blitzableiter dienen sollen, um andere Ereignisse unbemerkt über die Bühne zu bringen, die entweder weit traumatischer sind für die Mehrheit der russischen Bürgerinnen und Bürger (der stete Preisanstieg für Waren und Dienstleistungen oder der blutige Krieg in Tschetschenien, dessen Ende weiterhin nicht absehbar ist) oder solche, deren Resonanz die Machthaber zu minimieren bestrebt sind (wie der Freispruch für die Offiziere, die des Mordes an dem Journalisten Dimitri Cholodow angeklagt waren oder die Verurteilung des Kriegsberichterstatters Grigori Pasko usw.). Zur Verfolgung dieser und anderer Ziele eignen sich ein kleiner intellektueller Verlag, der in der jüngsten Vergangenheit international einen tadellosen Ruf genoß, und ein weltbekannter Konzeptualist, der schon zu Sowjetzeiten verfolgt wurde, prächtig. Die Polittechnologen haben sich auf die Kommerzialisierung der alten sowjetischen Methoden spezialisiert, die in ihrer neuen Ausführung dann aber

einen anderen Sinn bekommen: Für die »Opfer« machen sie zusätzliche Reklame, und die Ideologen selbst lösen mithilfe von Außenseitern von gestern Probleme von heute in einer ganz anderen, nämlich der politischen Sphäre.
Man stelle sich einmal vor, die »Justine« des Marquis de Sade oder das »Mädchenspielzeug« von Iwan Barkow wären in Riesenauflagen erschienen, als Massenliteratur angepriesen worden und schlußendlich in die Hände von Großmütterchen gelangt wie derer, an die die »Zusammen-Gehenden« den »Himmelblauen Speck« und die von ihnen selbst herausgegebene Zitatenauslese aus Werken Sorokins verteilt haben. Unschwer sich auszumalen, wie hysterisch die Reaktion von literarisch völlig unbeleckten Menschen darauf gewesen wäre. Die frühen Texte von Wladimir Sorokin hängen mit der Ästhetik des Moskauer Konzeptualismus zusammen und sind von der konzeptualistischen Polemik gegen den Kanon des Sozialistischen Realismus nicht loszulösen; die vielfachen »Exzesse« (Geschlechtsakte, Defäkation, Urinieren u.a.) darin sind nur in diesem Kontext verstehbar, auf keinen Fall aber wörtlich. Es gibt sie an sich gar nicht, sie sind keine vom Kontext losgelöst vermarktbare »Ware«. In seinen letzten Romanen aber versucht Sorokin, sie zu seinen solchen Ware zu machen, zu einem Markenzeichen, mit dem er auf dem Markt wiedererkennbar wird. Diese Ware mit Namen »Zynismus« wird nun meines Erachtens vor allem nicht aus kommerziellen, sondern aus politischen Gründen massenmedial verbreitet, wenn diese beiden Bereiche auch im heutigen Rußland in einer unnatürlichen, symbiotischen Nähe zueinander stehen (sodaß manche sie sogar miteinander verwechseln). Ja, die Polittechnologie ist die Kommerz gewordene Politik, die – als Politik – jedes konkurrierende Gewerbe ausschaltet, weil sie unermeßliche, vor allem institutionelle Ressourcen zur Verfügung hat. In den letzten drei Jahren kontrollieren die Polittechnologen die Verbreitung von Bildern in den Massenmedien, die von einem weit größeren Publikum konsumiert werden als geschriebene Texte, praktisch monopolartig. So werden Texte zu einer Beilage zum

medial verbreiteten Bild, und eine Konkurrenznachfrage danach kann so lange nicht zustande kommen, wie der Status der Beilage zu einem solchen Medien-Bild erhalten bleibt. Vor wenigen Tagen hieß es im Radio, der Schriftsteller Wladimir Sorokin habe Anzeige erstattet gegen die Bewegung der »Zusammen-Gehenden« wegen widerrechtlicher Herausgabe einer Zitatensammlung aus seinen Werken.

Im Zusammenhang mit den Ereignissen der letzten Zeit muß ich immer öfter an den Frühling des Jahres 1983 zurückdenken, als Juri Andropow, der bis dahin dem Geheimdienst KGB vorgestanden hatte, erster Mann der Partei wurde. Damals kam ich zum ersten Mal in meinem Leben in direkten Kontakt mit dem System der sowjetischen »Rechtssprechung«. Meine Schwiegermutter stand wegen einer Anklage nach Artikel 190, Punkt 1, »wegen Verbreitung von Material, das die sowjetische Staats- und Gesellschaftsordnung verunglimpft«, vor Gericht. Obwohl von der Ausbildung her Geologin, mußte sie sich mit Yoga-Kursen über Wasser halten, weil man ihr und ihrer Familie die Ausreise in den Westen versagt hatte und sie im Zuge dessen ihre Arbeitsstelle verloren hatte. Jemand aus ihrer Gruppe hatte gemeint, eine »höhere Eingebung« (mystischer Natur) erhalten zu haben, und sie hatte ihm gestattet, diese auf ihrer Schreibmaschine zu vervielfältigen. Darin kam nun eine Formulierung vor, in der Breschnew und Reagan mit »Drachen« gleichgesetzt wurden – was ihr als »Verleumdung der sowjetischen Ordnung« vorgeworfen wurde. Im Gerichtssaal war eine Bank für die Angehörigen reserviert, während das übrige Publikum, dem Aussehen nach einfache Arbeiter, in Bussen herangekarrt worden war, damit nur niemand Außenstehendes den Gang der sowjetischen »Rechtsfindung« stören könne. Das Verfahren wurde von einem Major in schwarzer Lederjacke mit sicherer Hand geleitet; der Verteidiger hatte keine Chance gegen die Anklage. Der geladene »Experte«, ein Doktor der Philosophie (!), forderte eine noch härtere Strafe für den Vergleich Breschnews mit einem »Drachen«, doch schließlich begnügte sich das Gericht mit einem »milden«

Polittechnologen

Urteil: 2 Jahre einfache Lagerhaft. Die familiäre Situation wurde dadurch verschärft, daß die jüngste Tochter meiner Schwiegermutter damals erst elf Jahre alt war...
Wenn die Rede auf Andropows »Liberalität« kommt, kann ich nicht umhin, mich darüber hinaus daran zu erinnern, wie eine andere Bekannte von mir damals wegen Zugehörigkeit zur Bhagwan-Sekte verurteilt wurde und ihr neugeborenes Kind in der Haft starb.
Damals gab es noch keine Polittechnologie, die Geheimdienste waren bloße Ausführungsorgane des Parteiwillens, dem wiederum die Gerichte die Form des Staatswillens verliehen. Heute hingegen haben die Polittechnologen die durch das Verschwinden der Parteiideologie gerissene Lücke aufgefüllt und können nun ihre repressiven Ziele auf sparsame, ja sublime Weise erreichen. Außerdem verfügen sie nun über neue, unerwartete Verbündete.
Was kann man daraus folgern?
Vor einiger Zeit schaute ich mir wieder den Film von Luchino Visconti »La caduta degli Dei« (Die Verdammten) an. In einer der ersten Einstellungen wird dort die Geburtstagsfeier eines Patriarchen einer deutschen Stahlgießerdynastie gezeigt; bei Tisch versammelt sich der gesamte Industriellenclan. In die Feierlichkeit platzt einer der Verwandten hinein, ein einflußreiches Mitglied der SA: »Gerade habe ich eine Nachricht aus Berlin bekommen. Der Reichstag ist in Brand gesteckt! Das haben die verdammten Kommunisten getan, zwei von ihnen sind schon verhaftet«. Alle Anwesenden beginnen, sich über den Akt von »Volksverrat« zu ereifern, und nur einer der Anwesenden ruft empört aus: Das haben die Nazis selbst getan, um im Lande den Terror zu entfesseln und die letzten verbliebenen Reste bürgerlicher Freiheiten abzuschaffen. Er bekommt einen einmütigen Verweis wegen seiner »antipatriotischen« Reden, ein Streit entbrennt, und der Störer verläßt mit seiner Familie den Tisch. Im neuen Deutschland gibt es für ihn keinen Platz: Erst macht

man ihn zum gesuchten Verbrecher, dann fällt er dem nationalsozialistischen Terror zum Opfer.

Das Interessanteste daran ist etwas anderes: In den Reden des Aufrührers, Herbert Thalmann, steckte für die Mehrheit der Anwesenden *gar nichts Neues*. Der Aufrührer wurde bloß zum Sprachrohr ihres eigenen Unbewußten: Hatten sie sich doch insgeheim daran ergötzt, daß *das* öffentlich nicht gesagt werden kann (später sollte ein ähnlicher Mechanismus auch in Bezug auf den Holocaust greifen). Auf Thalmann wird die gesamte Kraft der Verdrängung übertragen, die Millionen frustrierter Menschen dazu bringt, sich ihres kleinen Geheimnisses zu freuen in der Hoffnung, daß die Außenwelt – diese Meute von Neidern und Feinden des Volkes – nie davon erfahren werde. Der gemeinsame Besitz eines Geheimnisses schweißt Menschen zusammen, und sie stürzen sich mit besonderer Wut auf jeden, der es zu entweihen wagt.

Mit anderen Worten: Wenn wir dem Unbewußten unserer Zeitgenossen Stimme geben, mischen wir uns auf brutale Weise in ihre paradoxe Lust am Verdrängten ein, hinter der sich natürlich eine tiefe Frustration verbirgt.

Diese Episode aus einem altbekannten Film habe ich vielleicht deswegen auf neue Weise erlebt, weil sich in meinen Briefen für Lettre International in den letzten Jahren ein ähnlicher Mechanismus abgezeichnet hat: Es gibt darin Fragmente dessen, was verdrängt wurde und wovon zu wissen unangenehm war, auch mir selbst.

Diese Zeilen schreibe ich auf der Veranda meiner Datscha im Moskauer Umland, wo sich noch vor kurzer Zeit, zwei oder drei Jahre ist es her, meine Freunde trafen. Unter ihnen waren Wladimir Sorokin und Alexander Iwanow… Wie lang scheint mir diese Zeit heute zurückzuliegen!

Moskau, 16.-20. August 2002

Das »Stockholm-Syndrom«

Als eine Gruppe tschetschenischer Terroristen am Abend des 23. Oktober das Moskauer Theater an der Dubrowka besetzte, wo gerade das Musical »Nord-Ost« lief, und mehr als 800 Menschen als Geiseln nahm, erhoben sie im Grunde nur eine einzige Forderung: »Schluß mit dem Krieg in Tschetschenien!« Am darauf folgenden Tag ließen sie eine der Geiseln frei, die im Namen der übrigen eine Botschaft verlas, in der die Forderung enthalten war, den Krieg schnellstens zu beenden. Und noch einen Tag später, schon kurz vor der Erstürmung des Theaters, veranstalteten die Verwandten der Geiseln auf Verlangen der Terroristen eine Demonstration unter dem Motto »Stoppt den Krieg«.

Es ist etwa dreißig Jahre her, daß eine Gruppe von Terroristen in Stockholm Geiseln nahmen, die sich derart mit ihren Geiselnehmern identifizierten, daß sie gänzlich für ihre Peiniger und gegen den Staat Partei ergriffen; einige dieser Geiseln kamen dem Anschein nach sogar ums Leben, als sie sich gemeinsam mit den Terroristen gegen die Erstürmung zur Wehr setzten. Nach diesem Ereignis hat sich der Begriff »Stockholm-Syndrom« eingebürgert, der für den Fall Anwendung findet, daß eine Geisel gegen ihren offiziellen Beschützer, den Staat, die Partei eines Verbrechers ergreift.

Kurz nach der Besetzung des Theaters teilten die Moskauer Medien mit, daß aus den Anrufen von Mobiltelefonen aus zu schließen sei, daß die Geiseln die Forderung der Terroristen nach Beendigung des Krieges unterstützten und die Staatsmacht buchstäblich anflehen, das Gebäude auf keinen Fall zu erstürmen. Im Zusammenhang damit brachten Vertreter der Staatsmacht und auch einige Journalisten den Begriff »Stockholm-Syndrom« auf, der die aus einer traumatischen Situation resultierende Komplizenschaft von Geiseln und Terroristen bezeichnet. Da sich aber die Forderung Barajews und seiner Komplizen im Grunde auf die Beendigung des zweiten Tschetschenienkrieges beschränkte, wurde schnell deutlich, daß eine weit größere Zahl von Russen am »Stockholm-Syndrom« leidet (Umfragen zufolge ist jetzt mehr als die Hälfte meiner Mitbürger für die Beendigung des Krieges, für Friedensverhandlungen und den Rückzug der russischen Truppen). Auch ich selbst leide am »Stockholm-Syndrom«, allerdings in chronischer Form; schon vor drei Jahren habe ich an Mahnwachen gegen den Krieg teilgenommen, zu denen damals nicht mehr als 200 Personen kamen. Die Apathie der Übrigen, die Hoffnung darauf, daß »uns das schon nicht betreffen wird«, wurde von offizieller Seite für gesund erklärt, obwohl sich schon bei bloß oberflächlicher Betrachtung alles ganz anders ausnahm. Persönlich kenne ich in Moskau keinen einzigen »Patrioten«, der höchst selbst bereit wäre, in den Tschetschenienkrieg zu ziehen oder seinen Sohn, Bruder, Ehemann o.a. dorthin zu schicken.

Für mich nenne ich dieses Phänomen »Ersatzpatriotismus«: Ein solcher tritt auf, wenn jemand gegenüber einem anderen Volk feindselige Gefühle hegt, darum aber längst nicht sein Leben und seine Gesundheit zu riskieren bereit ist; das soll dann jemand anders für ihn erledigen, ein Berufsoffizier, Söldner oder Wehrpflichtiger. Indem sie sich allein auf martialische Verlautbarungen beschränken, delegieren so denkende Menschen – und deren gibt es in Moskau viele – die Umsetzung ihres eigenen Hasses, der sich zwar auf die Tschetschenen richtet, aber eine weit komplexere Genese hat, an andere. Ich weiß nicht zu benennen, an welchem Syndrom diese Menschen leiden; sie aber in den Rang von Musterbildern psychischer Gesundheit zu erheben, ist eindeutig verfrüht und verfehlt.

Am 23. Oktober fiel die Barriere, die das vergleichsweise wohlhabende Moskau mit seinen gut besuchten Kasinos, Restaurants, Musicals und Konzerten, mit seiner satten Beaumonde, die von einer Vernissage oder Promotion zur anderen zieht, mit seinen Millionen Einwohnern, die nichts von der Brutalität des Krieges hören wollen, der da 2000 Kilometer von der Hauptstadt entfernt abläuft und mit dem Euphemismus einer »antiterroristischen Operation« ummäntelt wird. Diese Barriere fiel, und ein Stück Tschetschenien kam unerwarteter Weise im Zentrum Moskaus zum Vorschein. Die berichtenden Journalisten wiederholten immer und immer wieder voller Entsetzen, daß das von den Terroristen besetzte Theater gerade einmal etwa fünf Kilometer vom Kreml entfernt liege. Die Nachricht von der geographischen Nähe des Terroraktes zum Zentrum der Macht in Rußland wurde wie eine Beschwörung repetiert: Das sei nicht einfach bloß in Moskau geschehen (was an sich schon unerhört wäre), sondern nur einige Kilometer von dem Ort entfernt, an dem sich Präsident Putin befände. Aus irgend einem Grund hatte der Kreml, wo die grundlegenden politischen Entscheidungen in Sachen Tschetschenien und der beiden Kriege getroffen wurden und weiter getroffen werden, paradoxer Weise als besonders gegen Angriffe gefeit gegolten, was die Folgen eben dieser Entscheidungen angeht. Die Moskauer Geiselnahme aber versetzte diesem irrationalen Glauben einen Schlag, was viele Bewohner der Hauptstadt zutiefst schockierte. Indes kann man sich der Ansicht des Dichters Dmitri Alexandrowitsch Prigow kaum verschließen, der meinte: »Wenn man versucht, das Geschehene etwas besonnener zu betrachten, dann wird man sich fragen, warum das erst jetzt geschehen ist. Schließlich war doch die Wahrscheinlichkeit solcher Ereignisse schon seit Beginn des zweiten Tschetschenienkrieges ziemlich hoch.«[1] Man kann die Frage aber auch etwas anders stellen: War vielleicht nicht eher die *Irrationalität* des Glaubens an die eigene Sicherheit angesichts einer fremden Tragödie (der tschetschenischen) der Grund für den Schockzustand, den die Moskauer nach dem 23. Oktober durchlebten? Womöglich hätte es, wenn wir, wie Prigow vorschlägt, imstande wären, »das Geschehene etwas besonnener zu betrachten«, nicht nur die Moskauer Geiselnahme, sondern auch den Tschetschenienkrieg

---

1. Dmitri Prigow, Propasti naschego wremeni, in: *Nesawissimaja gaseta*, 30.10.2002.

selbst überhaupt nicht gegeben. Leider hat es die Mehrheit unserer Mitbürger in den Jahren 1999 und 2000 vorgezogen, auch unter Kriegsbedingungen den Glauben an die eigene Sicherheit zu konservieren, die Gewalt nach außen zu exportieren, und naiv versucht, dem Bumerang-Effekt zu entkommen.
Daher richteten die Öffentlichkeit wie auch die Massenmedien an die Staatsmacht keine metaphysische, sondern eher eine technische Frage: Wie konnte eine derartige Zahl von Kämpfern mit einer solchen Menge Waffen und Sprengstoff bis ins Zentrum Moskaus gelangen, obschon doch bereits das vierte Jahr der so genannten »antiterroristischen Operation« läuft (im Laufe derer, wenn man den Generälen hätte glauben wollen, fast alle Kämpfer vernichtet wurden oder auf die Seite der russischen Streitkräfte übergelaufen waren)? Wo hatten der Inlandsgeheimdienst FSB und die Organe des Innenministeriums ihre Augen? Wie konnten sie so etwas geschehen lassen?
So und nicht anders lauteten die Fragen, die in den ersten Stunden nach den Ereignissen im Theater an die zuständigen Sicherheitsorgane gerichtet wurden. Eine Antwort darauf gab es nicht; dafür brachte Präsident Putin in Anwesenheit der zuständigen Minister eine andere Frage auf – wie auf die Herausforderung des internationalen Terrorismus zu reagieren sei, dem nach den USA, Indonesien und anderen Ländern nun auch Rußland zum Opfer gefallen sei.
Diesmal stilisierten die Tschetschenen die Geiselnahme in der Tat im »islamistisch-fundamentalistischen« Sinne und verbreiten ihre Ziele über eben jenen arabischen Fernsehsender »El Dschasira«, der üblicherweise die Verlautbarungen Bin Ladens und anderer Mitglieder von »Al Qaida« ausstrahlt; die tschetschenischen Terroristinnen waren gekleidet wie arabische Frauen, und die Botschaften des Anführers der Terroristen, Mowsar Barajew, waren im Geiste der Abschiedsbotschaften palästinensischer Selbstmordattentäter gehalten. Womöglich geschah dies auf Forderung jener Kreise, die die tschetschenischen Separatisten finanzieren. Nichtsdestotrotz konzentrierten sich alle Forderung

Das »Stockholm-Syndrom«

der Terroristen auf die Beendigung des Krieges in Tschetschenien, und die Besetzung selbst war eine getreue Kopie analoger Aktionen in Budjonnowsk und Perwomaisk, unterschied sich aber grundlegend von den Sprengstoffanschlägen auf Moskauer Wohnblocks vom Herbst 1999 wie vom Angriff auf Amerika am 11. September 2001. »Ist das wirklich ein und dieselbe Organisation«, fragt sich der Journalist Alexander Minkin, »die erst Häuser in die Luft sprengt, um einen Krieg zu entfachen, und dann Geiseln nimmt, um ihn zu beenden? Die Handschrift jedenfalls ist wahrlich grundverschieden.«[1]

Außerdem lief der Moskauer Terrorakt nach dem bekannten Muster ab: Vorbereitung (die geheime Phase der Operation); eine größere Einheit eines bekannten Feldkommandeurs nimmt eine große Zahl Geiseln; Verkündung von Forderungen, die sich auf einen Stopp der militärischen Operationen in Tschetschenien belaufen; Demonstration von Brutalität gegenüber den Geiseln und gleichzeitig von Bereitschaft zu Verhandlungen mit den russischen Behörden usw. Die »Sternstunde« diesen Typs von Terrorismus war das Telefongespräch von Schamil Bassajew mit Premierminister Wiktor Tschernomyrdin im Sommer 1995, gefolgt von der triumphalen Rückkehr der Bassajew-Truppe nach Tschetschenien, und die Unterbrechung der militärischen Operationen.

Was die Einheit unter Mowsar Barajew, die das Theater an der Dubrowka in Moskau besetzte, sichtlich nicht berücksichtigt hatte, ist die Logik des neuen Regimes, das sich weigerte, mit den Terroristen in Verhandlungen zu treten und bereits am dritten Tag nach Beginn der Geiselnahme die Erstürmung anordnete, die fünfzig tschetschenischen Kämpfern und mehr als 120 Geiseln das Leben kostete (die Gesamtziffer ist wohl noch nicht die endgültige, weil viele Menschen als vermißt geführt werden).

Unmittelbar im Anschluß an die Erstürmung beeilte man sich, diese für einen außerordentlichen Erfolg zu erklären, als sich aber

---

1. Alexander Minkin, Spaseny ili ubity, in: *Moskowski Komsomolez*, 29.10.2002.

das Ausmaß an Verlusten unter den Geiseln abzeichnete, wurde das Ganze schon weit bescheidener gewertet. Dafür mehrten sich die Fragen: Warum wurde die Möglichkeit von Verhandlungen nicht ausgelotet? Warum wurden die Mitglieder von Barajews Einheit, von denen die meisten durch die Einwirkung des Gases bewußtlos waren, nicht festgenommen, sondern nachgerade hingerichtet? Wie kommt es, daß, obgleich die Erschießung von Geiseln als Grund für die notwendige Erstürmung angegeben wurde, die Terroristen nach Aussage von Augenzeugen keine Erschießungen vorgenommen hatten? Wer ist dafür verantwortlich, daß den Geiseln nach der Erstürmung nicht rechtzeitig Spritzen mit einem Gegenmittel verabreicht wurden, das ihnen das Leben hätte retten können? Warum wurde die Zusammensetzung des beim Sturm eingesetzten Gases vor den behandelnden Ärzten geheim gehalten und dadurch zusätzlich Menschenleben gefährdet? Wie konnte es geschehen, daß die Sondertruppen zwei Betrunkene (einen Mann und eine Frau) durch den Sicherheitskordon in den Theatersaal durchließen und diese dann von den Terroristen erschossen wurden? Das sind noch längst nicht alle ungeklärten Fragen, die in der Moskauer Presse im Zusammenhang mit den Ereignissen vom 23. bis 26. Oktober diskutiert werden.

Schließlich verfestigte sich bei vielen Beobachtern der Eindruck, daß die Spezialeinheiten nach einem weit brutaleren Szenario vorgingen, als es die Terroristen erwartet und prognostiziert hatten. Bei jeder sich nur bietenden Gelegenheit hatten Barajew und seine Komplizen folgende Formel gebetsmühlenartig wiederholt: »Unser Wille zu sterben ist stärker als eurer Wunsch zu leben.« Wie aber ist dann zu erklären, daß sie sich nicht selbst mitsamt ihren Geiseln in die Luft sprengten, obwohl (darin sind sich alle einig) sie dafür genügend Zeit gehabt hätten? Vielleicht deshalb, weil sie nicht mit einer so grausamen Variante von Erstürmung gerechnet hatten und darauf nicht vorbereitet waren? Weil sie davon ausgingen, daß die russische Staatsmacht sich nicht dazu würde entschließen können, das Leben so vieler Geiseln, darunter auch Ausländer zu riskieren? Doch die Entscheidungsträger auf russische Seite gingen nicht nur das Risiko ein, den Theatersaal von »Nord-Ost« zu erstürmen. Nein, nach erfolgter Erstürmung fuhren sie fort, eine unfaßbare Grausamkeit an den Tag zu legen, als ob die Menschen, die offiziell für »absolut unschuldig« erklärt wurden, sich aber in diesen Tagen mit dem »Stockholm-Syndrom« infiziert hatten, Mitverschworene des besiegten Feindes wären, während in den Augen ihrer Retter – wie zu Sowjetzeiten – nicht mehr ihr Leben, sondern die Wahrung eines Staatsgeheimnisses den höchsten Wert darstellte. In dieser Atmosphäre wurde der nur allzu gut nachvollziehbare Wunsch der Ärzte zu erfahren, womit genau ihre Patienten vergiftet worden waren, zunehmend als ungehörige Einmischung in den Zuständigkeitsbereich der Geheimdienste wahrgenommen.

So mußte zwangsläufig der Eindruck entstehen, das Hauptziel des Sondereinsatzes an der Dubrowka habe in der Vernichtung der Terroristen bestanden, mit denen von Anfang an – im Gegensatz zu den Ereignissen von Budjonnowsk – keine Verhandlungen vorgesehen waren. Darin aber ist keine Laune bestimmter Einzelpersonen zu sehen, sondern ein Merkmal, welches das neue Regime vom alten, das Putinsche Rußland von dem Jelzins unterscheidet. Der zweite Tschetschenienkrieg legte den Grundstein für dieses neue Regime; Wladimir Putin wurde eben als Verkörperung einer »starken Hand« zum Präsidenten gewählt, dazu berufen, Tschetschenien zu befrieden und in Rußland die Ordnung wieder herzustellen. Besonders unbequem für sein Regime war dabei, daß die von den Terroristen erhobene Forderung nichts irgendwie Abwegiges enthielt und von einer beträchtlichen Zahl von Russen stillschweigend geteilt wurde. Hätten die Tschetschenen Geld, Drogen, Ausreise in ein Drittland oder gar die Freilassung ihrer in russischen Gefängnissen einsitzenden Kameraden gefordert, so wäre dies weniger explosiv gewesen. Die Tatsache aber, daß ihre Forderung für andere zum Sprachrohr für deren Unbewußtes wurde, dessen Stimme diese in sich unterdrückt hatten, bedrohte die ureigene Logik der neuen Staatsmacht und verlangte deshalb eine schnelle und brutale Antwort. Mit anderen Worten: Vom Gesichtspunkt der Selbsterhaltung und Selbstreproduzierung aus betrachtet handelte das Regime völlig konsequent, was man vom Unterfangen der Geiselrettung nicht sagen kann. Verhandlungen mit den Terroristen führten durchweg nur Politiker, die keine offizielle Vollmacht dafür hatten; gegen Ende des zweiten Tages des Geiseldramas hatten sich deren Möglichkeiten erschöpft, und die Erstürmung wurde unausweichlich. Die Mittel öffentlicher Politik wurden nur dazu eingesetzt, um Zeit zu gewinnen, was die gegenwärtige Lage öffentlicher Politik in Rußland treffend charakterisiert. Unter diesen Umständen braucht niemand davon zu träumen, bei den nächsten Wahlen gegen Putin bestehen zu können.

Als Konsequenz aus der Moskauer Geiselnahme sprudelten unverzüglich radikale Maßnahmen wie aus einem Füllhorn: Die Armee werde, so gab der Präsident bekannt, umorientiert von der Konfrontation mit der NATO auf den Kampf gegen den internationalen Terrorismus (ohne daß die Militärs vorderhand wüßten, wie das denn zu bewerkstelligen ist); die im Budget für 2003 vorgesehenen Haushaltsmittel für den Kampf gegen den Terrorismus wurden drastisch erhöht; ungeachtet aller Beteuerungen, der Terrorismus habe keine Nationalität, nehmen die Organe des Innenministeriums Fingerabdrücke von allen Tschetschenen; Dänemark wird wegen der Weigerung, den Weltkongreß der Tschetschenen in Kopenhagen abzusagen, zur Zielscheibe wüster Angriffe; die Freiheit der Presse bei der Berichterstattung über Antiterroroperationen wird eingeschränkt; es wird ein Gesetz verabschiedet, daß es verbietet, den Angehörigen die Leichname getöteter Terroristen zurückzugeben usw. Die Ereignisse vom 23. bis 26. Oktober verschärften die inneren Widersprüche eines Staates, der bestrebt ist, ein autoritärer Polizeistaat und eine freie Marktwirtschaft zugleich zu sein, gegenüber der übrigen Welt als pro-westlich aufzutreten, während er im Inneren die Pressefreiheit aushöhlt. Nach der Geiselnahme begann Putin, fast buchstäblich die Worte von George W. Bush über den Terrorismus als Bedrohung neuen Typs zu zitieren, und in den offiziellen Massenmedien bürgerte es sich ein, die kompromißlosen Methoden des israelischen Sondereinheiten als Beispiel anzuführen. Unbeantwortet blieb dabei die Frage, ob die russischen Bürger täglich würden erleben wollen, was die Bürger Israels seit langem durchmachen: die Angst vor zur Tagesroutine gewordenen Bombenanschlägen und Schüssen aus dem Hinterhalt.

Diese zweieinhalb Tage haben Rußland aufgerüttelt, und jetzt gilt es, nicht allein Tschetschenien zu befrieden. Die Staatsmacht hat auf keine der ihr gestellten Fragen eine Antwort gegeben, was die Bürger notwendiger Weise empören muß. Die Mächtigen benehmen sich wie eine Kaste von Priestern, die vorgibt, die Interessen der einfachen Gläubigen besser zu kennen als diese selbst. Sie gaben bloß Antworten auf ihre eigenen Fragen – auch daß muß die Menschen empören.

In der Presse und im Fernsehen wurde gegenüber den Geiseln unablässig die Wortverbindung »absolut unschuldig« verwendet. Es ist klar, daß die überwältigende Mehrheit der Besucher des Musicals »Nord-Ost« nicht an den militärischen Auseinandersetzungen in Tschetschenien teilgenommen hat – und in diesem Sinne sind sie zweifellos unschuldig. Aber niemand von diesen Menschen und ihren Mitbürgern – mit Ausnahme der Kinder – ist *absolut* unschuldig, alldieweil der Krieg mit eben jener Legitimation geführt wird, die sie der Staatsmacht in den Wahlen von 1999 und 2000 gegeben haben, mit ihrem stummen (oder expliziten) Einverständnis. Wären die Geiseln absolut unschuldig, büßten die Taten der Terroristen jeden, auch jeden noch so perversen Sinn ein, und es würde uneinsichtig, warum diese Geiselnahme in der Bevölkerung eine so gewaltige Resonanz ausgelöst hat.

Die gesamten drei Jahre des zweiten Tschetschenienkrieges habe ich im Bewußtsein gelebt, längst nicht unschuldig zu sein, obwohl ich weder für die Partei »Einheit« noch für Putin gestimmt habe und an zwei, drei Demonstrationen gegen den Krieg mit extrem geringer Teilnehmerzahl teilgenommen habe, als er noch nicht dem Vergessen überantwortet war. Aber ich habe genauso fünf Kilometer entfernt vom Kreml gelebt, so, als gäbe es in meinem Land gar keinen Krieg; wie die Mehrheit meiner Mitbürger habe ich die Säuberungen, das Elend in den Flüchtlingslagern, die Durchgangslager und die bestialischen Grausamkeiten, die beide Seiten verübten, nicht registriert. Von all dem habe ich wohl gehört, aber so gelebt, als ob das alles mich nichts anginge. Ich habe mir eingeredet, daß ich ohnehin nichts ändern könne und mir nichts anderes übrig bliebe, als zu schweigen.

Ähnliche Gefühle hegen zur Zeit viele. »Mir scheint«, schreibt Natalia Sotnikowa aus Petersburg in der »Iswestia«, »daß das, was in Moskau geschehen ist, eine Strafe ist – für die doppelte Buchführung, nach deren Logik das Leben verschiedener Menschen verschieden viel wert ist, für den Unwillen, hinter den wahren Sinn der Wörter »Säuberung«, »Flüchtling«, »Zeltlager« oder »Checkpoints« zu dringen, für das blutrünstige Schwadronieren unserer Abgeordneten über irgend ein höheres Ziel (ihre eigenen Kinder – wohlgemerkt! - vegetieren unterdessen nicht in Schützengräben, sondern studieren wohlbehütet in England, der Schweiz oder den USA), für das satte, fette Leben im scheinbar sicheren Moskau.«[1] »Die Geiseln, insofern sie nicht beruflich mit der Armee oder der Miliz zu tun haben, wissen nicht«, so sekundiert ihr Tatjana Sacharowa, »wie groß die Verluste unter den Tschetschenen sind, welche bestialischen Verbrechen unsere russische Armee begeht... Ich würde jederzeit, und nicht erst jetzt, an einer Demonstration unter dem Motto ›Stoppt den Tschetschenienkrieg‹ teilnehmen. Es ist ein Verbrechen zu behaupten, daß eine solche Demonstration ein Zugeständnis an die Terroristen wäre. Nein, es ist der Ausdruck des Willens vieler ganz normaler Russen.«[2] Solche und ähnlich gelagerte Äußerungen gab es in diesen Tagen in Rußland unzählige.

---

1. »Slesam Moskwa ne werit«, in: *Iswestia*, 04.11.2002.
2. Ebd.

Das »Stockholm-Syndrom«

Die Lage ist also paradox. Einerseits werden die Geiseln für absolut unschuldige Opfer von Terroristen erklärt, andererseits leiden sie angeblich am »Stockholm-Syndrom« und machen Anstalten, etwas derart »Widernatürliches« zu wünschen wie das Ende des Krieges. Die vermeintliche Epidemie des »Stockholm-Syndroms« ist schnell auf die Verwandten der Geiseln übergesprungen, denen die Behörden gestatten mußten, sich auf dem Roten Platz zu versammeln und in Erfüllung einer Forderung der Terroristen die Beendigung des zweiten Tschetschenienkrieges zu fordern. Als meine Frau und ich zum Demonstrationsort kamen (gegenüber der Basilius-Kathedrale), waren schon keine Verwandten von Geiseln mehr dort, wobei ein Drittel der etwa hundert Anwesenden Journalisten waren. Kurz gesagt: das altbekannte Bild. Wären tausend mal mehr Menschen dort gewesen, dachte ich mir da, dann hätte man sich wohl eher nicht getraut, das besetzte Theater zu erstürmen. Der bekannte Theater-Regisseur Mark Rosowski, der eine minderjährige Tochter unter den Geiseln hatte – so teilte mir eine mir unbekannte Frau mit –, hatte die Anwesenden gebeten, so schnell als möglich auseinander zu gehen, um die Staatsmacht nicht zu reizen. Er hatte sichtlich begriffen, daß das Schicksal seiner Tochter nicht nur von den Terroristen abhing, sondern auch von denen, die die Terroristen vernichten wollten. Das Recht, vor laufenden Fernsehkameras zur Beendigung des Krieges aufzurufen, kam ihm nicht als Bürger, sondern als Vater einer Geisel zu. Als solcher aber war er angeblich vom »Stockholm-Syndrom« infiziert, während er in Wirklichkeit im Namen der russischen Staatsmacht ein geschicktes Täuschungsmanöver vollführte. Betrüblich ist daran nur, daß ihn in diesem Fall die Terroristen mit Genehmigung der Staatsmacht dazu nötigten, diese Maxime gesunden Menschenverstands auszusprechen, und das noch dazu in einem höchst undurchsichtigen Kontext.

Ich kann mir schwer vorstellen, daß etwa in Amerika gegen Ende der 60er oder Anfang der 70er Jahre, das damals von Demonstrationen gegen den Vietnam-Krieg erschüttert wurde, Terrori-

Das »Stockholm-Syndrom«

sten ein Theater oder einen Supermarkt in ihre Gewalt gebracht hätten mit einer einzigen Forderung: »Stoppt den Krieg in Vietnam«.

Im Zusammenhang mit dieser jüngsten Moskauer Tragödie habe ich mich an den Anfang von Michel Foucaults »Überwachen und Strafen« erinnert gefühlt, wo aufs Detaillierteste die Hinrichtung Damiens im Jahre 1757 geschildert wird, der ein vereiteltes Attentat auf Ludwig XV. verübt hatte. Damiens war zweifelsohne ein Staatsverbrecher, doch ist die Art und Weise, wie mit ihm abgerechnet wurde, unmäßig und von symbolischer Grausamkeit; indem sie seinen Körper vernichtet, behauptet die Königsmacht ihre Recht, über die *Absichten* ihrer Untertanen zu richten. Sie schreckt sie ab, beharrt auf ihrem Recht, ihnen das Leben zu nehmen –, einem Recht, dem die Figur des Königs zugrunde liegt. Ein Attentat auf das Leben des Monarchen zu planen, bedeutet, ein Erzverbrechen zu begehen, das eine Maximalstrafe verlangt. »Was macht's, wenn es Unschuldige trifft!«[1] Ist nicht, so möchte man sich fragen, nach dem 11. September der internationale Terrorismus zu einer neuen Art Erzverbrechen geworden, das eine Maximalstrafe verlangt?

Die Moskauer Geiselnahme wurde von den Vertretern des Staates sofort als persönliche Herausforderung an Präsident Putin und seinen Machtapparat interpretiert, als Anschlag auf die Souveränität des Regimes. Angesichts einer solchen Interpretation brauchte Putin die Vernichtung der Terroristen um jeden Preis. In diesem Sinne bekundete ein Kämpfer einer Spezialeinheit, der am Sturm auf das Theater-Zentrum beteiligt war: »Wir hatten entschieden, die Terroristen nicht lebend zu fassen«[2], als ob das in seinen Kompetenzbereich fiele. Man war bestrebt, die Terroristen ins Feld der wilden Natur abzudrängen, sie zu »Tieren« zu erklären, zu »zertreten«, ihre Forderungen zu ignorieren, sie

---

1. Michel Foucault, *Surveiller et punir*, Paris 1975, S. 76.
2. »U rebjat nastroenie – banditov schiwymi ne brat«, in: *Komsomolskaja prawda*, 26.10.2002.

Das »Stockholm-Syndrom«

dazu zwingen, noch unmenschlicher zu handeln, als sie beabsichtigt hatten. Nach der Erstürmung wurden im Fernsehen ausführlich die Leichen der besiegten Feinde, darunter auch der beteiligten Frauen gezeigt, wobei neben der Leiche des Anführers des Terrorkommandos, Barajew, eine ungeöffnete Flasche Henessy-Cognac stand (es stellte sich heraus, daß dies eine Art Visitenkarte der »Alfa«-Einheit war; einer der Kommandeure dieser Gruppe hatte ihn erschossen). Ich persönlich bezweifle die Wirksamkeit solcher Abschreckungsmethoden; sie tragen eher zur Heroisierung der Umgekommenen bei, jedenfalls in deren Heimat.

Zu Sowjetzeiten sanken U-Boote, stürzten Flugzeuge ab, explodierten Lagerstätten für Atommüll – und all das wurde über Jahrzehnte hinweg geheim gehalten. Die Verwandten der Umgekommenen wurden gezwungen, sich mit ihrer Unterschrift dazu zu verpflichten, jenes Staatsgeheimnis nicht weiterzuverbreiten, zu dem der Tod ihres Sohnes, Vaters oder Ehemanns geworden war. Diese Logik unter heutigen Umständen zu reproduzieren ist natürlich unmöglich; das gegenwärtige Rußland ist nicht mehr derart hermetisch nach außen hin abgeriegelt, und das nicht nur, weil unter den Geiseln viele Ausländer waren, sondern auch dank einer deutlich besser entwickelten Informationsinfrastruktur.

Die Terroristen haben nicht begriffen, daß Tschetschenien direkt hinter den Kreml-Mauern beginnt, daß das Leben eines Einwohners von Moskau oder eines Gastes der russischen Hauptstadt, auch wenn es informationstechnisch besser geschützt ist, in den Augen der russischen Staatsmacht keinen Wert an sich darstellt. Die Terroristen haben sichtlich den Unterschied zwischen der Haltung dieses Regimes gegenüber ihren tschetschenischen Landsleuten und der gegenüber den übrigen Bürgern Rußlands (selbst so privilegierten wie den Einwohnern Moskaus) überschätzt. Dieser vermeintliche Unterschied hing außerdem – das sei nochmals betont – eher vom Entwicklungsstand des Informationssystems in der Hauptstadt ab als vom guten Willen der Staatsorgane. Das Regime hat im Gegenteil alles in seiner Macht Stehende dazu getan, um seine Bürger zu desinformieren. Allein

Das »Stockholm-Syndrom«

die Aussage eines Arztes eines der Krankenhäuser, in welches die Geiseln nach dem Sturm gebracht wurden, ist ein deutliches Beispiel für diese Desinformationspolitik: Hätte man ihm Glauben schenken wollen, dann wären sie nicht an der Einwirkung des unbekannten Gases gestorben, sondern infolge der schlechten Behandlung durch die Geiselnehmer, während bei der Erstürmung überhaupt keine Spezialmittel eingesetzt worden wären usw. Oder die kategorische Versicherung, es gäbe keinerlei Vermißte. Diese und ähnliche Verlautbarungen riechen stark nach sowjetischen Zeiten.

Das Bündel von Problemen, die sich infolge der Moskauer Geiselnahme verschärft haben, ist schon im Herbst 1999 geschnürt worden, als die von den pseudomarktwirtschaftlichen Reformen enttäuschten und zermürbten Russen die ihnen zugefallene Freiheit an einen vom Geheimdienst kontrollierten Staat delegierten, dessen Symbol Präsident Putin wurde. Wobei sie sich wohl kaum bewußt machten, daß der russische Staat heute eher ein riesiges Privatunternehmen darstellt, als eine kollektivistische Institution sowjetischen Typs. Faktisch wurde das Privatinteresse dieses gigantischen Privatunternehmens zum allgemeinen Interesse deklariert – eines Privatunternehmens, das beileibe nicht die Absicht hatte, den Russen die »Vorzüge des real existierenden Sozialismus« zurückzugeben (Vollbeschäftigung, stabiler Rubelkurs, Großmachtstatus etc.), deren Verlust von ihnen so schmerzlich erlebt worden war – und es auch, selbst wenn es gewollt hätte, nicht gekonnt hätte. So konnte die neue Staatsmacht lediglich die sowjetischen Stereotype imitieren, hinter denen sich jetzt ein neuer Inhalt verbirgt, und die Gesellschaft zusammenschweißen, indem sie ein neues Feindbild schuf.

Nach den Ereignissen vom 23. bis 26. Oktober wurde ein neues Gesetz über die Berichterstattung der Massenmedien über die Durchführung antiterroristischer Operationen verabschiedet, in dem viele eine weitere Einschränkung der Meinungsfreiheit in Rußland sehen. Das Gesetz hat vordergründig die Darstellung der Geiselnahmen wie der von Budjonnowsk, Perwomaisk und

Das »Stockholm-Syndrom«

Moskau durch die Massenmedien im Blick. Allerdings wird diese Art von Terror im heutigen Rußland wohl kaum mehr eine Fortsetzung haben. Der Terrorismus droht noch weit unpersönlicher zu werden (im Stil der russischen Sprengstoffanschläge von 1999 oder des Angriffs auf Amerika 2001). Es wird ein Terrorismus sein, der keine Fragen stellt, der keine politischen Forderungen erhebt und keine Verhandlungen zuläßt. Solche »theatralischen Gesten« sind von der neuen russischen Staatsmacht rüde unterbunden worden. Die Einzigartigkeit der Moskauer Geiselnahme besteht somit darin, daß nicht nur die Terroristen die Latte der Radikalität höher gelegt haben, indem sie eine Operation im Zentrum der russischen Hauptstadt durchführten. Nein, auch die Staatsmacht erteilte ihnen eine Lektion in Radikalität, die sie (ich meine natürlich nicht die Ausführenden, sondern die Drahtzieher im Hintergrund) nicht vergessen werden. So ist das Tschetschenienproblem in eine Spirale der Eskalation von Gewalt geraten, die für beide Konfliktparteien nichts Gutes verheißt.

Moskau, November 2002.

Achtung, Religion!

»Achtung, Religion!« hieß eine Ausstellung, deren Eröffnung ich am 14. Januar 2003 im Moskauer Andrei-Sacharow-Museum besuchte. Der Kurator Artiun Sulumian hatte Arbeiten von 39 Künstlern und zwei Künstlergruppen zusammengetragen. Neben Moskauer Künstlern waren auch solche aus Armenien, den USA, Japan, Bulgarien, Tschechien vertreten. Sensationell Neues wurde nach meinem Empfinden nicht gezeigt: Der bekannte, seit Mitte der siebziger Jahre in New York lebende Sozart-Künstler Alexander Kosolapow setzte eine Serie fort, in der er mit dem Markenzeichen von Coca-Cola spielt – eine Darstellung Christi auf rotem Hintergrund, darüber die Aufschrift »Coca-Cola«, darunter »This is my blood«; Elena Elagina stellte Photoarbeiten aus einer deutschen Privatsammlung aus; Irina Waldrons Arbeit mit dem Schaf Dolly hatte ich schon gesehen; die Gruppe Sinij sup (»Blaue Suppe«) dokumentierte eine ältere Aktion; die mit bunten Lämpchen dekorierten Buchstaben ROK (Russisch-Orthodoxe Kirche) oder ein silberner Ikonenbeschlag mit einem roten Ausrufezeichen anstelle der Ikone schienen mir gleichfalls keine sonderlich radikalen künstlerischen Gesten.

Wie groß war mein Erstaunen, als die Ausstellung vier Tage nach der Eröffnung von sechs Männern verwüstet wurde, die später zu Protokoll gaben, orthodoxe Gläubige zu sein und in der Mehrheit der Ausstellungsstücke eine Verspottung ihres Glaubens zu sehen. Ein Teil der Arbeiten wurde mit roter Sprayfarbe besprüht, ein anderer von den Wänden gerissen, weitere gänzlich zerstört. Wobei just die christlichen Symbole Schaden nahmen, wogegen die heidnischen unbeschädigt blieben. Eine Aufseherin rief die Polizei, die Täter wurden verhaftet, des Vandalismus angeklagt und gegen Kaution freigelassen.

Achtung, Religion!

Zurück blieb der zerstörte Ausstellungssaal mit solchen Graffitis wie »Ihr haßt die Orthodoxie, Verdammte!«, »Gesindel« oder »Dämonen«. Niemand wird ernsthaft glauben, daß die Vandalen zufällig vorbeigekommen wären und spontan ihren religiösen Gefühlen Ausdruck gegeben hätten. In Jahrzehnten politischer Rechtlosigkeit erzogen, fürchten sich postsowjetische Menschen gewohnheitsmäßig, ihrer Überzeugung in der Öffentlichkeit spontan Ausdruck zu geben. Außerdem war noch eine Unterstützergruppe von alten Frauen dabei, die den Volkszorn zu symbolisieren hatte.

Zwei Tage später erhielt die Version vom nicht-spontanen, geplanten Charakter des Geschehens zusätzliche Nahrung, als der Metropolit Kyrill, einer der höchsten Würdenträger der ROK, die Ausstellung eine »glatte Provokation« nannte, welche angetan sei, »Spannungen in der Gesellschaft« zu erzeugen, und »als Verbrechen eingestuft werden« müsse.[1] Es folgte ein Aufruf von Wissenschaftlern und Kulturschaffenden, die in der Ausstellung eine »Beleidigung des Nationalheiligtums Orthodoxie, der russischen Nation, des Glaubens der Väter, ja Rußlands selbst« erblicken wollten, »den letzten Tropfen, der das übervolle Faß der Geduld des Volkes zum Überlaufen brachte«.[2] Dann tauchten Flugblätter auf, die alle orthodoxen Gläubigen dazu aufriefen, sich an die Moskauer Staatsanwaltschaft zu wenden und die »blasphemischen Künstler« wegen Anstiftung zu religiöser Zwietracht anzuzeigen. Indes hatte keiner der Kläger die Ausstellung selbst gesehen, noch kannten sie sich in Gegenwartskunst aus. Von den national orientierten Publizisten wurde schlicht eine Information weitergegeben, die sie von Dritten bekommen hatten, welche wohl eigentlich hinter dieser ganzen Kampagne stehen. Über solche organisatorischen und informationstechnischen Möglichkeiten dürfte kaum ein einzelner glaubenseifriger Gemeindepriester

---

1. Andrei Popow: Die Pyrrhussiege des Metropoliten Kyrill, in: *Nesawissimaja gaseta*, 22. Januar 2003.
2. http://www.portal-credo.ru, 22. Januar 2003.

verfügen, der eine Gruppe Rechtgläubiger gesandt hätte, um die »Ungläubigen« zu vernichten. Auf mehreren vom Sacharow-Zentrum einberufenen Pressekonferenzen dominierten ebenfalls Vertreter der nationalistischen Presse, welche die Künstler und Menschenrechtler aller möglichen Sünden bezichtigten – und das in derart hysterischem Tonfall, daß jeder Dialog mit ihnen praktisch ausgeschlossen war. Und obgleich keiner der Künstler eine antiorthodoxe Stoßrichtung seiner Arbeiten bekundete, wiederholten sie unermüdlich: »Warum haßt ihr nur gerade die Orthodoxie so und nicht andere Konfessionen?« Dabei konnte man sich des Eindrucks nicht erwehren, daß die Fragesteller einander nicht nur kannten, sondern auch fest davon überzeugt waren, es bei den Künstlern mit einer fest verschworenen Gruppe zu tun zu haben, die von langer Hand gesteuert würde.

Das Bedürfnis der Verteidiger der Orthodoxie nach einem Feindbild war so groß, daß sie sowohl die Künstler, als auch die Menschenrechtler zu einer therapeutisch-beruhigenden Haltung ihnen gegenüber zwangen: So spricht man mit stark erregten Personen, mit denen man besser nicht streitet, sondern sich Mühe gibt, sie zu beruhigen.

Eines der größten Rätsel des heutigen Rußlands ist für mich, auf welche Weise bei ein und denselben Menschen psychotische Redeweisen mit relativ adäquatem, ja gar zynischem Verhalten einhergehen können.

In den letzten Jahren hat sich die Situation der Gegenwartskunst in Moskau grundlegend gewandelt. In den Jahren 1993 bis 1997 wurden extreme Aktionen im öffentlichen Raum von den Künstlern selbst, vor allem von Alexander Brener, durchgeführt und als künstlerische Strategie wahrgenommen, die darauf abzielte, die Grenzen der Gruppentoleranz auszuleuchten. Jetzt liegt die Toleranzgrenze merklich niedriger, und der Radikalismus hat seinen Kunstcharakter verloren; es geht nicht mehr um radikale Kunst mit sozialkritischen Ansprüchen, sondern um Terror gegen die durch feinste Bande mit Philosophie, Literatur und Wissenschaft verknüpfte Institution Gegenwartskunst selbst.

Eine Modernisierung der Gesellschaft gerät unter solchen Umständen zur Unmöglichkeit; anstelle des mündigen Bürgers betritt ein seiner Rechte unsicheres, verschrecktes und aggressives Wesen, dem allenthalben Feindbilder schwanen, die Bühne.
Die Künstler hätten es gern gesehen, wenn die Ausstellung in verwüstetem Zustand fortgesetzt worden wäre, um an das Vorgefallene zu erinnern, das Sacharow-Zentrum aber befürchtete, daß sie zum Gegenstand weiterer Akte von Vandalismus werden würde, und Mittel für die Finanzierung eines Wachdienstes hat das Zentrum nicht. In jeder zivilisierten Stadt der Welt hätte diese Funktion die Polizei übernommen, doch diese Variante wurde nicht einmal in Erwägung gezogen.
So haben die Anstifter und Täter der Verwüstung der Ausstellung »Achtung, Religion!« erreicht, was sie wollten: Sie haben der Ausstellung nicht nur das Etikett »antiorthodox« und »satanisch« aufgepfropft, sondern auch ihr Recht behauptet, in Zukunft weiter zu zerstören, was sie zu zerstören für nötig befinden, und sich so die Funktionen von Ankläger, Richter und Henker zugleich angemaßt. Ja mehr als das: Sie sind, ohne dies selbst zu realisieren, zu Mitwirkenden an einem künstlerischen Prozeß geworden. Schließlich wurde die Ausstellung weniger im Augenblick ihrer Eröffnung (als sie noch nichts weiter war als eine Ansammlung von untereinander wenig verbundenen Arbeiten zu einem vorgegebenen Thema) zum Ereignis als vielmehr im Moment der Verwüstung, als all diesen Arbeiten das Stigma gotteslästerlicher, die Gefühle der Gläubigen beleidigender und für die »wahre russische Kultur« verderblicher Machwerke aufgepreßt wurde. Die Künstler selbst hatten sich nicht im öffentlichen Raum gegen die Religion versammelt, sondern wurden in einem religionspolitischen Raum von außen gewaltsam als Gruppe konstituiert. Das kolossale Bedürfnis der Vandalen nach einem Feindbild schweißte die Künstler entgegen ihrem Willen zu einem einmütigen Kollektiv zusammen: Es wurde der Eindruck erweckt, als würden sie Millionen orthodoxer Christen mit ihrem wahnsinnigen Haß verfolgen, während sie von diesen ihnen

Verhaßten längst verdammt, zu »Gesindel«, »Gotteslästerern« und »Dämonen« gestempelt waren. Eine derart leidenschaftliche Projektion wäre doch eigentlich von Menschen, welche die Ausstellung gar nicht gesehen hatten und nichts von Gegenwartskunst verstehen, am allerwenigsten zu erwarten gewesen.
Kurz gesagt: Solange Menschen außerstande sind, ihr Bedürfnis nach einem Feindbild zu reflektieren als ein ihnen selbst zuinnerst eigenes Bedürfnis, das vor und unabhängig von einem konkreten Feind besteht, solange sie sich naiv am Mechanismus der Veräußerlichung ihres Traumas ergötzen und in diesem Augenblick die Illusion von Katharsis durchleben –, solange dies so ist, werden sich stets auch andere Leute finden, die diesen Prozeß strukturieren und kanalisieren, den erforderlichen Feind ausfindig machen, und sei es auch einen noch so harmlosen wie einen Künstler. Es braucht dann bloß noch einen Anlaß, und der Titel der Ausstellung (die Losung »Achtung, Religion!« wurde zu Sowjetzeiten zu atheistischen Zielen benutzt) lieferte einen solchen. Alles Weitere ist eine Frage der Frustration der einen und der technischen Ausführung durch die anderen, und aus der explosiven Mischung beider entsteht ein Werk von »Pogrom«-Kunst, das aus vereinzelten Kunstwerken ein paranoides Ganzes macht. Das heutige Rußland ist ein säkularer Staat, in dem die Religion vom Staat getrennt ist; das heißt, die Orthodoxe Kirche steht unter demselben Schutz des Gesetzes wie andere Konfessionen sowie Atheismus und Agnostizismus auch. Diese Situation schmeckt den orthodoxen Fundamentalisten und ihren Förderern nicht: Sie fordern für ihren Glauben und dessen Träger, das russische Volk, eine besondere gesetzgeberische Verankerung des Status der Orthodoxen Kirche. Dann erst werde in Rußland Ordnung einkehren. »Ordnung«, schreibt eine einschlägige Autorin, »ist vor allem Hierarchie. Ordnung ist, wenn es innerhalb eines Staates ein Gesetz über die staatsbildende Titularnation gibt (das russische Volk). Dann wird alles seinen ihm angemessenen Platz finden: Die Hauptsymbole und geistlichen Heiligtümer werden unmittelbar in einem staatlichen Gesetz definiert und da-

durch geschützt. Die Anhänger der heutigen ›Aktionskünstler‹ werden sich fortan hüten, derartige Ausstellungen zu veranstalten«.[1] Die Ausfälle der Feinde der Gegenwartskunst in der Presse klingen allein deswegen bedrohlich, weil ihre Verfasser selbstherrlich im Namen des ganzen Volkes auftreten, während die Künstler und Menschenrechtler in ihrem eigenen Namen und im Namen der geltenden Rechtsordnung sprechen (deren grundlegenden Umbau die Nationalisten anstreben).

Hinter all dem steht ein Ereignis, das in keiner der unzähligen Publikationen über die verwüstete Ausstellung Erwähnung findet. Dabei ist es gerade dieses Ereignis, das ein Klima schafft, in dem solche Exzesse möglich und tolerierbar werden. Dieses Ereignis ist der Zweite Tschetschenienkrieg, der nun schon ins vierte Jahr geht. Vor dem Hintergrund dieses Ereignisses nimmt sich die Verwüstung der Ausstellung von Gegenwartskunst wie eine unbedeutende Episode aus, die man abwimmeln kann wie eine lästige Fliege. Doch dieser zweite Krieg unterscheidet sich wesentlich vom Ersten Tschetschenienkrieg; damals hatte der Aktionskünstler Alexander Brener vor dem Altar der Jelochow-Kathedrale »Tschetschenien! Tschetschenien!« geschrieen und mit Antikriegsflugblättern um sich geworfen, woraufhin ihn die Gläubigen, ohne die Polizei zu Hilfe zu holen, schlicht aus der Kirche herausgeworfen hatten. Jetzt hat sich die Situation ins gerade Gegenteil verkehrt: Man schmälert die Freiräume von Menschenrechten und Kunst im Namen des Glaubens, bedroht die in Mitleidenschaft gezogenen Künstler mit allen erdenklichen Strafen und ruft die Gläubigen auf, bei der Staatsanwaltschaft diejenigen zu denunzieren, deren Werke sie nicht einmal gesehen haben.

In der Literatur über den Zweiten Weltkrieg hat das entsprechende Phänomen die Bezeichnung »Verrohung« bekommen: Wenn sich eine Gesellschaft über lange Zeit hinweg im Konflikt-

---

1. Kapitolina Kokschenewa: »Sloumyschlennoe glumlenie«, in: *Literaturnaja gaseta*, 5.-11. Februar 2003, S. 4.

Achtung, Religion!

zustand befindet, so beginnt sie, Exzeß und Extremismus wo nicht als Norm, so doch als nicht eigens beachtenswerte Petitesse einzustufen. Den vorderhand noch zu äußerlichen und ritenverhafteten Glauben versucht man, mit Hilfe von Gewalt zu »vertiefen«. Aus eben diesem Grund segnet die Kirche den Krieg und deklariert »orthodoxe« Waffen für gottgefällig.[1] Und eine Sammlung von künstlerischen Arbeiten verschiedener Stilrichtungen wird von kirchlichen Würdenträgern aus der Ferne für ein kollektives Verbrechen gegen den Glauben erklärt. Einzig eine entwickelte Zivilgesellschaft kann frustrierte Menschen, die sich an den Projektionen ihres eigenen Schuldgefühls ergötzen wollen, in die Schranken weisen, und nur in einer solchen Gesellschaft herrscht ein organischer Bedarf an Gegenwartskunst.

Der innerrussische Krieg wirft aufs Neue eine Menge alter Fragen auf: Wie funktioniert in einer solchen Zeit Repräsentation? Hat ein Künstler, Kunstkritiker, Ausstellungskurator oder Museumsdirektor das Recht, den Anschein zu erwecken, als geschähe nichts Besonderes, wenn im selben Land jeden Tag Mitbürger umkommen, verschwinden, verletzt und von Landminen verstümmelt werden? Und verschaffen nicht in einer solchen Zeit Fernseh-Debatten über auf den ersten Blick harmloseste Fachfragen dieser inakzeptablen Lage eine Art Legitimation?

Formal wurde gar kein Krieg erklärt, genauer, der Krieg wurde für nicht-existent erklärt, während er weitergeht und es immer schwieriger wird, ihn zu lokalisieren. Je länger der Krieg aber dauern wird, umso schwieriger wird es werden, den für unser Ego unangenehmen Fragen auszuweichen.

Moskau, im Januar/Februar 2003

---

1. Gleb Jakunin: *Istoritscheski put prawoslawnogo talibanstwa*, Moskau 2002 (Beilage zur »Gaseta regionalnych prawosaschtschitnych organisazii«, S. 41f.

Die elektronische Knute

Ein bedeutsames Zeitzeichen scheinen mir die Gangster-Serien zu sein, die in den letzten Jahren in Rußland auf allen Fernsehkanälen gezeigt werden. Mitunter laufen zwei oder drei derartige Filme zur gleichen Sendezeit, und oft spielt ein und derselbe Schauspieler in einem einen Banditen und im anderen einen Geschäftsmann oder Ordnungshüter. Diese Austauschbarkeit gehört zur Idee, die hinter diesen Fernsehserien steht: Der Kampf gegen das Verbrechen ist darin in der Tat schwer vom Verbrechen selbst und kriminellen Geschäftspraktiken zu unterscheiden. Das Verbrechen soll unbedingt normalisiert werden und die soziale Norm über den Geltungsbereich des Gesetzes hinaus erweitert werden; das Gesetz wird wie eine Ware zum Verkauf feilgeboten.
In einer dieser Serien kommt ein Journalist an die Information, daß eine Firma keine Steuern auf eine enorme Umsatzsumme entrichtet hat. Die Firmenmitarbeiter versuchen, ihn zu kaufen, jedoch ohne Erfolg. Da einigt sich der Banker, gegen den der Journalist ermittelt hat, gegen Zahlung eines hohen Geldbetrags mit dessen Auftraggeber und erinnert den Journalisten daran, daß er doch Frau und Kinder habe und daß diesen leicht etwas zustoßen könne. Danach händigt ihm der Reporter den Ordner mit den brisanten Informationen für eine Million Dollar aus.
Die Geschäftsleute sind als Helden dieser Serien oft »gezwungen«, mit ihren Konkurrenten und nächsten Helfern »abzurechnen«, Beamte zu schmieren und alle Welt zu verdächtigen, eine Verschwörung gegen sie und ihr Unternehmen anzuzetteln; in der Regel ist ihr Familienleben gescheitert, ihre Frauen verstehen sie nicht, lassen sich scheiden usw. Ihr Leben ist schlicht die Hölle.

Die elektronische Knute

Warum – so habe ich mich oft gefragt – werden solche Serien gedreht? Auf welchen Typ Zuschauer zielen sie ab? Warum werden sie zur besten Sendezeit ausgestrahlt? Können sich denn die Fernsehzuschauer wirklich mit der extremen Destruktivität dieser wenig gekonnt gemachten Filme identifizieren?

Die neuen Reichen werden darin in wiederkehrenden, luxuriösen Interieurs gezeigt, denen der Faktor Zeit abgeht: Es gibt nur funkelnagelneue Gegenstände, frisch aus dem Geschäft. Hinter der scheinbaren Selbstsicherheit der Geschäftsleute verbirgt sich ein Minderwertigkeitskomplex, der mit dem Mangel an sozialer Anerkennung zusammenhängt. Sie sind fest davon überzeugt, daß die anderen schlecht über sie denken, in Wirklichkeit aber haben sie selbst keinen Grund zur Selbstachtung. Sie können nur destruktive Impulse aussenden und die Fernsehzuschauer in Neid und Frustration stürzen.

Zum wiederholten Male zeigt sich daran der grundlegende Unterschied zwischen der russischen und der westlichen Form von Masochismus. Im Westen ist Masochismus ein vertraglich geregeltes Privatritual, in dem das Opfer häufig die Rolle von Akteur und Regisseur zugleich spielt. Die westliche Szene des Begehrens zerfällt in unzählige Einzelsequenzen, von denen jede ihrem eigenen Szenario folgt. Im Gegensatz dazu wird in den russischen Gangster-Serien der destruktive Impuls, mit dem nicht einmal seine Träger sich zu identifizieren vermögen, auf ein Millionenpublikum weiter übertragen. Ein wirkliches Unikum ist daran die Tatsache, daß die Enttäuschung des Begehrens ohne jede Hoffnung auf Identifikation übertragen wird. Die schmale Schicht der neuen Reichen ist noch so diffus und zerstritten, daß sie ihre unlösbaren Probleme dem Urteil der Fernsehzuschauer überantwortet. Im Grunde ist das gar keine neue Erscheinung; solches hat in Rußland Tradition. Schon Dostojewski bringt in seinen »Winteraufzeichnungen über Sommereindrücke« Knute und Brüderlichkeit in Verbindung, wobei der Träger der Brüderlichkeit für ihn das russische Volk ist. Das Opfer identifiziert sich nicht mit seinem Henker; die Strafe ist zu grausam, als daß man daraus masochistischen Lustgewinn ziehen könnte. Anstelle dessen entsteht etwas, das an Heiligkeit erinnert und bürgerlichen Individualismus ausschließt. In gewissem Sinne sind die Gangster-Serien das massenmediale Äquivalent zur Körperstrafe. Und da sie zumeist auf den staatlichen Fernsehkanälen gezeigt werden, muß der steuerzahlende Fernsehzuschauer für seine eigene Erniedrigung auch noch bezahlen. Dem Durchschnittszuschauer wird ein extremer Masochismus untergeschoben, wenn Hunderte von Filmen über offensichtlich unpopuläre Themen gedreht werden. In seiner Vorstellung soll dieser Fernsehzuschauer zum Klub der neuen Reichen gehören, dem beizutreten ihn niemand einlädt und aus dem ohne Unterlaß die Leichen der Mitglieder herausgetragen werden.

Vor unseren Augen läuft die Apokalypse von Brüderlichkeit ab: Die Zuschauer werden auf ihre eigenen Kosten mit der massenmedialen Knute gezüchtigt. Man überfüttert sie mit Gerichten, die sie nicht bestellt haben und nicht verdauen können.

Auf den ersten Blick erinnerte mich das an die Art und Weise, wie in der populären Moskauer Zeitschrift »Die Karawane der Geschichte« das Leben von Stars präsentiert wird; bei all ihrem Reichtum und ihrer Bekanntheit werden die Berühmtheiten in dieser Zeitschrift auf Schritt und Tritt als leidgeprüft dargestellt, mit kompliziertem Charakter, schwieriger Kindheit, gescheitertem Privatleben, Drogensucht und anderem mehr. Das soll einem breiten Publikum die Möglichkeit geben, sich mit ihnen zu identifizieren. Damit aber endet die Analogie, ist doch in den Gangster-Serien das Leiden der Helden das Ergebnis von Verbrechen, die sich *gegen den Zuschauer selbst richten*, was jede Identifikation wirksam blockiert. Diese Bilder fordern mithin nicht Identifikation, sondern bedingungslose Subordination, die Anerkennung der eigenen untergeordneten Position durch den Zuschauer. Statt eines Tausches wird ein Akt der Abschreckung angeboten.

Die elektronische Knute

Dostojewski zufolge hat die Knute die Brüderlichkeit erst hervorgebracht; als individuell erniedrigter sollte sich der Körper zur Erkenntnis kollektiver Heiligkeit aufschwingen. Die elektronische Knute hingegen erzeugt angesichts der Aggressivität der sich gegenseitig dauernd nach dem Leben trachtenden Serienhelden anstelle von Brüderlichkeit bloß Apathie. In dieser Welt gibt es weder tragfähige Familienbande noch ein kontinuierliches soziales Gedächtnis.

Kommt in diesen Serien die Verzweiflung einer Gesellschaft zum Ausdruck, die sich an der Schwelle zum Abschluß eines neuen *trait social* befindet, dessen Konditionen noch nicht feststehen? Oder ist in einer solchen Gesellschaft ein Sozialvertrag überhaupt unmöglich?

Die in den Serien auftretenden »Feudalherren« haben weder Traditionen noch vornehme Abstammung und sind nur daran erkennbar, daß sie vorübergehend über bestimmte Mittel verfügen (unter anderem Geld), um die sie unaufhörlich einen Kampf auf Leben und Tod führen. Bei diesem Besitz gibt es kein dauerhaftes Eigentum, das seinen Inhabern einen sicheren Sozialstatus garantieren würde. Es trägt vielmehr seine eigene Bedrohung in sich; es schafft mehr Probleme, als es löst.

All das könnte ein Vertreter der westlichen Mittelklasse noch ohne Schwierigkeiten nachvollziehen, der aber kaum je in die Lage kommen wird, diese Serien anzuschauen. Das Zielpublikum solcher Filme, weniger gut gestellte Menschen, dürfte diese Botschaft jedoch kaum erreichen, wenn sie die funkelnagelneuen Einrichtungsgegenstände, Luxusautos, ihren Herren alle Wünsche von den Lippen ablesende Bedienstete und andere Attribute der russischen Spielart von *dolce vita* sehen.

Vielleicht ist die Flut von Gangster-Serien eine Reaktion auf den sowjetischen ideologischen Kult um den »einfachen Menschen«, im Namen dessen damals die Mehrzahl der sowjetischen Filme gedreht wurde. Infolge der postsowjetischen Reformen ist der durchschnittliche Russe nicht nur verarmt, sondern hat auch noch seinen Heldenstatus eingebüßt; jetzt interessiert er niemanden mehr. Diejenigen, die Rußland heute regieren, begreifen offenbar nicht, daß Apathie weit größere Probleme erzeugen kann, als wenn die Menschen ihre gesetzlich verbrieften Rechte engagiert verteidigen. Die Gefahr, die mit der Monopolisierung des politischen Feldes durch einen kleinen Kreis von »Profis« einhergeht, besteht darin, daß die von der Politik ausgegrenzte Bevölkerungsmehrheit ihrer steten Fürsorge bedürfen wird. Doch die heutige Ordnung unterscheidet sich von der sowjetischen darin, daß sie nicht über die Mittel verfügt, ja nicht einmal die Absicht hat, eine derartige Fürsorge zu gewährleisten. Deshalb müßte sich die Nachahmung der Sowjetmethoden eigentlich verbieten. Aber begreifen das die neuen Ideologen?

In der Schlußszene der Serie »Das andere Leben« versammeln sich die wohlhabenden Russen nach unzähligen Konflikten schließlich um einen Tisch, um gemeinsam Silvester zu feiern. Vom Fernsehbildschirm wendet sich Präsident Putin mit einer Neujahrsansprache an sein Volk. Gefragt, wen sie liebe, antwortet dann ein junges Mädchen: »Ihn!« »Wen ihn?«, hakt die Nachbarin nach. »Ihn«, wiederholt das Mädchen und zeigt auf den Bildschirm »Na das ist ja kein Wunder«, bemerkt ihre Gesprächspartnerin, »80 % aller Russinnen lieben ihren Präsidenten«. »Und die übrigen 20 % sind einfach nicht jung und hübsch genug, um davon zu träumen zu wagen«, wirft ein anderer Gast ein. Der kleinste gemeinsame Nenner zwischen den ihrer selbst nicht sicheren »Herren des Lebens« und der desorientierten Bevölkerungsmehrheit ist die Person des Präsidenten, den man einfach lieben muß. Dieses massenmediale Idol trägt das ganze, extrem störanfällige soziale Gleichgewicht.

Vor kurzem war ich auf der alljährlich stattfindenden Kunstmesse »Art-Moskwa«. Direkt am Eingang empfing die Besucher eine Arbeit mit dem Titel »Die Rückkehr des Bernsteinzimmers«, die aus unzähligen kleinen Bildchen von Präsident Putin bestand. An die zehn weitere Arbeiten nahmen sich desselben Themas an.

Die elektronische Knute

Eine Massenkultur gibt es in Rußland noch nicht, und je weniger das Politische selbst in den eigentlich politischen Institutionen zuhause ist, umso nachdrücklicher werden politische Strategien in den Bereich der Kultur ausgelagert. Kulturelle Erzeugnisse werden immer öfter dazu produziert, um einen politischen Effekt zu erzielen. Die Information über die Popularität dieses oder jenes Kunstwerkes wird etwa auf vielen Kanälen gleichzeitig gesendet; der Popularitätseffekt stellt sich damit unabhängig von realer Nachfrage ein. So entsteht die postsowjetische Version eines kontrollierten kulturellen Marktes. Nicht der Leser, Zuschauer oder Zuhörer ist es, der entscheidet, was ihm gefällt, sondern diese Entscheidung ergeht auf ein Massenpublikum von oben herab, wird ihm quasi abgenommen. Die Pseudo-Massenkultur wird von einer Elite von Profis für die Massen geschaffen, diese aber verfolgen keine kommerziellen, sondern politische Ziele. Die entscheidenden Akte von Kauf und Verkauf geschehen in der politischen Sphäre, und erst danach werden die entsprechenden Produkte zum Verkauf ausgestellt. Und selbst wenn es wenige gibt, die diese Produkte erwerben möchten, so funktionieren sie doch vortrefflich als Surrogate von Massenkultur.

Der tiefere Sinn einiger der ideologischen Verlautbarungen der Sowjetzeit wird erst jetzt einsichtig: So wird die Propagandathese, nach der in der Welt des Kapitalismus alles mit Geld käuflich ist, in der postsowjetischen Gesellschaft Realität. Dasselbe gilt für die Annahme von der unaufhaltsamen Eskalation von Gewalt im Kino und Fernsehen westlicher Länder. Die Regeln, wie viel Gewalt gezeigt werden darf, haben in diesen Ländern keine wesentlichen Veränderungen erfahren (nach dem 11. September sind in den USA sogar einige neue Tabus errichtet worden); über Satellitenantenne empfange ich viele Westsender und kann mit Bestimmtheit sagen, daß es auf der ganzen Welt nichts gibt, was diesen Gangster-Serien gleichkommt; sie sind ein postsowjetisches Unikum. In den letzten Jahren bewahrheitet sich zwar die These der sowjetischen Propaganda, die besagte, daß es ein unvertretbar hohes Gewaltniveau auf dem Bildschirm gebe, nur bringt diese Gewaltexzesse nicht die transatlantische Massenkultur hervor, sondern die direkten Erben jenes Sowjetagitprops. Die damaligen Ideologen waren also, wie sich jetzt herausstellt, genauer in der Lage, die nächste Zukunft der Sowjetgesellschaft vorherzusagen als die Vergangenheit der westlichen Gesellschaften.

Wir leben in einer Zeit, in der es für eine Diagnose noch zu früh ist. Die zynische Haltung der neuen Ideologen erlaubt es ihnen, zur gleichen Zeit miteinander unvereinbare Sachen zu behaupten, und die Überproduktion an Verlautbarungen untergräbt die nötige kritische Distanz. Waren sie gestern noch marginale Stimmen, werden sie – nach dem Durchgang durch den neuen politischen Filter – heute als Götzen des Breitenpublikums gefeiert. Die Aufgabe, Verbrechen als Norm einzubürgern, erscheint den gestrigen Marginalgestalten als so »romantisch« (erinnern wir uns beispielsweise an die Filme von Alexei Balabanow *»Bruder 2«* und *»Krieg«*), daß ihre jüngst noch elitäre Position im Vergleich dazu in den Hintergrund tritt. Auch Schriftsteller mit »dämonischen« Ansprüchen bekommen in der Epoche der Gangster-Serien ihre Chance. Die neuen Ideologen, die neuen Reichen und ihre Lieblinge auf dem Feld der Kultur – das sind die Menschen der Zukunft, wie man sie sich zur Sowjetzeit ausmalte. Zu Sowjetzeiten wurden sie aus ganz ähnlichen Gründen verfolgt: Damals war die Privatisierung materieller Güter wie des Diskurses kategorisch verboten. Unter Jelzin geschah dann vor allem die Privatisierung materieller Güter; unter Putin folgen die aktive Privatisierung des Diskurses und die ideologische Ausschmückung der ersten Privatisierung. Texte, Filme und Bilder, die dem Geschmack der neuen Ideologen und/oder der neuen Reichen entsprechen, werden wirksam als Entscheidung der Bevölkerungsmehrheit ausgegeben.

Mit Ausnahme der kurzen Lenin-Zeit hat die Intelligenzija in Rußland noch nie so unmittelbar Politik gemacht wie in den letzten Jahren. Während damals aber ein utopisches, universalmenschliches Projekt umgesetzt werden sollte, herrschen heute

Enttäuschung, Leere und Zynismus vor, die nur unzureichend als Pragmatismus getarnt werden. Es scheint, als habe sich die sowjetische Geschichte einmal um die eigene Achse gedreht.

Moskau, Mai 2003

Philosophie als Publizistik. Michail Ryklins Briefe aus Moskau

von Dirk Uffelmann

Ein Philosoph schreibt Essays in Briefform, in denen er einem deutschen Leserkreis über aktuelle Geschehnisse im politischen und kulturellen Leben Rußlands berichtet. Wie geht das zusammen? Sind nicht Brief und Essay zu unsystematische Genres, als daß sie sich als Gefäß für Philosophie eignen? Und sind politische wie kulturelle Entwicklungen nicht zu unabsehbare Erscheinungen, um – nach dem Ende großer geschichtsphilosophischer Erzählungen – philosophisch reflektiert zu werden? Auf diese Fragen gibt es eine erste, allgemeine Antwort, und eine zweite, die die russische philosophische Tradition erschließt. Zunächst die allgemeine: Philosophie und Essay stehen – vom Anfang neuzeitlicher Essayistik bei Montaigne an – keinesfalls in einem Ausschlußverhältnis. Wohl aber ist es eine bestimmte Form von Philosophie, welche das Genre Essay gestaltet: ein nicht-systematisches, eher punktuelles, meist skeptisch bis kritisch ausgerichtetes Philosophieren. Dem kommt – von Senecas *Moralischen Briefen an Lucilius* (Epistulae morales ad Lucilium) über Eulers *Briefe an eine deutsche Prinzessin* bis zu Lyotards *Postmoderne für Kinder* (Le Postmoderne expliqué aux enfants) – die Ansprache eines üblicherweise unkundigeren Adressaten entgegen; die essayistische ›Uniform‹ wird in die Form des Briefs gegossen. Der Zusammenhang eines bestimmten erkenntnistheoretischen Programms, nämlich des Vorzugs des Einzelnen vor dem Allgemeinen und des Blitzlichtartigen vor dem Systematischen einerseits mit der essayistischen Form andererseits veranlaßt Theodor W. Adorno zu seinem philosophischen Bekenntnis *Essay als Form*: »Er [der Essay] trägt dem Bewußtsein der Nichtidentität Rechnung, ohne es auch nur auszusprechen; radikal im Nichtradikalismus, in der Enthaltung von aller Reduktion auf ein Prinzip, im Akzentuieren des Partiellen gegenüber der Totale, im Stückhaften.«

Die zweite, russische Antwort ist historischer Natur: In der spät säkularisierten und aus dem Korsett geistlicher Gattungen entlassenen russischen Kultur bilden Zeitschriften gegen Ende des 18. Jahrhunderts die erste Form von Öffentlichkeit. In diesen meist kurzlebigen Zeitschriften artikuliert sich kulturpolitische Kritik an den herrschenden Verhältnissen. Solche äußern Essayisten verschiedenster politischer Couleur – der Freimaurer Nicolai Nowikow, der Leibeigenschaftskritiker Aleksander Radischtschew, der Wertkonservative Michail Scherbatow. Die von ihnen kritisierte Zarin Katharina II. sah sich zwar als »Philosophin auf dem Thron« und korrespondierte mit den französischen Aufklärern Diderot, d'Alembert und Voltaire, ohne daß dies aber öffentlichen Reflex gefunden hätte.

Die Publikation eines Essays in Briefform ist es dann, welche nach verbreiteter Meinung am Anfang der eigentlichen russischen Philosophiegeschichte steht. Es ist Pjotr Tschaadajews programmatisch so genannter *Erster philosophischer Brief* (Lettres philosophiques adressées à une dame), dessen Veröffentlichung in der Zeitschrift *Teleskop* 1836, nach dem berühmten Wort Alexander Herzens, Rußland wie ein »Schuß in der Nacht« aufschrecken läßt. Die kritische Richtung der Aufklärer des 18. Jahrhunderts wächst sich bei Tschaadajew zur globalen Anklage der russischen Kultur aus: Sie sei unselbständig und zurückgeblieben. Moskau, den Ort, an dem er schreibt, tituliert Tschaadajew »Nekropolis«. Politisch-kritische, philosophisch unterfütterte Publizistik findet in den 50er und 60er Jahren des 19. Jahrhunderts ihr Organ in der Zeitschrift *Der Zeitgenosse* (Sowremennik), wo die Radikalen Nikolai Tschernischewski und Nikolai Dobroljubow anhand von konkreten Anlässen grundlegend Kritik an der zaristischen Ordnung üben.

Wie der *Zeitgenosse* von der zaristischen Zensur verboten wird, so kann sich unter Sowjetbedingungen im Lande kaum eine politisch-kritische Essayistik halten. Andrei Sinjawskis beißender

Essay *Was ist Sozialistischer Realismus?*, 1959 in Frankreich veröffentlicht, gibt den ersten Anstoß zu seiner Verhaftung 1965 und Ausweisung aus der Sowjetunion 1973.
In Rußland folgen auf Blüteperioden kritischer Essayistik also immer wieder Phasen der Repression, so daß es zwar eine große, aber unterbrochene Geschichte philosophischer und politischer Essays gibt. Das schmälert die Bedeutung dieses Mediums des Unsystematischen für das russische Denken nicht. Im Gegenteil: Die orthodoxe Kritik an der westkirchlichen Scholastik, an ihrer Systematik und ihrem Formalismus, findet modernen Widerhall; mit Ausnahme Wladimir Solowjows hat Rußland keinen einzigen systematischen Denker hervorgebracht. Was aus der russischen Philosophie Bestand hat, ist gerade das rationalitätskritische, gezielt antisystematische Denken der religiösen Philosophen der ersten Hälfte des 20. Jahrhunderts – Pawel Florenskis, Semjon Franks, Wassili Rosanows, Lew Schestows. Mit Adorno gesprochen könnte ihr Credo »Enthaltung von aller Reduktion auf ein Prinzip« lauten.
Und diese Un- bis Antisystematik ist noch für die jüngste russische Philosophie kennzeichnend. Trieb die Vatergestalt der jetzigen Philosophengeneration, der Georgier Merab Mamardaschwili, seine Skepsis gegen die Fixierung von Gedanken in Systemen bis zum Pathos der Mündlichkeit, so ist das bevorzugte Genre seines Mitstreiters Alexander Pjatigorski, seiner Schüler Waleri Podoroga und Michail Ryklin, aber auch von Igor Smirnow, Michail Epschtein und Boris Groys – der philosophische Essay.
Der Fall des Eisernen Vorhangs bringt Änderungen für das Genre philosophischer Essay mit sich, insbesondere, wenn diese in Briefform daherkommen: Wurde Tschaadajew nach der Publikation seines französisch geschriebenen *Philosophischen Briefes* unter Hausarrest gestellt und Sinjawski für die Veröffentlichung seines Essays des Landes verwiesen, so war das westliche Ausland lange Zeit der Ort, an dem nicht-zensierte Essayistik blühen konnte. Von 1857 bis 1867 schleuste Alexander Herzen aus dem

Londoner Exil seine Zeitschrift *Die Glocke* mit kritischen Essays, vor allem aus eigener Feder, nach Rußland ein und schuf damit eine erste Tribüne unzensierter Gegenöffentlichkeit. Zu Sowjetzeiten hielten Emigranten wie der politisch-religiöse Philosoph Georgi Fedotow die Tradition aufrecht.

Nach der Perestroika haben kritische russische Literaten, Publizisten und Philosophen keine Repressionen mehr zu gewärtigen, wenn sie im Westen publizieren (für innerrussische Medien sieht das wieder zunehmend anders aus). So gibt es nun das Novum, daß russische Autoren von Rußland aus, an westliches Publikum gewandt, für westliches Publikum schreiben. Wladimir Sorokin mit seiner Poetik von Provokation und Skandal wurde zuerst im deutschsprachigen Raum intensiv rezipiert, bevor ihm der Durchbruch in Rußland gelang – paradoxerweise u.a. durch den ersten postsowjetischen politischen Prozeß um ein literarisches Werk, den Roman *Himmelblauer Speck*. Und in deutschsprachigen Zeitungen und Zeitschriften sind seit den 90er Jahren zwei Meister der Essayistik präsent – der Schriftsteller Wiktor Jerofejew und der Philosoph Michail Ryklin.

Von Sorokin und Jerofejew unterscheidet sich Ryklins Schreibweise grundsätzlich. Anders als die beiden Mitstreiter aus Zeiten des künstlerischen Untergrunds, des sogenannten Moskauer Konzeptualismus, setzt Ryklin nicht auf Schock und Provokation. Im Unterschied zu nahezu der gesamten russischen essayistischen Tradition gilt für Ryklin wie für keinen anderen Adornos Paradox: »radikal im Nichtradikalismus«: Bei ihm gibt es keinen Deut der beliebten Selbstinszenierung von Russen als Barbaren und Europäerschreck, wie sie die Nationalisten Eduard Limonow und Wladimir Schirinowski oder der Aktionskünstler Alexander Brener pflegen. Ryklins Radikalität ist auf einer anderen Ebene als der des oberflächlichen Schockierens zu suchen.

Michail Ryklin (*1948 in Leningrad), Professor an der Abteilung für postklassische Studien der Russischen Akademie der Wissenschaften, schreibt seit den späten 70er Jahren philosophische Essays. In der Frühzeit sind dies Auseinandersetzungen mit dem französischen Strukturalismus und Poststrukturalismus (Lévi-Strauss, Barthes, später Derrida u.a.). Eine jüngere Frucht dieser Beschäftigung ist ein Band mit Gesprächen Ryklins mit französischen Gegenwartsphilosophen (*Dekonstruktion und Destruktion*, 2002). Ist schon in dieser Frühphase in Ryklins philosophischen Essays die Dimension des Politischen gegenwärtig, so berührt er doch zunächst prinzipielle Fragen – etwa Roland Barthes' politische Semiologie (1987).

Seit Ryklin 1995 begann, vierteljährlich Korrespondenzen für die deutsche Ausgabe von *Lettre International* zu schreiben, verbindet er die publizistische Begleitung des aktuellen politischen Geschehens mit Grundsatzfragen politischer Philosophie – nach Recht und Gnade (*34*, S. 47ff. in dieser Ausgabe), Freiheit des Wortes (*59*, S. 245ff.), Demokratie und Kommerz (*43*, S. 115ff.), formale Prozeduren und Familialismus (*39* und *46*, S. 81ff. und 139ff.), Religion und Staatsmacht (*60*, S. 261ff.). Mit diesen bis jetzt fortlaufenden Korrespondenzen für *Lettre* wird Ryklin zum »Philosophen unter den Publizisten und Publizisten unter den Philosophen« (wie Berdjajew Nikolai Michailowski, den Philosophen der russischen Volkstümlerbewegung der 1870er Jahre, nannte).

Keine politische Rücksichtnahme beschränkt Ryklins Themenwahl. Wurden die Ausgaben von Herzens *Glocke* unter hoher persönlicher Gefahr von Reisenden nach Rußland eingeschmuggelt, so verschafft das Medium E-Mail, in dem Ryklin seine Briefe an die Berliner Redaktion von *Lettre* sendet, ihm unzensierten und unbehinderten Zugang zum deutschsprachigen Leser. Auf diese Weise äußert er massive Kritik an den herrschenden Verhältnissen in Rußland, wie sie Tschernyschewski noch unter Detailfragen kaschieren mußte, explizit und pointiert. Läßt sich dies praktisch aus jeder der Korrespondenzen von 1995 bis 2003 herauslesen, so ist die besondere Angriffsfläche von Ryklins vehementem Einspruch der Zweite Tschetschenienkrieg (vgl. etwa *47* und *57*, S. 147ff, 229ff.).

Philosophie als Publizistik

Um Ryklins *Lettre*-Korrespondenzen philosophisch einordnen zu können, sind einige Wegmarken seiner intellektuellen Entwicklung aufschlußreich: Die Beschäftigung mit der französischen Gegenwartsphilosophie legte es nahe, daß Ryklin sich, als endlich Reisefreiheit bestand, zunächst Richtung Frankreich wandte, wo er in Paris und Straßburg gastierte. Die Einflüsse des Kontakts mit Jacques Derrida, den er im Februar 1990 nach Moskau holte, aber auch mit Jean Baudrillard, Félix Guattari, Jean-Luc Nancy, Philippe Lacoue-Labarthe und anderen sind in seinen Arbeiten aus den frühen 90er Jahren evident, wirken aber bis heute fort.
An ein ›amerikanisches Intermezzo‹ mit Aufenthalten in San Diego und Ithaca 1993 schließt sich ab Mitte der 90er Jahre eine ›deutsche Phase‹ an, markiert durch die ständige Zusammenarbeit mit *Lettre*, aber auch Publikationen im *Wiener Slawistischen Almanach*, in *Transit* und diversen Sammelbänden. Neben einer Gastprofessur 1998 an der Universität Bremen stehen Gastaufenthalte am Zentrum für Literaturforschung und zahlreiche Stipendien, die sich in und um Berlin konzentrieren. So sind Ryklins *Briefe aus Moskau* längst *Briefe nach Berlin* geworden.
In der intensivsten Zeit von Ryklins Poststrukturalismus-Aneignung, den frühen 90er Jahren, sind seine Texte nicht nur auf der Ebene entlehnter Theoreme, sondern auch rhetorisch durch diese Inspiration gekennzeichnet. Zeigt die Auseinandersetzung mit Derridas Logozentrismus-Konzept im Gespräch vom Februar 1990 Ryklins profunde Kenntnis des Derridaschen Werkes (*Jacques Derrida in Moskau* (1993), so inszenieren philosophisch schwierige Texte Ryklins wie *Terrorologiken* (1992) die Dekonstruktion von Schlußfolgerungen, die keine sind: Eine trennscharfe Abgrenzung von westlichem und russischem Terror kann es nicht geben. Das aber zeigt Ryklin, »ohne es auch nur auszusprechen«; der Leser muß es dem Gang der Argumentation entnehmen. Anders ist das schon in Ryklins luzider Dekonstruktion der westlichen Totalitarismustheorie in *Räume des Jubels* (1997, dt.: Frankfurt, 2003). Auch in den Korrespondenzen sind Anleihen bei Derrida oder Baudrillard ausgewiesen, aber Ryklin führt das

Scheitern von konventionellen systematischen Denkmustern nicht mehr vor, ohne dies explizit zu benennen; das in der Form des Essays enthaltene skeptische Moment wird auf die Aussageebene gehoben. Geblieben ist die Vorsicht gegenüber allzu eindeutigen »starken Thesen« im Sinne von Gianni Vattimos »schwachem Denken« *(pensiero debole)*, jetzt aber gepaart mit dem Streben nach Klarheit der Aussageebene – ein zweites Mal Adornos »nicht-radikaler Radikalismus«.

Dazu hat die publizistische Aufgabe, als Augenzeuge über die politischen Entwicklungen aus Moskau zu berichten, zweifellos beigetragen. Die Kommentierung der politischen Entwicklung anhand von Einzelereignissen zwingt noch stärker zum Adornoschen »Akzentuieren des Partiellen gegenüber der Totale«. Die journalistische Anekdote bildet die Entsprechung zur philosophischen Form des Essays. Das »Stückhafte«, das eine solche kleinteilige Betrachtung haben darf, ja muß, wird nicht sofort zu geschichtsphilosophischen Linien zusammengefaßt. Die Bausteine fügen sich vielmehr erst im Rückblick nach Jahren, im vorliegenden Band, zu Linien zusammen.

Textnachweise

Die hier publizierten Briefe erschienen erstmals in der Zeitschrift LETTRE International unter der Rubrik »Korrespondenzen« in folgenden Nummern:

Zeit der Diagnose 30 — Logik des Zerfalls 32 — Rußland vor der Wahl 33 — Gewand ohne König 34 — Zen in Moskau 35 — Verschwiegene Grenze 37 — Gefahrenzone 38 — Das Schutzobjekt 39 — Ein unwillkommenes Archiv 40 — Die Erleuchtung des Präparats 41 — Ruin des Pyramidenstaates 42 — Die im Trüben fischen 43 — Warten aufs Christkind 44 — Die Logik des Krieges 45 — Kremlinlove – Kremlingate 46 — Tschetschenien-Syndrom 47 — Am Nabel der Welt 48 — Nach der Krönung 49 — Sowjetismus-Phantom 50 — Der Mustertod 51 — Die Illusion zu überleben 52 — Das Leben ist härter 53 — Brüderliche Untaten 54 — Schwerkraftparabel 55 — Die Entdeckung Amerikas 56 — Rotes Blut auf weißen Kleidern 57 — Polittechnologen 58 — Das »Stockholm-Syndrom« 59 — Achtung, Religion! 60 — Die elektronische Knute 61

Bernhard Siegert, Joseph Vogl (Hg.)
Europa. Kultur der Sekretäre

272 Seiten
ISBN 3-935300-38-7
EURO 32.90 / SFr. 55.30

Eine Grundregel unserer Schriftkultur besagt seit dem Ende des 18. Jahrhunderts, daß ein Autor immer anderes und immer mehr sei als ein bloßer Schreiber. Diese Regel hat Werke und Schulen, Texte und Kommentare hervorgebracht. Und diese Regel hat vergessen gemacht, was stets den Boden dieser repräsentativen Kulturarbeit bereitet: ein unaufhörliches Aufschreiben, Abschreiben, Verzeichnen, Registrieren und Archivieren.

Ausgehend von einer Überlegung dieser Art geht es in dem vorliegenden Band um eine eher verborgene und apokryphe »Kultur der Sekretäre« – um eine Kultur, die in die Namenlosigkeit von Diskursen und in die Anonymität von institutionellen und bürokratischen Verarbeitungstechniken zurückführt.

Olivier Razac
Politische Geschichte des Stacheldrahts
Prärie, Schützengraben, Lager

112 Seiten
ISBN 3-935300-31-X
EURO 12.90 / SFr. 22.70

Um drei historische Zeitabschnitte – die Eroberung der Prärie, den Ersten Weltkrieg, das Konzentrationslager – gruppiert der junge Philosoph Olivier Razac seine ebenso faszinierende wie beklemmende Studie über den Stacheldraht.

In Anlehnung an Michel Foucault und Giorgio Agamben legt Razac prägnant und einleuchtend die Mechanismen von Einschluß und Ausschluß, Schutz und Gewaltanwendung bloß, in deren Rahmen der Stacheldraht die politische Beherrschung des Raums und der Menschen darin ermöglicht. Eine gerade Linie zeichnet sich ab, die bruchlos von der amerikanischen Prärie über die Mandschurei, Verdun, Dachau bis nach Guantanamo und vor die Schutzwälle der heutigen Ersten Welt führt.